JN448664

요한계시록 라이프 스타디

(I)

한국복음서원

Life-Study of
Revelation

by Witness Lee

Originally Published by
Living Stream Ministry, Anaheim, California in U.S.A.
Korean Copyright © 1996 by Korea Gospel Book Room,
Seongnam, Gyeonggi-Do, Korea. All rights reserved.
Translated and Published by Permission,
Printed in Korea

목차

계시록 개관

Ⅰ. 저자

계시록은 쓴 저자는 사도 요한이다. 이것은 본서 안에 분명하게 언급되어 있고(1:1-2, 4, 9-11, 22:8), 또한 초대 교회들의 전승과 교부들의 증언도 이 사실을 뒷받침하고 있다.

Ⅱ. 기록 시기와 장소

계시록이 기록된 시기에 관하여 많은 논란이 있지만, 초기 3세기 동안 쓰여진 초대 교부들(이레니우스, 터툴리안, 알렉산드리아의 클레멘트, 유세비우스 등등)의 글들은 모두 이 책의 기록 시기를 로마의 열 두 황제들 중 마지막 황제인 도미티안의 통치 말년(주후 95-96년)으로 진술하고 있다. 또한 이 책이 기록된 장소는 사도 요한이 도미티안의 박해에 의해 유배되었던 곳인 밧모라는 섬이었다(계 1:9).

Ⅲ. 내용

1. 그리스도의 계시

온 성경은 그리스도를 계시한다. 성경의 결론이요, 최종 완성인 계시록은 특히 「예수 그리스도의 계시」(1:1)이다. 이 책에 나오는 그리스도에 대한 계시는 성경의 다른 어느 책과는 달리 독특하고 궁극적이다.

2. 예수의 증거

또 이 책은 특별하고도 최종 완성적인 「예수의 증거」를 보여준다. 예수의 증거는 바로 교회이다. 교회는 그리스도의 증거요 표현이다. 따라서 교회는 그리스도 안에 계신 하나님의 증거와 표현의 확장이요 재생산이다. 이 예수의 증거의 최종 완성은 21장, 22장에 나타난 새 예루살렘이다.

3. 하나님의 경륜

계시록은 하나님의 경륜을 내포하고 있다. 하나님의 경륜은 하나님의 영원한 목적을 완성하기 위한 (공간적으로는) 우주적이고 (시간적으로는) 영원한 그분의 행정이다. 일곱 인, 일곱 나팔, 일곱 대접이 그 내용이다.

Ⅳ. 요한계시록의 특징

1. 계시록은 예언의 책이다(1:3, 22:7)

이 책이 담고 있는 계시는 예언의 성격을 띠고 있다. 그리고 이 예언들은 말로만 된 것이 아니고 눈에 보이는 이상들로 되어 있다. 또 특기할 만한 사실은 이 책에서 사용된 동사나 서술어들이 대부분 과거 시제로 되어 있다는 점이다. 이는 계시록에 기록된 사건들이 하나님의 눈에서는 이미 발생되었음을 뜻한다. 계시록에서는 두 가지 중요한 일이 일어났다. 첫째는 수십 세기에 걸친 하나님의 궁극적인 완성인 새 예루살렘이 이미 건축된 것이고, 두 번째는 하나님의 원수인 사탄이 불 못 안으로 던져졌다는 것이다. 할렐루야! 옛 뱀인 큰 용 마귀는 불 못 안에 있고, 우리는 새 예루살렘 안에 있다!

2. 계시록은 상징(표적)의 책이다(1:1 원문 참조)

이 책에 담긴 계시는 여러 가지 영적 의미를 가진 각종 상징들로 구성되어 있다. 그 대표적인 것들로는 일곱 등대, 일곱 눈, 일곱 별 등이 있고, 심지어 새 예루살렘조차도 하나님의 경륜의 궁극적인 완성을 상징하는 표적이다.

3. 계시록은 결론의 책이다

이 책은 하나님의 경륜의 결론과 그리스도의 구속의 결론과 교회의 증거의 결론과 사탄의 운명의 결론을 밝히고 있다. 즉 계시록은 (1) 저자인 요한의 글들(요한복음, 요한 서신)의 결론이요, (2) 복음서들, 사도행전, 서신서들, 계시록으로 구성된 신약 전체의 결론이요, (3) 구약과 신약 66 권으로 된 성경 전체의 결론이다.

Ⅴ. 내용 분해

Ⅰ. 서론—그리스도의 계시와 예수의 증거(1:1-8)

Ⅱ. 「네가 본 것들」(1:9-20)

　A. 일곱 금등대들—빛나는 교회들

　B. 인자—사신 그리스도

　C. 일곱 별들—교회의 빛나는 사자들

Ⅲ. 현재 있는 것들—일곱 지방 교회들(2:1-3:22)

　A. 에베소 교회—첫 번째 단계 끝 무렵에 있는 교회

(2:1-7)

B. 서머나 교회—핍박받는 교회(2:8-11)

C. 버가모 교회—세상과 결혼한 교회(2:12-17)

D. 두아디라 교회—배교한 교회(2:18-29)

E. 사데 교회—종교 개혁의 교회(3:1-6)

F. 빌라델비아 교회—회복 안에 있는 교회(3:7-13)

G. 라오디게아 교회—타락된 교회(3:14-22)

Ⅳ.「장차 일어날 일들」

A. 첫째 부분—그리스도의 승천에서 영원 미래까지의 장차 올 일들을 전체적으로 조망함(4:1-11:19)

1. 하늘에 있는 보좌 주위의 광경—「사자—어린 양」(승리하는—구속하는 그리스도)만이 하나님의 경륜의 비밀을 열 자격이 있음(4:1-5:14)

2. 일곱 인들—하나님의 경륜의 비밀(6:1-8:5)

a. 첫째 인 : 흰 말과 그 탄 자—복음(6:1-2)

b. 둘째 인 : 붉은 말과 그 탄 자—전쟁(6:3-4)

c. 셋째 인 : 검은 말과 그 탄 자—기근(6:5-6)

d. 넷째 인 : 창백한 말과 그 탄 자—사망(6:7-8)

e. 다섯째 인 : 제단 아래 있는 혼들의 부르짖음—낙원에서 원수 갚기를 기다리는 순교한 성도들의 기도(6:9-11)

f. 여섯째 인 : 땅과 하늘이 흔들리고 대환난이 가까움—땅의 거주자들에 대한 경고(6:12-17), 여섯째 인과 일곱째 인 사이에 삽입된 이상들(7:1-17)

g. 일곱째 인 : 일곱 나팔이 들어옴—다섯째 인에서의 성도들의 기도에 대한 응답(8:1-2)

h. 일곱째 인을 뗀 후의 하늘에 있는 광경—성도들의 기도를 하나님께 드리는 대제사장이신 그리스도(8:3-5)

3. 일곱 나팔—하나님의 경륜의 집행(8:6-11:19)
   a. 첫째 나팔—땅에 대한 심판(8:7)
   b. 둘째 나팔—바다에 대한 심판(8:8-9)
   c. 셋째 나팔—강들에 대한 심판(8:10-11)
   d. 넷째 나팔—해와 달과 별들에 대한 심판(8:12)
   e. 다섯째 나팔—첫째 화 : 사람에 대한 심판—사람들을 괴롭히기 위하여 제휴하는 사탄과 적그리스도(9:1-9:11)
   f. 여섯째 나팔—둘째 화 : 사람에 대한 추가 심판—사람의 삼분의 일을 죽이는 이 억의 마병대(9:12-21)
   g. 여섯째와 일곱째 나팔 사이에 있는 삽입된 이상들(10:1-10:6)
   h. 일곱째 나팔—그리스도의 영원한 왕국
      셋째 화는 일곱 대접과 죽은 자들에 대한 심판 및 선지자들과 성도들과 하나님을 경외하는 사람들에 대한 상 주심과 땅을 망하게 하는 자들의 멸망으로 이루어 짐(11:14-18)
   i. 일곱째 나팔 후의 하늘의 광경—성전이 열리고 언약궤가 보임 (11:19)

B. 둘째 부분—첫째 부분에서 다루어진 중요한 것들과 중대한 문제들을 자세히 다룸(12:1-22:5)
1. 사내 아이를 밴 여자와 큰 붉은 용—사탄(12:1-17)
2. 두 짐승(13:1-8)
3. 세 가지 수확물(14:1-20)
4. 일곱 대접들을 쏟아 부음(15:1-16:21)
5. 큰 바벨론과 그 무너짐(17:1-19:4)
   a. 종교적인 면(17:1-18)
   b. 물질적인 면(18:1-24)
   c. 하늘에서의 찬양(19:1-4)

계시록 1

서언

주님의 긍휼로 우리는 본 라이프 스타디에서 성경의 마지막 책인 계시록에 이르렀다. 하나님의 간교한 원수 때문에 계시록은 닫혀 왔고 그것을 이해하는 그리스도인들이 별로 없다. 이 책에서 생명과 하나님의 경륜과 예수의 간증에 관한 그 무언가를 본 사람은 거의 없었다. 그래서 우리는 이 책에 대한 생명의 수업을 하려는 부담을 주님께 받아 왔다.

계시록은 예언의 책이다(1:3, 22:7). 왜냐하면 이 책이 담고 있는 계시는 예언의 성격을 띠고 있기 때문이다. 대부분의 이상(異象)들은 장래 일어날 일들을 언급하고 있다. 심지어 2, 3장에서 일곱 교회들에게 보낸 일곱 서신들도 그 상징들의 의미에 있어서 주님이 다시 오실 때까지 땅 위에 있는 교회에 관한 예언들이다. 비록 이 책이 예언의 책이긴 하지만, 그것은 단지 말로만 된 것이 아니라 보는 이에게 계시된 이상들로 된 예언이다. 하나님의 눈에는, 이 책에 예언된 모든 일들이 이미 발생되었으며, 모든 것이 연이은 이상들 안에서 보여진 바 되었다.

계시록에는 대부분의 동사와 서술어들이 미래 시제가 아니라 과거 시제로 되어 있는데, 이는 이 책에 기록된 사건들이 이미 발생되었음을 가리킨다. 엄밀히 말해서 계시록은 예언이 아니다. 그것은 이미 발생된 것들에 대한 계시이다. 그것들은 우리가 보기에는 이미 발생한 것처럼 보이지 않지만 하나님의 눈에는 이미 발생했다. 하나님 눈에는 이 책에 기록된 모든 것이 거의 이천년 전에 발생되었다. 우리 모두는 이것을 반드시 믿어야 한다. 대부분의 그리스도인들은 계시록을 예견의 책으로 여기고 이 예견들을 이해하려는 데 호기심을 갖고 있다. 그들 중 많은 이들이 이 책을 오직 그들의 호기심을 위해서만 읽는다. 그러나 우리는 주님께 이렇게 말해야 한다. 『오, 주여 우리를 이러한 데서 구원하소서. 우리는 호기심으로 이 책을 알고 싶지 않습니다.』 나는 계시록이 단지 예언의 책에 불과한 것이 아니라 이미 발생한 일들의 기록임을 다시 한번 강하게 말한다.

계시록에서는 두 가지 주요한 일들이 일어났다. 그 첫 번째는 예수의 간증이 영원토록 성취되었다는 것이다. 당신은 새 예루살렘을 본 적이 있는가? 사도 요한은 거의 이천 년 전에 그것을 보았다. 당신은 새 예루살렘 안에 있다고 믿는가? 만일 우리가 이렇게 말한다고 해서 미친 것처럼 보인다면, 우리는 성경에 따라 미친 것이다. 여러 세기에 걸친 하나님의 역사의 궁극적인 완성인 새 예루살렘은 이미 완전하게 건축되었으며 우리는 그 안에 있다! 계시록의 마지막 두 장에 의하면 새 예루살렘은 이미 성취되었다. 이 첫 번째 사항은 적극적인 측면 위에 있다.

소극적인 측면에서 두 번째 주요한 일이 일어났다. 즉 하나님의 원수인 사탄이 이미 처리된 것이다. 하나님 눈에는, 심지어 우리의 형제 요한의 눈에도 사탄은 불 못 안으로 던져졌다(20:10). 뱀인 사탄은 불 못 안에 있고, 우리는 새 예루살렘 안에 있다. 당신은 이것을 본적이 있는가? 만일 사탄이 불 못 안에 있음을 보았다면 우리는 그를 처리해 달라고 하나님께 빌지 않을 것이다. 그보다 오히려 우리는 원수가 이미 처리되었으므로 그분을 찬양할 것이다. 사탄이 우리를 괴롭힐 때마다 우리는 반드시 그에게 말해야 한다. 『사탄아, 너는 지금 잘못된 곳에 와 있다. 너는 여기에 있으면 안 된다. 너는 불 못에 속해 있어야 한다. 그리로 되돌아가서 다시는 이곳에 오지 말라.』 당신은 이렇게 해 본 적이 있는가? 우리 모두는 필히 그렇게 해야 한다.

성경은 늘 일관성이 있으며, 심지어 하나님의 원수인 사탄의 문제에 있어서도 그렇다. 창세기 3장에서 사탄은 매우 간교한 방법으로, 즉 뱀의 모양으로 인류에게 왔다. 계시록에서 사탄은 의도적으로 「옛 뱀」이라고 불리운다(12:9, 20:2). 창세기에서 그 뱀은 별로 늙지 않았지만, 계시록에서 그는 늙었으며 적어도 육천 세는 족히 되었다. 계시록은 명백한 의도를 가지고 일부러 그를 「옛 뱀」이라고 부른다. 그러나 계시록 당시에 사탄은 「옛 뱀」일 뿐 아니라 용(龍)이기도 했다(12:9, 20:2). 계시록에 의하면, 먼저 이 용은 하늘에서 땅으로 내던져진다(12:7-9). 그런 다음 3년 반 후에 그는 결박되어 무저갱으로 던져진다(20:1-3). 하나님 손에 여전히 다소 유용하므로 주님이 천 년 끝 무렵에 사탄을 무저갱에서 풀어 주실 것임을 계시록 20장에서 본다(20:7). 풀린 다음 사탄은 인류를 손상시키려고 안간힘을 다 쓸 것인데 『땅의 사방에 있는 열국 곧 곡과 마곡을 미혹하고 그들을 모아 전쟁을 붙인다』(20:8). 그러나 잠시 후 20장 10절에 따르면, 마귀는 그의 운명이요 종착지인 불 못 안으로 내던져질 것이다. 계시록은 닫혀져 왔다. 왜냐하면 그 책은 사탄의 운명과 종착지를 폭로하면서 그를 드러내기 때문이다. 그러나 마지막 때인 지금 우리는 주께서 이 책을 여시고 우리 마음과 영과 눈도 여시어 우리로 하여금 하나님의 원수가 지금 불 못에 있음을 보게 하실 것임을 믿는다. 할렐루야, 옛 뱀 사탄은 불 못에 있고, 우리는 새 예루살렘 안에 있다!

새 예루살렘은 예수의 증거이다. 오늘날의 교회도 역시 예수의 증거이다. 오늘날 교회들 안에 있는 우리들은 예수의 간증이다. 우리는 모두 자신들과 우리의 약함과 우리의 얽매이기 쉬운 죄들, 심지어는 우리가 땅 위에 있다는 사실조차도 잊어버리고 반드시 이것을 최대한으로 보아야 한다. 누가 당신에게 있는 곳이 어디냐고 묻는다면, 당신은 반드시 『나는 새 예루살렘 안에 있다.』고 대답해야 한다. 새 예루살렘에는 해충도, 개구리도, 전갈도, 뱀도 없다. 더욱이 그 성 안에는 죄나 사망이나 세상도 없다. 거기에는 그리스도와 하나님의 구속되고 변화된 사람들 이외에 아무 것도 없다. 만일 이것을 본다면, 우리는 주를 찬양하고 「할렐루야」라고 외칠 것이다.

계시록 1장 1절은 『예수 그리스도의 계시라 이는 하나님께서 그에게 주사 반드시 속히 일어날 일들을 그의 종들에게 보이시려고 그의 천사를 그의 종 요한에게 보내어 표적에 의해 알게 하신 것이라』고 말한다. 이 책의 계시는 주로 표적들, 즉 교회들을 상징하는 일곱 등대(lampstand)와 교회들의 사자(使者)들을 상징하는 일곱 별(1:20) 등과 같이 영적 의미를 지닌 상징들로 구성되어 있다. 심지어 새 예루살렘조차도 하나님의 경륜의 궁극적인 완성을 상징하는 표적이다 (21-22장). 그렇다면 이 책은 상징들의 책으로서 그것들을 통해 계시가 우리에게 알려진다. 요한의 복음서는 어떻게 그리스도가 교회 곧 그의 신부를 산출하기 위해 우리 생명이 되시는가를 보여 주는 표적들의 책이다. 요한의 계시록 역시 어떻게 그리스도가 지금 교회를 돌보고 계시며 또 어떻게 그분이 땅을 심판하시고 소유하며 그분의 신부인 교회를 하나님의 완전한 경륜 안으로 이끄시는가를 보여 주는 표적들의 책이다.

Ⅰ. 결론의 책

계시록은 결론의 책이다. 만일 계시록이 성경에서 삭제된다면, 커다란 결손이 생길 것이다. 왜냐하면 성경에 시작만 있고 끝은 없게 되기 때문이다. 비록 창세기에 시작이 있어도, 계시록이 없으면 결론이나 최종 완성이 없게 된다. 좋은 출발을 하고 나서 수많은 역사들을 통과한 뒤에 하나님에게는 하나의 최종 완성이 필요하다. 계시록이 없으면 하나님의 경륜의 결론이 없다. 하나님은 위대하시다. 그분은 목적이 있는 하나님이시다. 그분의 목적 완수를 위해서 그분의 경륜이 반드시 성취되어야 한다. 많은 성경 학도들이 하나님의 경륜이라는 문제를 소홀히 했다. 만일 우리가 계시록을 갖지 않는다면, 우리는 하나님의 경륜의 최종 완성을 볼 수 없을 것이다. 또 사실상 우리는 하나님의 경륜이 무엇인지 깨닫기가 어렵다는 것을 알게 될 것이다. 왜냐하면 우리가 그분의 경륜의 결과와 결말을 볼 수 없기 때문이다. 그러나 이 책에는 하나님의 경륜에 대한 계시가 매우 선명하다. 왜냐하면 그것은 하나님의 경륜의 결론을 담고 있기 때문이다.

계시록이 없다면 또한 우리는 그리스도의 구속에 대한 결론도 갖지 못할 것이다. 그리스도는 육신으로 오셔서 십자가 위에 죽으심으로 구속을 성취하셨다. 그러나 구속은 무엇을 성취하는가? 그리스도의 구속을 다만 죄인들을 구원시켜 그들을 하늘로 데려가는 것이라고 말하는 것은 너무 낮은 결론이다. 이런 류의 결론은 별 의미가 없다. 그러나 계시록에서 우리는 그리스도가 우리를 구속하시고 그분의 피로 우리를 사셔서 우리로 왕국과 제사장들이 되게 하셨음을 본다. 그러므로 이 책은 그리스도의 구속의 결론을 밝힌다.

계시록 1장 6절은 그리스도가 『우리를 그분의 하나님 아버지에게 왕국과 제사장으로 삼으셨다』고 말한다. 그리스도의 피로 구속받은 믿는이들은 하나님에게서 태어나 그분의 왕국 안으로 들어갔을 뿐 아니라(요 3:5) 하나님의 경륜을 위하여 교회인 왕국이 되었다(마 16:18-19). 이 책의 저자인 요한은 이 왕국 안에 있었고(1:9) 구속받고 거듭난 모든 믿는이들은 이 왕국의 일부이다(롬 14:17).

이 책의 주된 방면들 중 하나는 하나님이 온 땅을 자신의 왕국으로 만드시려고 땅에 대한 자신의 권리를 회복하고 계시다는 것이다(11:15). 그리스도가 오셨을 때, 그분은 자신과 함께 하나님의 왕국을 가져 오셨다(눅 17:21, 마 12:28). 이 왕국이 교회로 확장되었는데(마 16:18-19), 교회는 온 땅에 하나님 왕국의 최종 완성을 가져올 것이다. 한편으로 오늘날 하나님의 왕국은 교회 안에 있으며, 다른 한편으로 하나님의 왕국은 이기는 믿는이들을 통하여 도래하고 있다(12:10). 그때 그리스도와 이기는 믿는이들은 천년 왕국에서 모든 열국들 위에서 다스릴 것이다(2:26-27, 12:5, 20:4, 6).

그리스도의 피로 말미암은 구속은 비단 우리를 하나님께 왕국으로 만드셨을 뿐만 아니라 또한 그분께 제사장들로 만드셨다(벧전 2:5). 왕국은 하나님의 통치를 위한 것이요, 반면에 하나님의 형상을 표현하는 자들인 제사장들은 하나님의 표현을 위한 것이다. 이것이 사람을 창조하실 때 하나님의 원초의 목적 완수(창 1:26-28)를 위한 왕같은 제사장 직분(벧전 2:9)이다. 이 왕같은 제사장 직분은 오늘날의 교회 생활 안에서 행사(行使)되고 있다. 그것은 천년 왕국에서 강렬하게 실행될 것이며(20:6), 궁극적으로는 새 예루살렘에서 완성될 것이다(22:3, 5).

계시록은 또한 교회의 기묘하고 놀라운 최종 완성을 제시한다. 이 책에서 우리는 하나님의 경륜, 그리스도의 구속, 교회의 증거(간증)를 본다. 계시록이 없으면 우리는 교회가 그리스도의 증거임을 알지 못한 채 서신서들을 거듭 읽을 것이다. 서신서들 중 어디에서 어두운 밤에 등대들(lampstands)처럼 빛나는 교회들을 볼 수 있는가? 오직 계시록에서만 이것을 본다. 계시록에서 교회들은 먼저 빛나는 등대들이다. 결국에는 영원 안에서 교회는 새 예루살렘 곧 금으로 된 산(山)이 될 것이다. 이것이 교회의 놀라운 최종 완성이다. 현재의 상황은 거짓이다. 우리는 그것을 믿지 말아야 한다. 『천주교는 얼마나 악하며, 개신교 교회들은 얼마나 가련한지!』라고 말하지 말라. 우리는 반드시 다른 한면, 영원한 측면을 바라보아야 한다. 그곳에서 우리는 새 예루살렘을 본다. 한밤중인 오늘날에조차도 우리는 빛나는 등대들을 갖고 있다.

하나님의 경륜, 그리스도의 구속, 교회의 증거와 더불어, 계시록은 또한 원수의 운명을 밝힌다. 만일 계시록이 없다면, 우리는 사탄의 운명이 무엇인지 모를 것이며, 또 아무도 하나님이 왜 간교하고 악하고 더러운 사탄을 참아 오셨고 또 아직도 참으시는지를 이해할 수 없으리라. 그러나 만일 우리가 이 책 안으로 뛰어들어가서 사탄에 대한 기록을 본다면 우리는 기뻐할 것이며 그 뱀을 비웃을 것이다. 그러므로 우리는 계시록에서 네 가지 주된 것들—하나님의 경륜, 그리스도의 구속, 교회의 증거, 사탄의 운명—의 결론을 갖는다.

A. 요한이 쓴 글들의 결론

계시록은 요한이 쓴 글들의 결론이다. 요한복음 라이프 스타디에서 지적했듯이 사도 요한의 글들은 세 부류—그의 복음서, 그의 서신들, 그의 계시록—로 되어 있다. 요한복음은 생명을 나눠주기 위한 것이다. 요한복음 10장 10절에서 예수님은 『내가 온 것은 양으로 생명을 얻게 하고 더 풍성히 얻게 하려는 것이라』고 말씀하셨고, 12장 24절에서는 『진실로 진실로 너희에게 이르노니 한 알의 밀알이 땅에 떨어져 죽지 아니하면 한 알 그대로 있고 죽으면 많은 열매를 맺으리라』고 말씀하셨다. 이 구절들에서 우리는 요한복음의 중심 사상인 생명의 나눠줌을 본다. 요한의 서신서들에는 생명의 성장을 위한 교통이 있다. 비록 생명이 우리 안으로 분배되었다 해도 그것은 자랄 필요가 있다. 생명은 교통에 의해 자란다. 그러므로 요한의 서신서에서 우리는 생명의 성장을 위한 교통을 본다. 요한의 글들 중 마지막 부류인 그의 계시록에는 생명의 수확이 있다. 먼저 생명이 분배되고 그 다음에는 자라고 마침내는 수확된다. 계시록이 없으면 우리는 생명의 분배와 생명의 성장은 갖지만 생명의 수확은 갖지 못한다.

B. 신약의 결론

또한 계시록은 복음서들, 사도행전, 서신서들, 계시록 등으로 구성된 신약의 결론이다. 복음서들에서 우리는 생명의 씨 뿌림을 본다. 왜냐하면 복음서들에서는 예수님이 오셔서 베드로와 요한과 같은 소수의 사람들 안으로 자신을 씨로 뿌리심으로, 인류 안으로 자신을 생명의 씨로 뿌리셨기 때문이다. 사도행전에는 생명의 번식이 있다. 서신서들에서는 생명의 성장을 본다. 바울, 베드로, 요한 등등에 의해 쓰여진 모든 서신서들의 중심 개념은 생명의 성장이다. 우리 모두는 생명 안에서 자라야 한다. 계시록에서 우리는 또다시 생명의 수확을 본다. 계시록 14장에는 곡식이 익은 들판과 수확이 있다. 계시록 14장 15절은 『또 다른 천사가 성전으로부터 나와 구름 위에 앉은 이를 향하여 큰 음성으로 외쳐 말하기를 네 낫을 휘둘러 거두라 거둘 때가 이르러 땅의 수확물이 다 익었음이로다』라고 말한다. 계시록 14장에서 온 들판이 수확된다. 이것으로써 우리는 계시록이 신약의 결론임을 알 수 있다.

C. 성경 전체의 결론

성경의 마지막 책인 계시록은 신성한 계시 전체, 즉 온 성경의 결론이요 완성이며 최종 완성이다. 성경에는 그러한 결론이 필요하다. 신성한 계시에 대한 진리들의 대부분의 씨는 성경의 처음 책인 창세기 안에 뿌려졌다. 이 모든 씨들의 성장은 점진적으로 후속 되는 책들—특히 신약의 각 권들—에서 발전되고, 그 수확은 계시록에서 거두어진다. 예를 들어, 창세기에는 뱀의 씨가 있고 계시록에는 뱀의 수확이 있다. 그러므로 이 책에서 다뤄진 대부분의 것들은 절대적으로 새로운 것이 아니며 앞에 있는 성경 각 권들에서 소급(遡及)되어 연원(淵

源)한다. 창세기에는 신성한 계시의 씨가 있고, 뒤잇는 책들에는 신성한 계시의 점진적인 발전이 있으며, 계시록에는 신성한 계시의 수확이 있다. 그러므로 우리 모두는 필히 이 책 안으로 들어가서 그것을 알아야 한다. 만일 이 책을 알지 못한다면 우리는 하나님의 계시에 관해 분명할 수 없다. 여행할 때 우리는 흔히 목적지에 도착하기 전까지는 길과 도로에 관해 분명치 않다. 우리의 목적지에 도착한 후에 우리가 걸어온 길을 되돌아보고 나서야 우리는 매우 분명하게 된다. 계시록에서 우리는 온 성경의 목적지에 도달한다. 이 목적지에 도달했으므로 우리는 이 신성한 책을 이해할 수 있다.

Ⅱ. 내용

이제 우리는 계시록의 내용에 이르렀다. 이 책의 내용이 개구리, 전갈, 메뚜기(황충), 뿔, 뱀, 말 등이라고 생각하지 말라. 우리는 그 내용이 단지 일곱 인(印), 일곱 나팔, 일곱 대접이라고도 말하지 말아야 한다. 아니다. 이 책은 주로 이런 것들에 관심을 두는 것이 아니다. 계시록은 첫째 그리스도의 책이요, 둘째 교회의 책이며, 셋째 하나님의 경륜의 책이다.

A. 그리스도의 계시—독특하고 궁극적임

온 성경은 그리스도를 계시한다. 성경의 결론이요 완성이며 최종완성으로서 계시록은 특히 「예수 그리스도의 계시」이다(1:1). 비록 이 책이 다른 많은 것들도 계시하지만, 그 계시의 초점은 그리스도이다. 교회들 한 가운데서 그들을 사랑으로 돌보시지만 여전히 심판하시는 태도를 취하시는 대제사장이신 그분에 대한 이상(1:13-16), 하나님의 보좌와 네 생물들 한 가운데 그리고 우주의 이십사 장로들 한 가운데 있는 사자요 어린 양으로서 하나님의 우주적인 일곱 인을 여시는 그분에 대한 이상(5:1-6:1), 땅을 소유하기 위해 하늘로부터 내려오는 힘센 다른 천사(Another Mighty Angel)이신 그분에 대한 이상(10:1-8, 18:1) 등과 같은 그리스도의 몇 가지 방면들은 계시록에서와 같이 밝혀진 적이 결코 없다. 이 책에서 그리스도에 대한 계시는 독특하며 궁극적인 것이다. 복음서들과 사도행전과 서신서들에서는 그리스도가 일곱 눈을 가지신 것을 보지 못하나 이것이 계시록에서는 계시된다(5:6). 우리 구주 그리스도는 일곱 눈을 가지셨다. 얼마나 무서운가! 그리스도에 대한 이 계시는 독특하다. 누가복음 4장 22절에서 우리는 「은혜로운 말씀」이 그리스도의 입으로부터 나온다는 것을 듣지만, 계시록 1장 16절에서는 좌우에 날선 검이 그분의 입에서 나온다. 더욱이 요한은 그의 복음서에서 『보라 하나님의 어린 양이로다』(1:29)라고 말하지만, 계시록에서는 장로 중에 하나가 말하기를, 『보라 유대지파의 사자라』고 한다(5:5). 그러므로 이 책에 있는 그리스도에 대한 계시는 독특하다. 다른 어떤 책에서도 계시록에 있는 것처럼 그리스도가 밝혀지지 않는다. 계시록의 내용 중 첫 번째 사항은 이 독특하신 그리스도이다.

B. 예수의 증거-특별하고 최종 완성적임

한편으로 이 책은 우리에게 「그리스도의 계시」를 주며, 다른 한편에서는 특별하고도 최종 완성적인 「예수의 증거」를 보여 준다(1:2, 9, 12:17, 19:10, 20:4). 예수의 증거(testimony)는 교회이다. 계시록은 계시된 그리스도와 증거하는 교회를 제시한다. 이 책에는 교회에 대한 특별하고 최종 완성적인 기록이 있다. 다른 어떤 책에서도 교회가 계시록에서처럼 계시되지 않는다. 1장의 등대, 7장에 있는 큰 무리의 구속받은 자들, 12장의 사내 아이를 밴 빛나는 여인, 14장에 있는 처음 익은 열매와 함께한 수확, 15장에 있는 유리 바다 위의 이기는 자들, 19장에 있는 혼인을 위해 예비된 신부와 그리스도의 싸우는 군대, 21장과 22장에 있는 새 예루살렘 등은 모두 예수의 증거이다. 예수의 증거는 예언의 영-실체, 성질, 특징-이다(19:10). 그리스도는 하나님의 증인(1:5)이요 증거요 표현이며, 교회는 그리스도의 증거요 표현이다. 따라서 교회는 그리스도 안에 있는 하나님의 증거와 표현의 재생산이다. 이 책에 있는 교회에 대한 특별한 계시는 매우 중대하며, 우리는 필히 그것을 보아야 한다.

C. 하나님의 경륜—우주적이고 영원함

계시록의 내용은 또한 하나님의 경륜을 내포한다. 하나님의 경륜은 그분의 우주적이고 영원한 행정이다. 계시록에서 우리는 그분의 경륜을 수행하기 위한 하나님의 우주적이고 영원한 행정을 본다. 그분의 행정은 공간적으로는 우주적이며 시간적으로는 영원하다.

1. 일곱 인(印)

하나님의 경륜에서 첫 번째 부류의 항목들은 일곱 인이다. 인(印)이란 일반 사람들에게 공개되지 않은 봉해지고 감춰진 것을 가리킨다. 처음 네 인은 그리스도의 승천 이후 이 세대 끝까지의 세계 역사를 다룬다(6:1-8). 이 역사는 간략하지만 이 네 인들 안에서 포괄적으로 취급되었다. 이런 인들의 개봉과 함께 우리는 네 필의 말을 보는데, 각기 말 탄 자가 있다. 첫 번째 말을 탄 자는 복음 전파요, 두 번째 말 탄 자는 전쟁이요, 세 번째 말 탄 자는 기근이며, 네 번째 말 탄 자는 사망이다. 그러므로 이 처음 네 가지 인에서 우리는 복음, 전쟁, 기근, 사망을 갖는다. 만일 당신이 세계 역사를 안다면, 이것이 실상 지난 20세기 동안의 상황이었음을 깨달을 것이다. 그리스도의 승천 이래, 복음이 전파되어 왔다. 수세기에 걸쳐서 복음 전파와 더불어 전쟁이 있어 왔다. 로마제국이 주후 70년에 예루살렘을 멸망시키려고 군대를 파견한 이래로, 세기가 거듭될수록 전쟁이 격화되어 왔다. 금세기 초에 제1차 세계 대전이 있었고 그에 이어서 굉장히 격화된 전쟁—제2차 세계 대전—이 있었다. 전쟁은 늘 기근을 야기시키고 기근은 사망을 초래한다. 이 네 필의 말은 처음 네 가지 인의 내용이다.

다섯 번째 인은 순교한 성도들의 부르짖음을 다룬다(6:9-11). 이것은 이 시대 끝 무렵, 대환난의 시작에 임박하여 발생할 것이다. 수세기에 걸친 복음전파로 인해 많은 성도들이 순교당했다. 이 시대 끝 무렵에 이 순교한 성도들이 원수를 갚아 달라고 하나님께 부르짖을 것이다.

대환난 때가 바로 임박하여 발생할 여섯 번째 인은 땅과 하늘의 흔들림을 다룬다(6:12-17). 여섯째 인을 개봉할 때 땅의 거민들에게 경고가 될 큰 지진이 있을 것이다(6:12). 어떤 악한 자들은 『누가 하나님이냐? 우리가 하나님이다!』라고 말한다. 그들이 설사 자기들이 하나님이라고 말한다 해도, 참 하나님이 오셔서 그들의 거처를 흔드실 때 비로소 그들은 하나님이 누구이신지 알 것이다. 나는 『이 선생, 당신은 하나님에 관해 전파하는군요. 당신은 우리가 하나님이라는 것을 모릅니까?』라고 말하며 나와 다툰 사람들을 만난 적이 있다. 나는 이렇게 대답했다. 『자, 누가 하나님인지 알아봅시다. 비록 하나님이 어느 정도 참으신다해도 그분의 참으심에는 한계가 있습니다. 어느 날 여러분이 그분의 참으심을 고갈시킬 때 그분의 새끼 손가락이 땅을 흔드실 것입니다. 그러면 여러분은 누가 하나님인지 알 것입니다.』 대환난이 시작되기 전에 하나님은 온 땅의 거민들에게 경고를 발하시어 그들에게 하나님이 계시다는 것을 생각나게 하실 것이다. 여섯째 인 때에, 하나님은 땅만 아니라 하늘들도 흔드실 것이다. 계시록 6장 12절과 13절은 『또 내가 보니 여섯째 인을 떼실 때에 큰 지진이 나며 해가 총담(머리털로 짠 천)같이 검어지고 온 달이 피같이 되며, 하늘의 별들이 무화과나무가 대풍에 흔들려 설익은 과일이 떨어지는 것같이 땅에 떨어지며』라고 말한다. 그 때에는 땅이 더 이상 악한 자들이 거만하게 살기에 적합한 곳이 아닐 것이다.

이해하기 가장 어려운 인은 일곱 번째이다. 영원히 지속될 일곱째 인은 일곱 나팔로 구성된다. 인과 나팔을 혼동하지 말라. 인들은 은밀하지만 나팔들은 공개적이다. 당신이 무엇을 봉인(封印)할 때 그것을 은밀하게 만든다. 그러나 당신이 나팔을 불 때 당신은 무엇을 공개하는 것이다.

2. 일곱 나팔들—일곱째 인의 내용

일곱 나팔들은 일곱째 인의 내용이다. 처음 네 나팔들은 땅과 바다와 강들과 해와 달과 별들에 대한 심판이다(8:7-12). 처음 네 나팔들 안에 있는 심판의 결과로 땅은 더 이상 사람이 살기에 적합한 곳이 못될 것이다. 다섯째 나팔은 사람들에 대한 심판인 첫째 화(禍)로서 대환난의 시작이 될 것이다(8:13-9:11). 앞으로 보겠지만, 대환난은 무시무시할 것이다. 사람들에 대한 추가적인 심판인 둘째 화(禍)인 여섯째 나팔은 대환난의 일부이다(9:12-21). 일곱째 나팔은 퍽 복잡하다. 그것은 그리스도의 영원한 왕국, 일곱 대접을 포함하는 셋째 화, 죽은 자들의 심판, 성도들과 하나님을 경외하는 자들에 대한 보상, 땅을 망하게 하는 자들의 파멸 등으로 구성되어 있다(11:14-18). 일곱째 나팔의 두 번째 사항인 셋째 화는 대환난 끝 무렵에 있을 것이다. 이 후에 선지자들과 성도들과 하나님의 이름을 경외하는 자들에 대한 보상이 있게 될 것이다. 여러 세대에 걸쳐서 이 세 부류의 사람들이 산출되어 왔다. 선지자들은 대개가 구약으로부터 오고, 성도들은 대부분이 신약으로부터 나오며, 하나님의 이름을 경외하는 자들은 대환난 동안에 산출될 것이다. 일곱째 나팔은 주님이 이 세 계층의 사람들에게 주실 보상을 포함하고 있다. 일곱째 나팔은 또한 죽은 자들의 심판과 땅을 망하게 하는 자들의 파멸을 내포하고 있다. 땅을 망하게 하는 자들은 사탄과 적그리스도와 거짓 선지자와 그들의 모든 추종자들이다. 그러므로 일곱째 나팔은 환난 끝부터 영원에 이르기까지의 모든 것을 포함하고 있다.

3. 일곱 대접들

일곱 대접들은 하나님의 사람들에 대한 저주의 마지막 재앙으로서 일곱째 나팔의 소극적인 내용의 일부인데 대환난 말기에 있을 것이다(15:1, 6-8, 16:1-21). 일곱 대접들은 일곱 인들이나 일곱 나팔들과 마찬가지로 처음 네 가지로 된 하나의 군(群)과 그 다음 다섯째, 여섯째, 일곱째로 구성되어 있다. 이 분류는 의미가 깊다. 계시록의 저자는 정녕코 하나님임에 틀림없다. 그밖에 어떤 사람이 그것을 쓸 지혜를 가질 수 있었겠는가? 만일 이 책이 요한의 상상대로 저술되었다면, 요한은 하나님임에 틀림없다. 계시록은 확실히 놀라운 방법으로 구성되었다.

Ⅲ. 부분들

계시록은 다섯 개 부분들—즉 서문(1:1-8), 네가 본 것들(1:9-20), 현재 있는 것들(2:1-3:22), 장차 일어날 일들(4:1-22:5), 결론

(22:6-21)—을 갖고 있다. 서문에는 그리스도에 대한 계시와 예수의 증거가 있다. 비록 계시록이 하나님의 경륜을 포함하고 있지만 하나님의 경륜이 이 책의 중요한 초점은 아니다. 계시록의 초점인 두 가지 중대한 항목은 그리스도와 교회, 즉 그리스도에 대한 계시와 예수의 증거이다. 이 서문에 이어서 본 것들, 즉 일곱 등대들과 일곱 별을 가진 인자(人子)가 있다. 그런 다음 2장과 3장에는 현재 있는 것들, 즉 일곱 지방 교회들이 있다. 장차 일어날 일들을 다루는 그 다음 부분은 두 부분으로 되어 있다. 첫째 부분(14:1-11:19)은 그리스도의 승천부터 영원 미래에 이르기까지의 장차 일어날 일들에 대한 전반적인 조망으로 구성된다. 둘째 부분(12:1-22:5)에서 우리는 첫째 부분에서 취급된 중요한 것들을 자세히 찾아볼 수 있다. 이 두 부분은 창세기 1장과 2장을 닮았다. 창세기 1장에는 하나님의 창조의 전반적인 기록이 있고, 창세기 2장에는 하나님이 사람을 창조하시는 것에 대한 자세한 기록이 있다. 동일한 이치로 4장 1절부터 11장 19절까지에는 장차 일어날 모든 일들에 대한 전반적인 조망이 있으며, 12장 1절부터 22장 5절 사이에는 장차 일어날 중요한 것들에 대한 상세한 것들이 있다. 마지막 열 한 장을 처음 열 한 장의 연속으로 여기지 말라. 왜냐하면 장차 일어날 일들에 대한 전반적인 조망이 11장에서 결론을 맺기 때문이다. 이 부분의 둘째 부분에서 밝혀진 장차 일어날 일들에 대한 상세한 모든 것들에 이어서 우리는 22장 6절부터 21절까지를 계시록의 결론으로 갖는다.

계시록 2

독특하고 궁극적인 그리스도의 계시

이 메시지에서 우리는 그리스도의 계시에 이르렀다. 계시록을 읽을 때 많은 그리스도인들이 그 안에 담긴 그리스도의 계시에 충분한 주의를 기울이지 않고 있다. 「그리스도의 계시」라는 이 용어는 1장 1절에서 발견되는데, 성경 연구가들은 그 해석에 대해 구구한 의견들을 갖고 있다. 어떤 이들은 이 용어가 계시록이 그리스도에 의해 계시로 주어진 책임을 뜻한다고 말한다. 그리스도의 계시를 매우 객관적인 것으로 만드는 이런 해석은 정확하지 못하다. 만일 우리가 계시록 전체를 읽어본다면 이 용어가 가리키는 것은 계시록이 그리스도 자신을 밝히 드러내는 것임을 보게 된다. 그것은 단지 그리스도에 의해 주어진 계시에 그치는 것이 아니라 그리스도에 대한 그림이요 묘사이다. 우리가 반드시 보아야 할 것은 그리스도가 계시록 전체의 중심이요 초점이요 주축이 되는 인물이라는 것이다. 이와 같이 우리는 「예수 그리스도의 계시」라는 용어를 주관적인 방법으로 취해야만 한다. 그것은 다만 그리스도에 의해 주어진 계시에 그치는 것이 아니라 우리에게 그리스도를 밝히 드러내 보이는 계시이다.

그리스도는 구약에서 예언들과 예표들과 명백한 말씀들로 계시된다. 어떤 의미에서는 신약이 필요가 없는지도 모른다. 왜냐하면 만일 우리가 구약을 읽으면서 그리스도에 관한 예언들과 예표들과 명백한 말씀들에 면밀하게 주의를 기울인다면 그리스도에 대한 계시를 갖게 되기 때문이다. 이런 계시들을 통해 우리는 예수 그리스도가 어떤 모습의 그리스도이신지를 마음속에 그려 볼 수 있게 된다. 그럼에도 불구하고 아무리 구약에 있는 그리스도의 계시가 온전하다 해도 그것들은 불완전하다. 그러므로 우리는 전적으로 그리스도에 대한 계시인 신약에 반드시 이르러야 한다. 만일 우리가 단지 복음서들과 사도행전과 서신서들만 읽는다면 그리스도에 대한 많은 방면들을 볼 수는 있겠지만, 계시록에서 다뤄진 방면들은 보지 못할 것이다. 이 메시지에서 우리는 이 책에 담긴 그리스도의 계시에 대한 독특하고 특별한 방면들을 보아야 한다.

Ⅰ. 승천 안의 그리스도

계시록에서 그리스도는 승천하신 분으로 계시된다(5:3-6, 8-14). 사복음서에서 우리는 성육신 되시고 땅 위에서 사시고 십자가에 못 박히시고 부활하신 그리스도를 본다. 그러나 승천 안에 계신 그리스도에 관해서는 별로 많이 보지 못한다. 심지어 서신서에서도 그리스도의 승천을 거의 보지 못한다. 비록 복음서들과 사도행전과 서신서들이 그리스도의 승천에 관해 조금 말한다 해도, 이 책들 중 어느 것에서도 그리스도의 승천 후 하늘들 안에서의 정경이나 상황에 대한 분명한 그림을 발견할 수 없다. 만일 우리가 이 그림을 보고자 한다면 반드시 계시록에 와야 한다. 그곳에서 우리는 그분의 승천 후 하늘들 안에 계신 그리스도의 묘사를 갖는다. 이 책에는 하늘들 안으로 승천하신 바로 그 그리스도에 대한 완전하고 선명한 그림이 있다. 더 나아가 이 그림에서 우리는 그리스도의 승천 후 하늘들 안에서의 정경과 광경과 상황을 본다. 오직 이 계시를 볼 때에야 비로소 우리는 그분을 합당한 방식으로 경배하게 될 것이다.

A. 사자-어린 양

승천 안에서 그리스도는 사자-어린 양이시다(5:5-6). 요한복음에서 침례자 요한은 『보라, 하나님의 어린 양이로다』라고 선포했다(요 1:29). 그러나 그리스도의 승천 후 하늘들 안의 광경에서 그리스도는 주로 어린 양으로가 아닌 사자로서 계시된다. 요한이 『이 두루마리 책을 펴거나 보거나 하기에 자격 있는 자가 보이지 않기 때문에』 울고 있을 때(5:4) 장로 중에 하나가 그에게 말하기를, 『울지 말라 보라 유다 지파의 사자(Lion) 다윗의 뿌리가 이기었으니 이 두루마리와 일곱 인을 떼시리라』고 했다(5:5). 십자가에 못 박히시기 전에는 요한이 울어야 할 이유가 있었을 것이다. 그러나 승천 후에도 그가 우는 것은 어리석은 것이다. 당신은 오늘날 울고 있는가? 만일 여전히 울고 있다면, 그것은 당신이 아직 계시록 5장에 있는 승천하신 그리스도에 대한 이상을 보지 못했음을 뜻한다. 당신은 유다 지파의 사자를 바라볼 필요가 있다. 창세기 49장 8절과 9절은 유다의 사자이신 그리스도에 관해 예언하며, 오직 계시록에서만이 우리는 그리스도가 유다 지파의 사자라는 말을 듣는다. 유다 지파의 사자 곧 다윗의 뿌리가 이겼으므로 하나님의 경륜의 인들을 개봉하시기에 자격이 있으시다. 요한이 장로들 중 하나의 선포를 들은 후에 그는『보좌와 네 생물과 장로들 사이에서 갓 죽임을 당한 것 같은 어린 양이 서 계심』(5:6)을 보았다. 그는 어린 양이신 사자를 보았다. 그리스도는 사자인가 어린 양인가? 그분은 둘 모두이다. 그러므로 우리는 그분을 사자-어린 양이라고 부를 수 있다.

왜 그리스도는 사자인 동시에 어린 양이신가? 왜냐하면 우리는 두 가지 주된 문제—죄와 사탄—를 갖고 있기 때문이다. 대부분의 그리스도인들은 죄 문제만 돌보고 사탄 문제는 망각하고 있다. 당신의 남편이 너무 어렵다고 생각하지 말라. 그를 꾸짖지 말고 그의 배후에 있는 사탄을 꾸짖으라. 마찬가지로 모든 아내가 선하다. 우리 아내들에게서 나오는 나쁜 것들은 실상 그들에게서 비롯되는 것이 아니라 그들의 배후에 있는 사탄으로부터 비롯되는 것이다. 어린 양은 죄와 대립되며 죄의 문제를 해결한다. 그리고 사자는 사탄을 처리한다. 어린 양이신 그리스도는 구속을 성취하심으로 우리를 죄들에서 깨끗이 씻으셨다. 사자이신 그분은 사탄을 처리하셨다. 그분은 우리의 필요를 채우며 우리의 문제들을 해결하기에 충분하시다. 이제 죄는 지나갔고 사탄은 끝내졌으며 우리는 구속받고 원수의 강탈하는 손에서 벗어났다.

B. 자격 있는 분

우리의 구주는 사자이시며 어린 양이시다. 우리에게는 사자-어린 양이신 구주가 있다. 이분이 두루마리 책을 펴시기에 자격이 있으시다(합당하시다). 그분 외에는 우주 안에서 누구도 하나님의 경륜의 은밀한 것, 즉 비밀을 열 자격이 없다. 그러나 사자-어린 양은 구속을 이루시고 사탄에 대해 승리하셨기 때문에 자격이 있다. 그리스도는 자격이 있으시다고 우리 그리스도인들이 말했을 때마다 우리의 생각은 그분이 우리의 찬양과 감사와 경배를 받으시기에 합당하다는 것이었다. 우리가 『주 예수여, 당신은 합당하십니다.』라고 말할 때, 그분이 하나님의 경륜의 비밀에 대한 인을 개봉하기에 합당하심을 깨닫는 사람은 많지 않다. 우리는 그리스도가 그분의 조그만 피조물들인 우리에게서 경배와 찬양과 감사를 받으시기에 합당하다는 관념만을 가졌었다. 그러나 이것은 주님의 합당하심에 대한 불충분한 관념이다. 그런데도 그리스도의 합당하심에 대한 대부분의 찬송가들이 이 불충분한 관념을 표현하고 있다. 하나님의 경륜의 비밀을 여시기에 합당하심을 인하여 그리스도를 찬양하는 찬송가는 많지 않다. 주의 합당하심에 대한 이 방면은 우주적이며 무한량하다. 물론 그리스도는 우리의 찬양을 받으시기에 합당하시다. 심지어 그분은 우리의 생명을 받으시기에도 합당하시다. 그렇지만 우리는 계시록 5장에 따라 그리스도의 자격 있으심이 그분이 하나님의 경륜의 비밀을 여시기에 자격이 있으시다는 문제임을 반드시 깨달아야 한다. 우주는 과학자들이 해명할 수 없는 하나의 비밀이다. 그들은 우주의 의미나 목적을 전혀 모른다. 왜냐하면 그것은 그들에게 감추인 비밀이기 때문이다. 그러나 그리스도는 하나님의 경륜의 인들을 여시기에 자격이 있으므로 이 비밀을 여시기에 합당하시다.

계시록 5장 5절은 그 사자가 두루마리 책과 그 일곱 인들을 여시기에 합당하다고 말한다. 두루마리 책은 양피지나 다른 재질로 된 두루마리이다. 두루마리 책은 감겨져 있기 때문에 그것이 얼마나 긴가를 결정하기 어렵다. 계시록 5장에 있는 두루마리 책은 영원토록 길다. 오직 그리스도만이 이 영원토록 긴 두루마리 책을 여시기에 합당하다. 당신은 이 두루마리 책 안에 담긴 모든 것을 보았다고 말하지 말라. 아니다. 그 안에 포함된 모든 것을 보려면 영원(永遠)이 필요하다. 우리가 새 예루살렘 안에 있을 때라도 여전히 그 두루마리 책의 내용을 읽고 있을 것이다. 영원토록 우리는 말할 것이다. 『지금 저는 조금 더 보았을 뿐입니다.』 하나님은 우리에게 영원한 놀라움을 주실 것이다. 두루마리 책을 여는 놀라움은 영원토록 계속될 것이다. 당신이 영원 안에 있을 때 이렇게 말할지도 모른다. 『주님의 놀라우심은 영원합니다. 비록 우리가 지금 영원 안에 있다 해도, 여전히 그 끝을 볼 수 없습니다.』 그리스도는 하나님의 비밀에 대한 두루마리 책을 여시기에 합당하시다.

C. 천사들과 다른 모든 피조물들에게 경배를 받으심

그리스도는 그처럼 합당하신 분이기 때문에 여기 하늘의 광경 안에서도 그분은 천사들과 다른 모든 피조물들에게 경배를 받으신다. 천사들은 스물 네 장로들에 의해 대표되고, 다른 모든 피조물들은 네 생물들에 의해 대표된다. 천사들은 그리스도를 경배하는 데 앞장서는 장로들 곧 이십사 천사 장로들을 갖고 있다. 여기 이 그림에서 우리는 이십사 장로들 곧 모든 천사들이 찬양하고 있으며 네 생물들 곧 다른 모든 피조물들이 찬양하고 있음을 본다. 그들은 하나님과 어린 양에게 우주적인 경배를 드리고 있다. 우리가 믿는 그리스도는 그처럼 우주적인 그리스도이시다.

Ⅱ. 행정 안에서의 그리스도

이제 우리는 행정 안에서의 그리스도에 이르렀다. 우주 안에는 하나의 행정이 있다. 우주는 무의미하게 운행하고 있지 않다. 우주는 하나님의 행정에 따라 운행한다. 비록 우리가 이 행정가를 볼 수 없다 해도 그분은 자신의 신성한 행정을 집행하고 계신다. 최근 북 중국을 강타한 지진과 같은 모든 지진들은 그분의 행정에서 비롯된다. 그리스도는 비단 구주와 사자와 어린 양일 뿐만 아니라, 또한 온 우주의 행정가이시기도 하다.

A. 교회들 중에서

먼저 그리스도는 교회들 가운데서 하나님의 목적을 집행하고 계시며 교회들을 위해 제사장으로서 돌보고 계신다(1:11-18). 1장에서 그리스도는 대제사장의 예복을 입으신 인자(人子)로 계시된다. 오늘날 하나님의 행정 안에서 그리스도는 교회들 가운데서 제사장으로서 돌보고 계신다. 교회들 가운데서 그분은 제사장의 예복을 입으셨다. 더욱이 그분은 『가슴에 금띠를 두르셨다』(1:13). 그분이 허리가 아닌 가슴에 띠를 두르신 것은 주목할 만큼 흥미롭다. 이것은 그분의 모든 역사(役事)가 성취되었음과 지금은 그분이 사랑하는 교회들을 사랑스럽게 돌보고 계시다는 것을 가리킨다. 오늘날 그리스도는 더 이상 일하지 않으신다. 그러나 그분은 우리를 돌보고 계신다. 심지어 그분은 우리를 사랑으로 책망하고 징계하신다. 그분은 오늘날 교회들을 돌보시는 사랑의 대제사장이시다.

B. 하늘들에서

계시록은 한편으로 그리스도가 교회들 가운데 계시다는 것과 다른 한편으로 하늘들에서 하나님의 경륜을 수행하고 계시다는 것을 분명하게 보여 준다. 이에 대한 가장 강한 증거가 5장 7절에 있다. 그 구절은 그리스도가 두루마리 책을 받으시는 것을 언급하면서, 『어린 양이 나아와서 보좌에 앉으신 이의 오른손에서 두루마리를 취하시니라』고 말한다. 하나님의 경륜의 두루마리 책은 그리스도의 손으로 넘겨졌다. 이제 그분은 하나님의 경륜을 붙들고 계시며 그것을 수행하고 계신다. 우리는 이 계시를 신약의 다른 어느 책에서도 보지 못한다. 그리스도가 하늘들 안에서 하나님의 경륜—이는 주로 땅에 대한 하나님의 심판에 관한 것임—을 수행하고 계시는 동안에 그분은 하나님의 백성들을 돌보신다(7:1-3, 8:3-5). 이것은 7장과 8장에서 완전하게 계시되었다. 하나님에게는 두 가지 백성들—이스라엘 자녀들과 구속된 성도들—이 있다. 아무리 이 땅이 하나님의 행정 안에서 그리스도에 의해 심판받는다 해도, 그분은 선택한 이스라엘과 구속된 교회를 돌보실 것이다. 할렐루야, 우리 모두는 그분의 행정에서 그리스도의 돌보심 아래 있다. 나는 그리스도께서 오늘날 이스라엘 국가를 돌보고 계신다고 굳게 믿고 있다. 다른 나라들이 어떻게 말하거나 행해도 그것은 중요치 않다. 왜냐하면 이스라엘 국가는 그리스도의 우주적 행정의 보호 아래 있기 때문이다. 다른 나라들이 어떤 일을 시도할지라도 우주적인 행정가의 주시하는 관심 때문에 모든 것이 헛수고일 것이다. 우리 모두는 반드시 그리스도를 행정가로서, 즉 하늘들 안에서 하나님의 경륜의 완수를 위해 만물을 관장하시는 분으로서 경배해야 한다.

Ⅲ. 재림 안에서의 그리스도

A. 도적같이 은밀하게

주님의 재림을 계시록처럼 분명하게 계시하는 책은 없다. 이 책은 주님의 재림이 양면－비밀스런 면과 공개적인 면－을 갖고 있음을 계시한다. 그리스도는 기묘하신 분이기 때문에 이것이 가능하다. 먼저 그리스도는 도적같이 은밀하게 다시 오실 것이다(3:3下, 16:15). 어느 도적도 도착 시간을 미리 말해 주지 않는다. 도적같이 은밀하게 오실 때 그리스도는 귀한 것들을 훔쳐 가실 것이다. 어떤 도적도 가치 없는 것을 훔쳐가지 않는다. 도적들은 오직 가치 있는 것만 훔치려고 온다. 그리스도께서는 『만일 일깨지 아니하면 내가 도적같이 이르리니 어느 시에 네게 임할는지 네가 결코 알지 못하리라』(3:3下)고 말씀하시면서 우리에게 깨어 있으라고 하신다. 그분이 은밀하게 오시는 시간은 모른다. 우리 모두는 반드시 이렇게 자문해 보아야 한다. 『나는 귀한가? 나는 그리스도께서 은밀하게 오실 때 훔쳐갈 수 있을 정도로 가치가 있는가?』

B. 구름 위에서 공개적으로

대환난의 끝 무렵에 그리스도는 공개적으로 구름 위에서 오실 것이다(1:7, 14:14). 그리스도인들 가운데는 그리스도의 두 번째 오심에 대한 두 가지 관념들이 있다. 하나의 관념에 따른다면, 그리스도께서는 환난 전에 오실 것이며, 다른 하나의 관념에 따른다면, 그분의 오심은 환난 후가 될 것이다. 많은 그리스도인들이 그리스도의 오심에 대한 양면—은밀한 면과 공개적인 면—을 모르기 때문에 서로들 싸워왔다. 환난 전 재림과 환난 후 재림 양자 모두 성경 안에 몇 가지 근거를 갖고 있다. 대부분의 그리스도인들이 굴뚝 같은 이상(tunnel vision)을 갖고 있기 때문에 그리스도의 재림에 대한 온전한 조망을 보지 못했다. 그리스도는 먼저 은밀하게 오실 것이며, 그 다음에는 공개적으로 오실 것이다. 그분이 은밀히 오심은 이기는 성도들을 위함이요, 공개적인 오심은 온 땅을 위함이다. 그러므로 1장 7절은 『볼지어다 구름을 타고 오시리라 각인의 눈이 그를 볼 것이며』라고 말한다. 그리스도께서 구름 위에서 오실 때 온 땅이 그를 볼 것이다. 우리는 그리스도의 재림이 먼저는 은밀하게 될 것이고 마침내는 공개적으로 공공연하게 될 것이라는 점에 분명해야 한다.

Ⅳ. 심판 안에서의 그리스도

매우 적극적인 의미에서 계시록은 심판의 책이다. 하나님의 행정가이신 그리스도는 모든 것을 심판하실 것이다. 먼저 그분은 교회를 심판하시고 나중에는 세상을 심판하실 것이다.

A. 모든 세상 위에

그리스도는 여섯째 인과 일곱 나팔들과 일곱 대접들로써 모든 세상을 심판하실 것이다(6:12-17, 8:1-2, 12, 11:14-15, 15:1, 7-8, 16:1-21). 그리스도의 승천 후 19세기 이상 동안 세계는 천재지변으로 벌을 받아 왔다. 그러나 여섯째 인이 개봉되고부터는 초자연적인 천재지변으로 벌을 받게 될 것이다. 계시록 6장 12절과 13절은 『또 내가 보니 여섯째 인을 떼실 때에 큰 지진이 나며 해가 총담(머리털로 짠 천)같이 검어지고 온 달이 피같이 되며 하늘의 별들이 무화과나무가 대풍에 흔들려 설익은 과일이 떨어지는 것같이 땅에 떨어지며』라고 말한다. 태양이 총담같이 되고 달이 피같이 되며 별들이 땅에 떨어지는 것은 초자연적인 천재지변이다. 일곱 나팔들도 역시 초자연적인 천재지변일 것이다. 처음 네 나팔들은 땅과 바다와 강들과 해와 달과 별들에 대한 심판을 초래할 것이다. 대환난은 다섯째 나팔로 시작되어 여섯째 나팔에서 계속되며 일곱째 나팔의 일곱 대접들로 매듭지어진다. 이 모든 것들이 그리스도에 의해 세상 위에 집행되는 심판들이다.

B. 큰 바벨론 위에

계시록 17장과 18장에서 우리는 변절한 기독교계(apostate christendom)를 말하는 큰 바벨론에 대한 심판을 본다. 전세계에 대한 심판 외에도 주님은 기독교계(基督教界) 곧 큰 바벨론 위에 특별한 심판을 집행하실 것이다.

C. 적그리스도와 거짓 선지자와 사탄과 그들의 추종자들 위에

그리스도의 심판은 또한 적그리스도와 거짓 선지자와 사탄과 그들의 추종자들 위에도 임할 것이다(19:11-20:3, 7-10). 적그리스도는 죄의 사람(살후 2:3)이요, 작은 뿔(단 7:8)이다. 거짓 선지자는 적그리스도와 함께 일하는 자이다. 적그리스도와 거짓 선지자와 사탄은 마귀적인 삼이일(三而一)로서 위조된 삼일성을 형성한다. 적그리스도는 매우 마음을 끌고 유혹적이기 때문에 그는 상당한 추종자를 갖게 될 것이다. 그러나 그의 모든 추종자들은 적그리스도와 거짓 선지자와 사탄과 아울러 멸망될 것이다. 그리스도는 초자연적인 재앙으로 적그리스도와 거짓 선지자를 심판하실 것이다. 즉 땅은 입을 벌릴 것이고 그들은 직접 불 못 안으로 떨어질 것이다. 그들은 죽고 장사되고 부활한 뒤에 큰 백 보좌의 심판을 받는 것이 아니다. 그들의 경우에는 이런 절차들이 불필요하다. 그들은 초자연적으로 불 못 안으로 떨어질 것이다.

D. 죽은 자들 위에

마지막으로 하나님의 행정가이신 그리스도는 죽은 자들을 심판하실 것이다(20:11-15). 당신이 죽으면 만사가 잘 풀릴 것이라고 생각지 말라. 당신은 죽기를 원하겠지만, 주님은 당신을 살리기를 원하신다. 만일 당신이 오늘날 구원을 위해 그분이 당신을 살리시는 것을 기꺼워하지 않는다면, 옛 창조의 끝에 가서 그분은 당신을 심판을 위해 부활시킬 것이다. 그때에는 그분이 당신을 적극적인 의미에서가 아니라 소극적인 의미에서 부활시킬 것이다. 요한복음 5장 28절과 29절은 『무덤 속에 있는 모든 자들이 그의 음성을 듣고 밖으로 나올 때가 오나니 … 악한 일을 행한 자들은 심판의 부활로 나오리라』고 말한다. 믿지 않은 죽은 자들은 영원히 묻혀 있는 채로 남아있지 않을 것이다. 그들은 부활하여 심판을 받고 그 다음 불 못으로 던져질 것이다.

Ⅴ. 땅을 소유하심에서의 그리스도

세계에 대한 그분의 심판을 종결지으실 때 그리스도는 땅을 완전히 장악하기 위해서 다시 오실 것이다(10:1-7, 18:1). 온 땅이 그분께 속할 것이며 한 부분의 땅이라도 다른 누구에게 속하지 않을 것이다. 오늘날 많은 국가들이 그들의 영토를 확장하려고 싸우고 있지만, 그들은 헛되이 싸우는 것이다. 왜냐하면 그들이 얻는 것은 결국 그리스도께 속하기 때문이다. 그분이 땅을 소유하려고 다시 오실 때 그리스도는 마치 다른 천사 같으실 것이다. 계시록에서 「다른 천사」라는 명칭이 그리스도에 관련되어 수 차례 사용된다(7:2, 8:3, 10:1, 18:1). 하나님의 행정가이신 그분이 천사처럼 행동하시기 때문에 이 명칭은 그리스도를 나타내기 위해 사용된다. 구약에서 그리스도는 하나님의 위임을 수행하기 위해 하나님에 의해 보내심 받은 주의 천사(창 22:11-12, 출 3:2-6)라고 불리웠다. 그분이 땅을 장악하려고 오실 때, 그분은 이 목적을 위해 하나님에게서 위임을 받은 분으로서 오실 것이다. 그분은 큰 권세를 가진 다른 천사일 것이며, 그분의 영광 안에서 오실 것이다(18:1). 다시 오실 때 그리스도는 『그 오른발은 바다를 밟고 왼발은 땅을』 밟으실 것이다(10:2). 이것은 그분이 바다와 땅을 밟으시리라는 것을 가리키는데, 그것은 그분이 그것들을 소유하실 것이라는 뜻이다(신 11:24, 수 1:3). 성경에서는 당신의 발이 밟는 곳마다 당신의 소유가 된다. 그리스도께서 바다와 땅 위를 밟으실 것이므로 바다와 땅은 모두 그분께 속할 것이다. 그리스도께서 땅을 소유하신 후에는 하나님의 비밀이 종료될 것이다(10:7). 그 때에 하나님의 경륜은 완전히 나타나게 될 것이며 그것은 더 이상 비밀이 아니라 공개된 비밀일 것이다.

Ⅵ. 왕국을 다스림에서의 그리스도

그리스도가 땅을 소유하신 후에 그분은 이기는 믿는이들과 더불어 열국들 위에 군림하며, 왕국 안에서 왕으로서 땅을 다스릴 것이다(20:4, 6, 2:26-27). 우리 중 누구도 이 땅의 통치자들에 대해 즐겁지 못하다. 세계 도처를 여행해 본 자로서, 또 세계 정세를 알게된 자로서 나는 통치에 관한 한 전세계가 가련하다는 것을 깨달았다. 합당한 통치자가 어디에 있는가? 우리는 그리스도가 왕으로 땅을 통치하기 위해 오실 날을 기다리고 있다. 그리스도는 그분의 왕국 안에서 다스릴 것이며 우리는 그분의 공동 왕들(co-kings)이 될 것이다.

Ⅶ. 영원 안에서 중심성과 우주성이 되시는 그리스도

궁극적으로 계시록에서 우리는 영원 안에서 중심이 되시며 우주 전체가 되심에서의 그리스도를 본다. 영원 안에서 그리스도는 모든 것이실 것이다. 그분은 생명수의 강 안에서 자라는 생명나무로서(22:1-2) 새 예루살렘에서 중심이 되시며 우주 전체가 되실 것이다(21:9-10, 23). 계시록 21장 23절에서 우리는 그리스도의 중심성과 우주성에 대한 선명한 그림을 갖는다. 여기에서 하나님은 빛이시며, 어린 양이신 그리스도는 그 등이심을 본다. 빛은 늘 등 안에 담겨 있다. 이처럼 빛과 등은 결코 분리될 수 없다. 그들은 반드시 하나로 남아 있어야 한다. 하나님은 빛이시요 그리스도는 등이시며 새 예루살렘은 이 등을 담는 그릇이다. 하나님은 그리스도 안에서 그를 통하여 빛나고, 그리스도는 새 예루살렘 안에서 그를 통하여 빛난다. 이것으로써 우리는 그리스도가 장차 오는 영원의 중심이요 우주 전체일 것임을 보게 된다. 그리스도 안에 계신 하나님, 그리고 구속된 자들 안에 계신 그리스도는 영원토록 빛날 것이다. 이것이 그리스도가 새 예루살렘에서 그 중심과 둘레와 모든 것 되실 때 영원 안에서의 광경일 것이다. 이것이 우리의 그리스도이시다.

계시록 3

특별하고 최종 완성적인 예수의 증거

계시록은 첫째로 그리스도를 계시하고 둘째로 예수의 증거를 계시한다. 달리 말해서, 이 책은 그리스도와 교회에 관한 것이다. 계시록에서는 그리스도와 교회가 독특하고도 특별한 방식으로 계시된다. 지난 메시지에서 지적했듯이 다른 책들에서는 발견되지 않는 그리스도의 많은 방면들이 계시록에서 밝히 드러내어진다. 교회의 경우도 동일하다. 계시록은 매우 특별한 방식으로 교회를 펼친다. 이 메시지에서 우리는 계시록에서 발견되는 교회의 방면들에 대한 요약을 제시할 것이며, 다음 메시지들에서는 상세하게 다룰 것이다.

Ⅰ. 등대들

첫째로 계시록에서는 교회들이 등대들로 밝히 드러내어진다(1:11-20). 신약의 다른 어느 책에서도 교회와 관련하여 이 용어가 쓰이지 않는다. 다른 책들에서는 교회가 하나님이 선택하신 자들의 모임이요, 그리스도의 몸이요, 하나님의 집이라고 말한다. 그러나 계시록을 제외하고는 교회가 등대라는 말을 듣지 못한다. 등대들인 교회들은 어둠 속에서 빛을 낸다. 등대라는 단어는 우리로 하여금 교회와 그 기능에 대한 많은 것을 이해할 수 있게 한다. 교회는 등(lamp)이 아니라 등대(燈臺), 즉 등을 떠받쳐 주고 있는 받침대이다. 등이 없으면 등대는 공허하고 무의미하다. 그러나 등대는 빛내는 등을 떠받쳐 준다. 우리가 앞의 메시지에서 본 바와 같이 하나님은 빛이시고 어린 양은 등이시다(21:23). 이와 같이 그리스도는 등이요 교회는 그 등을 받치고 있는 등대이다. 하나님은 그리스도 안에 계시며, 등이신 그리스도는 하나님의 영광을 밖으로 비추어내기 위해 받침대에 의해 유지된다.

A. 본성이 금으로 됨(신성함)

지방 교회들인 등대들은 본성이 금으로 되어 있다. 예표상으로 금은 신성 곧 하나님의 거룩한 본성을 상징한다. 모든 지방 교회들은 본성이 거룩하다. 즉 그들은 하나님의 신성한 본성으로 짜여졌다. 이렇게 말하는 것은 절대로 성경적이다. 왜냐하면 계시록은 지방 교회들이 금등대들이라고 말하기 때문이다(1:20). 이 받침대들은 흙이나 나무나 기타 열등한 재질로 건축되지 않았다. 그들은 순금(純金)으로 구조되었다. 이것은 모든 지방의 교회들은 반드시 신성해야함을 의미한다. 신성함이 없이는 교회가 있을 수 없다. 비록 교회가 신성을 가진 인성으로 구성된다 하더라도 인성이 지방 교회들의 기본 본성이어서는 안 된다. 지방 교회들의 기본 본성은 반드시 신성 곧 하나님의 신성한 본성이어야 한다. 이 간단한 두 단어—금으로 된 등대들—에 의해서 우리는 교회에 관해 상당히 많이 깨닫는다. 즉 교회는 그리스도로 빛을 내는 것이며 신성한 본성으로 짜여져 있다는 것이다.

B. 어둠 속에서 빛을 냄

등대들은 어둠 속에서 빛을 낸다. 만일 어둠이 없다면, 등의 빛이 발할 필요가 없을 것이다. 등의 빛을 냄은 자못 특별하다. 등이 빛을 내려면 반드시 속에서 불타오르는 기름이 있어야 한다. 만일 기름이 등속에서 불탄다면 빛이 모든 어둠에 비칠 것이다. 이것이 교회의 기능이다. 교회의 기능은 단순히 설교하거나 교리를 가르치는 것이 아니다. 이 시대의 어두운 밤에 교회는 반드시 하나님의 바로 그 영광을 비춰내야 한다. 이것이 교회의 증거(간증)이다.

C. 서로 동일함

모든 등대들은 서로 동일하다. 많은 그리스도인들이 잘못된 관념을 갖고 있기 때문에 다른 그리스도인들과 달라지고자 갈망한다. 내가 14년 전에 이 나라에 왔을 때, 나는 지방 교회들이 모두 같기 때문에 곤란을 겪은 어떤 사랑스런 성도들을 만난 적이 있다. 그들은 다르게 되기 위해 최선을 다하겠다고 내게 말했다. 이것은 올바르지 않다. 누구나 머리와 두 어깨와 두 팔과 두 손과 열 손가락을 갖고 있으며, 모든 이의 머리는 일곱 구멍－두 귀, 두 눈, 두 콧구멍, 한 입－을 갖고 있다. 『저는 남들과 같은 모양을 갖고 싶지 않습니다. 다르게 되기 위해서 저는 머리에 다섯 구멍을 갖고 싶습니다.』라고 하는 것은 우스꽝스런 것이다. 이 얼마나 터무니없는 일인가! 각 지방 교회들은 독특해야 한다고 주장하는 사람들은 그들의 관념을 계시록 2장, 3장에 있는 일곱 교회들의 차이점들에 기초를 두고 있다. 어떤 이들은 『자, 보라. 일곱 교회들 모두가 서로 다르지 않은가!』라고 말했다. 초기에 어렸을 때 나는 이 관념에 영향을 받아 같은 것을 가르쳤다. 그러나 빛이 점점 분명해질 때 나는 계시록 2장, 3장에 있는 모든 지방 교회들의 차이들은 소극적인 것이지 적극적인 것이 아님을 보았다. 에베소는 그 처음 사랑을 잃었다(소극적임). 버가모는 세상적이다(소극적임). 두아디라는 마귀적이다(소극적임). 라오디게아는 미지근하게 되었다(소극적임). 그러나 적극적인 측면에서 모든 지방 교회들은 동일하다. 왜냐하면 그들은 모두 일곱 등대들이기 때문이다. 만일 당신이 일곱 등대 모두를 당신 앞에 있는 탁자 위에 놓고 그것들에 번호를 붙이거나 표시를 해놓지 않는다면, 당신은 그것들을 구별할 수 없을 것이다. 일곱 등대들 모두가 동일하다.

그럼에도 불구하고 1962년 이래 이 나라에서 어떤 이들은 결코 로스앤젤리스 교회처럼 되지 않을 것이라고 크게 선포해 왔다. 오늘날 이런 이들은 어디에 있는가? 그들은 사라져 버렸고, 그들이 주창한 모든 이상한 관념들은 실패로 돌아갔다. 나는 모두가 로스앤젤리스 교회를 따라야만 한다고 말하고 있는 것이 아니다. 그러나 만일 로스앤젤리스가 일곱 「구멍들」을 갖고 있다면, 다른 사람들이 다섯 「구멍들」을 가지기를 주장하는 것은 어리석은 것이리라. 적극적인 측면에서 모든 지방 교회들은 반드시 동일해야 한다. 그러나 소극적인 측면에서 그들은 서로 다르다. 만일 로스앤젤리스 교회가 우상 숭배하려고 한다면, 우리는 반드시 그들을 따르기를 거절해야만 한다. 이러한 일에서 우리는 반드시 달라야 한다. 그러나 적극적인 측면에서 지방 교회들이 같으면 안 된다고 말하는 것은 잘못이다. 우리는 자신들을 특이하거나 다르게 만들려고 해서는 안 된다. 이것은 교만이다. 어느 날 주님은 내게 새 예루살렘의 네 면이 정확하게 같음을 보여 주셨다. 벽의 각 면은 같은 재료—벽옥(碧玉)—로 건축되었다. 한쪽 면은 벽옥으로 건축되고 다른 면들은 놋으로 건축된 것이 아니다. 아니다. 네 면 모두가 같다. 이와 같이 우주적으로 모든 교회들은 반드시 같아야 한다. 그들은 조직에 있어서 같을 필요는 없으나 모양에 있어서는 반드시 같아야 한다. 예를 들어, 뉴질랜드에 있는 교회들은 일본에 있는 교회들과 같아야 한다. 우리는 모두 하나의 교회이기 때문에 땅 위에 있는 모든 교회들은 우주적으로 동일해야 한다. 지방적으로 우리는 교회들이고, 우주적으로 우리는 교회이다. 이것이 예수의 증거(간증)이다.

Ⅱ. 큰 무리

7장 9절부터 17절 사이에서 우리는 큰 무리인 예수의 증거(간증)를 본다. 7장의 기록에 따르면, 이 큰 무리는 『각 나라와 모든 지파와 백성과 방언들에서』(7:9) 구속받은, 하나님의 구속된 자들의 총체(總體)이다. 그들 모두는 환난을 통과했다. 이것은 어느 시대 어느 곳에서나 환난을 통과하지 않은 교회가 없음을 가리킨다. 세상은 항상 교회들을 핍박한다(요 16:33). 교회가 어느 곳에 있든지 항상 어느 정도의 환난은 있게 마련이다. 구속된 자들 총체가 환난을 통과할 것이라는 것은 7장 14절에서 지적된다. 그 구절은 『이들은 큰 환난에서 나오는 자들인데』라고 말한다. 이 큰 무리는 승리하여 환난에서 나왔다. 왜냐하면 그들은 모두 환난에 대한 승리를 상징하는 종려나무 가지들을 손에 쥐고 있기 때문이다(7:9). 결국은 영원 안에서 하나님이 그들 위에 그분의 장막을 드리우실 것이다. 7장 15절이 말하듯이 『보좌에 앉으신 이가 그들 위에 장막을 펴실 것이다』. 이것이 바로 하나님의 구속된 자들의 운명이다. 얼마나 기묘한가! 더욱이 그들은 영원히 생명수 샘에서 어린 양에 의해 목양(牧養)될 것이다(7:17).

계시록 7장 9절부터 17절까지는 어떤 특정한 무리의 믿는이들을 묘사하지 않는다. 그보다 그것은 하나님의 구속된 자들의 총체에 대한 전반적인 기록과 영원 안에서의 그들의 상태를 제시한다. 영원 안에서 그들의 상태는 하나님의 가리우심과 그리스도의 목양(牧養)하심을 누리는 것이 될 것이다. 이것이 우리 운명이다. 이 부분의 말씀은 그리스도가 하나님의 심판을 인류 위에 집행하시는 동안에 하나님의 구속된 자들을 돌보실 것임을 계시한다. 모든 하나님의 구속된 자들은 마침내 하나님 보좌로 휴거될 것이며 그곳에 서서 하나님의 가리우심과 그리스도의 목양하심을 누릴 것이다.

Ⅲ. 사내 아이를 밴 여자

A. 여자

12장 1절부터 17절까지에서 우리는 교회에 대한 또 다른 상징—사내 아이를 밴 여자—을 본다. 교회는 등대요 큰 무리일 뿐 아니라, 사내 아이를 밴 여자의 커다란 부분이기도 하다. 어떤 인간의 생각도 교회를 이렇게 생각해 보지는 않을 것이다. 이 장에 있는 여자는 하나님의 백성들의 총체를 대표하며, 사내 아이는 하나님의 백성들 중에서 보다 강한 부분을 대표한다. 여자 속에 사내 아이가 들어있는 것처럼, 하나님의 백성들 가운데에도 보다 강한 부분이 있다. 해와 달과 열두 별을 지니고 빛나는(12:1), 그리고 사탄과 크고 붉은 용에 의해 핍박받는 이 여자는 모든 세대에 걸친 하나님의 백성들을 대표한다. 매 세대마다 하나님의 백성들 중 일부는 늘 사탄에 의해 핍박을 받았다. 그럼에도 불구하고 3년 반의 대환난 동안 그녀는 하나님에 의해 뱀의 공격으로부터 보호될 것이다.

B. 사내 아이

이미 보았듯이 사내 아이란 하나님의 백성들 중에 보다 강한 부분이다. 하나님의 백성들 가운데는, 심지어 오늘날 주의 회복 안에 있는 우리들 가운데에도 보다 강한 부분이 있다. 이 보다 강한 부분은 대환난 전에 하나님의 보좌로 휴거될 것이다. 달리 말해서 여자는 환난을 통과하기 위해서 땅 위에 남겨질 것이지만, 보다 강한 부분인 사내 아이는 환난 전에 하나님의 보좌로 휴거될 것이다. 왜 사내 아이는 환난에 앞서 휴거되는가? 왜냐하면 하나님은 하늘들 안에서 사탄과 싸우고 그를 밑으로 던져버리기 위해 사내 아이가 필요하기 때문이다. 비록 하나님은 사탄에 대항하여 싸울 많은 천사들을 데리고 있으나, 원수에 대한 최종 승리는 천사들이 아닌 사내 아이에 의해 쟁취될 것이다. 하나님은 사내 아이를 필요로 하신다. 하나님은 사탄이 부패시켰던 바로 그 사람을 쓰심으로써 사탄을 부끄럽게 하시고 그를 패배시킬 것이다. 하나님은 이렇게 말씀하실지도 모른다. 『사탄아, 너는 내가 창조한 사람을 부패시켰다. 그러나 나는 너를 패배시키기 위해 이 부패된 사람들로부터 사내 아이를 얻었다. 그리고 그는 너를 주로 땅에서가 아니라 하늘에서 패배시킬 것이다.』 사내 아이는 사탄을 하늘에서 땅으로 내던지기 위해 보좌로 올라가 싸우면서 철두철미하게 싸울 것이다. 이것이 예수의 증거(간증)의 일부이다. 비록 예수님이 십자가 위에서 사탄을 패배시켰지만, 여전히 교회가 그분의 승리를 원수 위에 집행할 필요가 있다. 몸의 수많은 지체들이 이 문제에 있어서 실패했기 때문에 오직 몸의 보다 강한 부분 곧 사내 아이만이 사탄 위에 그리스도의 승리를 집행할 것이다. 사내 아이는 이 역할을 수행하기 위해 하늘로 휴거될 것이다.

휴거는 단지 우리의 축복을 위한 것만이 아니다. 우리는 그저 『내가 하늘로 휴거되다니 얼마나 좋은가!』라고 말하지 말아야 한다. 우리는 반드시 하나님이 우리가 휴거되어야 할 필요를 갖고 계심을 깨달아야 한다. 즉 우리는 원수를 대항하여 싸우기 위해 하늘로 휴거되어야 한다. 만일 당신이 이 말을 듣고서 『나는 그곳에 가서 전쟁에 말려들고 싶지 않다.』라고 말한다면, 이는 당신이 환난 전에 휴거될 자격이 없음을 뜻한다. 만일 당신이 하늘로 가서 사탄을 만나서 그를 밑으로 던지지 않는다면, 그 자가 땅으로 내려와서 당신을 만나서 이길 것이다. 우리는 반드시 사내 아이가 되어야 한다. 나는 사내 아이의 일부가 되기를 간절히 원한다. 나는 다만 여자의 일부가 되는 것만으로는 만족할 수 없다. 나는 보다 강한 부분 안에 속하길 원한다. 이것 역시 예수의 증거에 대한 한 측면이다.

Ⅳ. 처음 익은 열매와 수확물

이제 우리는 처음 익은 열매들과 수확물에 이르렀다(14:1-5, 14-16). 교회는 빛을 내는 등대요 싸우는 사내 아이일 뿐 아니라 반드시 익고 성숙해야 할 작물이 자라는 밭이기도 하다. 아직 푸른 작물은 수확하기에 너무 여리다. 그러나 일단 작물이 밭에서 익으면 즉시로 수확될 것이다.

A. 처음 익은 열매들

먼저 익은 작물의 그 부분을 처음 익은 열매들이라고 부른다. 처음 익은 열매들은 대환난 전에 하늘에 있는 시온(Zion)으로 휴거될 것이다. 14장 4절이 지적하듯이, 처음 익은 열매들은 『어린 양이 어디로 인도하든지 따라가는』 자들이다. 처음 익은 열매들인 그들은 하나님께 대한 신선한 누림으로서 시온에 있는 하나님의 집으로 들림 받는다. 구약의 예표에 따르면, 익은 수확물 중 첫 열매들은 곡간으로 들이지 않고 하나님의 성전으로 가져갔다(출 23:19). 이것은 초기의 이기는 자들이 하나님의 누림을 위해 하늘에 있는 하나님의 집으로 들림 받을 것임을 가리킨다. 휴거는 주로 우리의 누림을 위함이 아니요 하나님의 누림을 위한 것이다. 휴거는 원수를 패배시키기 위함이요 하나님을 만족케 하기 위함이다. 우리는 비단 오늘날의 등대들이어야 할 뿐 아니라, 또한 하나님의 원수를 대항하여 싸우는 오늘날의 사내 아이와 하나님의 갈망을 만족시키기 위한 오늘날의 처음 익은 열매들이 되어야 한다.

B. 수확물

14장에서 처음 익은 열매 다음에는 수확이 있다. 15절은 「또 다른 천사가 성전으로부터 나와 구름 위에 앉은 이를 향하여 큰 음성으로 외쳐 말하기를 네 낫을 휘둘러 거두라 거둘 때가 이르러 땅의 수확물이 다 익었음이로다 하니』라고 말한다. 그 수확물은 대환난 끝 무렵에 거두게 될 것이다. 그것은 그리스도가 구름 위에 계실 곳인 공중으로 휴거될 것이다. 왜 수확물은 대환난을 통과하도록 남겨지게 되는가? 그것은 푸르고 덜 익은 밭은 익기 위해서 강렬한 햇볕이 필요하기 때문이다. 어떤 의미에서 대환난은 환난 전에 준비되지 않은 모든 성도들을 여물게 할 강렬한 햇볕이 될 것이다. 간단히 말해서 만일 오늘날 당신이 세상을 포기하고 그리스도를 위해 살지 않는다면, 그리스도는 당신을 대환난을 통과하도록 땅에 남겨 두실 것이다. 그때에는 당신이 정녕코 세상을 포기할 것이며, 살기 위한 최선의 길은 그리스도를 위해 사는 것임을 깨달을 것이다. 하나님의 모든 자녀들은 반드시 이렇게 해야 한다. 그렇지 않으면 결코 익을 수 없을 것이다. 만일 당신이 내 말을 믿지 못하겠거든 나는 당신에게 기다려 보라고 청하겠다. 아마 당신은 세상이 너무도 사랑스러워서 포기할 수 없다고 느낄 것이다. 만일 그러하다면 주님은 『너는 세상을 매우 사랑하므로 나는 너를 세상에 남겨두고 너로 하여금 과연 세상이 정말로 사랑스러운지 알아 보게 하겠다.』라고 말씀하실지도 모른다. 그런 다음 주님은 세상을 뒤흔들 것이며 마침내 당신은 『주여, 회개합니다.』라고 말할 것이다. 그러나 그 회개는 다소 늦은 것이리라. 회개하기 위해 대환난이 올 때까지 기다리지 말라. 지금 회개하라! 조만간 모든 그리스도인들은 반드시 회개해야 한다. 나는 모든 구원받은 이들이 결국 세상은 사랑스러운 것이 아니라 유독(有毒)한 것임을 깨닫게 되리라는 충분한 확신을 갖고 있다. 당신이 세상을 사랑하면 사랑할수록, 더욱더 당신은 그것에 의해서 중독될 것이다. 세상은 하나님과 원수지간이므로 우리는 필히 그것을 경멸해야 한다. 조만간 주님은 당신으로 하여금 그분이 세상을 얼마나 미워하시는지를 깨닫게 하실 것이다. 그날은 우리 모두가 익게 될 때 닥칠 것이다. 그러나 다음과 같이 말하지 말라. 『나는 익는 것에 관해 관심이 없다. 내가 구원받은 한 만사가 잘될 것이다.』 당신은 자신의 강하고 완고한 의지로 나를 대항하여 논쟁할 수도 있을 것이다. 그러나 당신이 익어야 할 필요가 있음을 깨달을 날이 오고야 말 것이다. 당신에게 충고하고 싶은 것은 수확 때까지 기다리지 말라는 것이다. 그분의 은혜로 처음 익은 열매들 중 일부가 되도록 앞으로 전진하라.

Ⅴ. 짐승을 이기는 자들

15장 2절부터 4절까지에서 우리는 짐승을 이기는 자들을 본다. 하나님은 주권적이시다. 심지어 대환난 동안에도 약간의 이기는 자들이 있을 터인데, 우리는 그들을 후기(後期)의 이기는 자들이라고 부를 수 있다. 이런 이기는 자들은 대환난을 통과할 터인데, 그때는 적그리스도 곧 짐승이 사람들에게 자기를 하나님으로 경배하고 또 성전 안에 있는 자기 형상을 경배하라고 강요할 것이다. 우리는 이스라엘에서 성전이 재건되는 것을 보기를 기대한다. 왜냐하면 이것은 주님의 재림이 매우 임박했다는 표적이 되기 때문이다. 성경은 적그리스도가 하나님의 성전 안에 자기 형상을 세우고 사람들에게 경배하도록 강요할 것이라고 예언한다(마 24:15). 그러는 동안에 많은 그리스도인들이 짐승을 이길 것이며 죽임을 당할 것이다. 나는 당신에게 초기의 이기는 자들이 될 것과 오늘날 주님을 사랑할 것을 충고한다. 대환난 동안에 죽임을 당함으로써 이기게 되기를 기다리지 말라.

15장에 따르면 후기의 이기는 자들은 휴거되어 유리 바다, 즉 「불이 섞인 유리 바다」 위에 서 있을 것이며(15:2), 모세의 노래와 어린 양의 노래를 불러 하나님을 찬양할 것이다(15:3). 유리바다 위에 있는 자들은 『짐승과 그의 형상과 그의 이름의 수를 이긴』 자들이다(15:2). 이들은 짐승과 그의 형상과 적그리스도의 우상에 대한 경배를 이긴 자들이다. 계시록 20장 4절과 6절은 그리스도와 함께 왕노릇하는 자들 중 약간은 이 후기의 이기는 자들일 것임을 가리킨다. 다시 말하건대 나는 후기의 이기는 자보다 초기의 이기는 자가 되기를 더 좋아한다. 만일 당신이 느슨하다면, 당신은 대환난을 통과하도록 남겨질 것이다. 우리 모두는 주님을 바라보고 말해야 한다. 『주여, 저는 초기의 이기는 자가 되고 싶습니다.』 우리는 본 라이프 스타디 계시록 15장에서 상세한 것을 다룰 것이다.

Ⅵ. 신부

19장 7절부터 9절까지에서 우리는 신부인 교회를 본다. 에베소서 5장은 교회가 그리스도의 신부라는 것을 계시하지만, 그렇게 친밀한 방법으로 계시하지는 않는다. 그러나 계시록 19장에서 우리는 신부인 교회가 얼마나 친밀한가를 보게 된다. 이 부분의 말씀에서 우리는 신부가 빛나고 순수한 의(義)를 옷 입음으로써 빛나는 의상을 입을 것이며 또 어린 양의 혼인 잔치에 초대될 것임을 본다(7-9절). 이것은 매우 친밀한 일이다. 하나님의 원수에게 우리는 사내 아이가 되어야 하지만, 하나님의 만족을 위해서 우리는 첫 열매들이 되어야 하며, 그리스도를 위해서는 신부가 되어야 한다. 우리가 신부 되기를 열망할 때 그리스도는 그분의 만족을 얻으실 것이다. 그리스도만 만족할 뿐 아니라 우리 자신들도 기쁠 것이다. 계시록 19장 7절은 『즐거워하고 크게 기뻐하세』라고 말한다. 원래 신부는 가장 기쁘고 즐거운 사람이다. 오늘날 그리스도의 배필인 교회로서 우리는 고난을 당하고 많은 다루심을 받고 있다. 그러나 더 이상 박해와 고난과 다루심이 없을 때가 오고 있다. 나는 혼인날에 다뤄지는 신부를 결코 본 적이 없다. 오, 우리는 반드시 신부가 되어야 한다! 우리가 신부가 될 때 모든 어려운 다루심들은 지나갈 것이다.

Ⅶ. 군 대

교회는 또한 군대이다(19:4-19, 17:14). 하늘에서 원수와 싸우는 사내 아이가 될 부분의 교회는 또한 땅에서 그리스도와 함께 사탄과 싸우는 군대가 될 것이다. 모든 휴거가 종결되고 난 후, 그리고 믿는 이들이 그리스도의 심판대에서 심판을 받은 후에 모든 이기는 자들은 적그리스도와 그의 군대를 대항하여 싸우기 위해 그분의 군대로서 그리스도와 함께 땅으로 되돌아 올 것이다. 그리스도와 적그리스도 양편 모두 군대를 가질 것이다. 비록 한쪽의 군대는 하늘에 속했고 다른 쪽의 군대는 땅에 속했다 해도, 양측은 땅 위에서 싸울 것이다. 달리 말해서 적그리스도는 그리스도와 그분의 군대를 대항하여 싸울 것이며, 그리스도는 그분의 군대와 함께 되돌아와서 싸울 것이다. 이 거짓 그리스도는 참 그리스도와 싸울 정도로 대담하다. 그러나 참 그리스도는 거짓 그리스도를 대항하여 전쟁을 하실 것이다. 17장 14절에서 우리는 그리스도의 하늘에 속한 군대가 모든 이기는 자들, 즉 부르심 받고 선택된 자들로 구성될 것임을 본다. 결국 이 전쟁 끝에 그리스도는 적그리스도를 패배시킬 것이다.

Ⅷ. 새 예루살렘

궁극적으로 예수의 증거(간증)는 새 예루살렘일 것이다(21:1-22:5). 등대들로 시작하여 큰 무리와 사내 아이와 처음 익은 열매들과 후기(後期) 이기는 자들과 신부와 군대를 통과해서 모든 구원받은 이들은 마침내 새 예루살렘이 될 것이다. 새 예루살렘은 하나님의 모든 구속받은 자들로 된 살아 있는 구성체, 즉 그분의 백성들로 된 하나님의 건축의 궁극적인 최종 완성일 것이다. 영원 안에서 그리고 영원토록 새 예루살렘은 어린 양 안에서 그 영의 흐름으로 하나님을 표현할 것이다. 21장과 22장에 올 때 우리는 이 궁극적인 최종 완성에 대한 선명한 그림을 볼 것이다.

계시록 4

계시록에서의 삼일 하나님

온 성경은 하나님에 대한 계시이다. 우리는 계시록에서 하나님이 누구이신가에 대한 궁극적이고도 완전한 계시를 갖는다. 하나님은 삼일(Triune)이시다. 우리 모두가 삼일(혹은 삼위일체) 하나님이란 용어에 친숙하다. 이것은 하나님의 계시에 있어서 커다란 문제이다. 그러나 여러 세기에 걸쳐서 대부분의 그리스도인들은 삼일 하나님이란 용어의 뜻을 충분히 깨닫지 못했다. 우리는 궁극적인 방법으로 여러 가지 것들을 계시하는 책인 계시록에서 삼일 하나님에 대한 보다 깊고 높고 달콤한 것을 본다. 우리가 보았듯이 계시록에서 그리스도의 계시와 예수의 증거(간증)는 최종적이다. 이 메시지에서 우리는 삼일 하나님에 대한 계시 역시 최종적임을 볼 필요가 있다. 계시록 1장 4절과 5절은 『이제도 계시고 전에도 계셨고 장차 오실 분과 그의 보좌 앞에 있는 일곱 영과 또 충성된 증인이시며 죽은 자들 가운데서 먼저 나신 자시며 땅의 왕들의 주권자가 되신 예수 그리스도로 말미암아 은혜와 평강이 너희에게 있기를 원하노라』고 말한다. 「이제도 계시고 전에도 계셨고 장차 오실 분」은 영원한 아버지 하나님이시다. 하나님의 보좌 앞에 있는 「일곱 영」은 하나님의 운행하는 영 곧 그 영 하나님이시다. 하나님께 대하여는 「충성된 증인」이시요, 교회에 대하여는 「죽은 자들 가운데 먼저 나신 분」이며, 세상에 대하여는 「땅의 왕들의 주권자」이신 예수 그리스도는 아들 하나님이시다. 이것이 삼일 하나님이시다. 영원한 아버지 하나님으로서 그분은 과거에 계셨고 현재에도 계시며 미래에 오실 분이다. 그 영 하나님으로서 그분은 하나님의 운행을 위한 칠 배의 강화된 영이시다. 아들 하나님으로서 그분은 하나님의 「증인」 곧 증거요 표현이시며, 새 창조인 교회를 위해 「죽은 자들 가운데서 먼저 나신 분」이시며, 세상을 위해 「땅의 왕들의 주권자」이시다. 그러한 삼일 하나님으로부터 은혜와 평강이 교회들 안으로 주어진다.

Ⅰ. 전능하신 하나님

계시록은 하나님이 전능하신 하나님이심을 일러준다(1:8, 19:6, 15). 히브리어로 하나님이란 칭호는 능하신 분, 능력이 넘치는 분을 뜻한다. 그런데 계시록에서 우리는 하나님이 단지 능하실 뿐 아니라 전능(全能)하심을 본다. 그분은 여러모로 모든 방면에서 모든 것에서 모든 사람에 대하여 능력이 충만하시다. 하나님의 칭호는 그분이 전능하신 분임을 뜻한다.

A. 주(主)

이 전능하신 분이 주(主)이시다. 주이시라 함은 그분이 우주의 소유자이심을 뜻한다. 우리는 그분이 온 우주의 지주(地主)라고 말해도 좋다. 그분은 이 우주 안의 통치자요 권세자이시다. 우리나 다른 이들이 말하는 것은 조금도 중요하지 않다. 그러나 하나님은 주이시기 때문에 그분이 말씀하는 것은 모든 것을 의미한다. 그분이 「그렇다」고 말씀하시면 그것은 그렇다는 것을 뜻하고, 그분이 「아니다」라고 말씀하면 그것은 아님을 뜻한다. 하나님은 주이실 뿐 아니라 소유자요 권세자이시기도 하다. 또한 그분은 주인(主人)이시다. 천사들과 모든 인간을 포함하는 온 우주는 그분 아래 있다. 우리에게는 우리를 소유하시는 주인이 계시다. 구원받기 전에 나는 누구에게 속했는지 몰랐다. 그러나 지금 나는 외칠 수 있다. 『하나님은 나의 주인이시요 나를 소유한 분이시다. 할렐루야, 그분이 나의 주(主)이시다!』

B. 알파요 오메가임

계시록 1장 8절은 주 하나님이 알파요 오메가라고 말한다. 영원하고 전능하신 하나님이 알파 곧 기원(起源)의 시작이시고, 오메가, 즉 그분의 영원한 목적을 완성하기 위한 끝이시다. 그분은 창세기에서는 알파이셨고 지금 이 책에서는 오메가이시다. 그분이 무엇을 시작하셨든지 그분은 완성하실 것이다. 통치적으로 그분은 태고로부터 시작하신 우주적인 역사를 계속하고 계시며 또 완성시키실 것이다(21:6).

C. 지금도 계시고, 전에도 계셨고, 장차 오실 분

하나님은 또한 지금도 계시고 전에도 계셨으며 장차 오실 분이다. 이것이 여호와란 이름의 뜻이다. 히브리어로 여호와란 「나는 … 이다(I am that I am)」를 의미한다. 그분이 「나는 … 이다」이심은 그분이 영원부터 영원까지 존재하는 분이심을 상징한다. 「나는 … 이다」라는 칭호는 다만 그분이 존재하심을 가리킬 뿐만 아니라, 적극적인 의미에서 그분이 모든 것 되심도 가리킨다. 당신에게 생명이 필요한가? 하나님은 생명이시다. 당신은 빛을 원하는가? 하나님은 빛이시다. 당신은 거룩을 갈망하는가? 하나님은 거룩이시다. 하나님은 영원부터 영원까지 존재하시며 모든 것이시다. 이분이 우리의 하나님이시다.

이미 보았듯이 우리의 하나님은 삼일이시다. 그분이 삼일이심은 그분이 아버지, 아들, 영이심을 뜻한다. 우리가 삼일 하나님을 철저히 이해하기란 불가능하다. 왜냐하면 거룩한 삼일성은 우리의 지적 능력을 훨씬 초월하기 때문이다. 당신의 지적 능력(생각)을 너무 많이 사용하지 말라. 그보다 아버지, 아들, 영이신 삼일 하나님을 깨닫고 체험할 수 있도록 당신의 영을 사용하라.

Ⅱ. 아버지

먼저는 바로 그 전능하신 하나님이 아버지이시다. 아버지는 다름 아닌 하나님 자신이다. 그분이 아버지 되심은 그분이 근원이심을 의미한다. 아버지는 또한 주(主)이시며, 1장 4절이 밝혀 주듯이 그분은 지금도 계시고 전에도 계셨고 장차 오실 분이다.

Ⅲ. 영

계시록에서 삼일 하나님의 순서는 마태복음과 다르다. 마태복음 28장 19절에서 삼일 하나님의 순서는 아버지, 아들, 성령의 순이다. 그러나 1장 4절과 5절에서는 그 순서가 바뀌어 있다. 하나님의 일곱 영이 세 번째 대신 두 번째 자리에 놓여졌다. 이것은 하나님의 칠 배의 영의 강화된 기능이 중요함을 계시한다. 이런 요점은 2장 7절, 11절, 17절, 29절, 3장 6절, 13절, 22절, 14장 13절, 22장 17절 등에 있는 그 영의 말씀하심에 대한 반복된 강조에 의해 확증된다. 서신서들의 서두에서는 오직 아버지와 아들만 언급되며, 그분들로 말미암아 은혜와 평강이 수신자들에게 주어진다. 그러나 여기에서는 그 영도 포함되며, 그분으로부터 은혜와 평강이 교회들에게 전해진다. 또한 이것은 교회의 타락에 대항하기 위한 하나님의 움직이심을 위해서는 그 영이 절대적으로 필요함을 상징하기도 한다.

A. 하나님의 일곱 영

이제 우리는 왜 계시록에서 그 영이 거룩한 삼일성의 순서에서 두 번째 자리를 차지하고 있는지 알아 보기로 하자. 그것은 이 책에서 시대가 아들로부터 그 영으로 바뀌었기 때문이다.

1장 4절에 있는 그 영은 하나님의 강화된 영이기 때문에, 그분은 일곱 영들이라고 불리운다. 일곱 영들은 4절과 5절에서 삼일 하나님 가운데 자리하고 계시기 때문에 의심할 바 없이 하나님의 영이다. 우리는 자신의 천연적이고 제한된 지능으로 성경을 이해할 수 없다. 우리 관념에 따르면 「일곱 영들」이란 말은 일곱 개의 개별적인 영들을 가리킨다. 그러나 이것이 의미하는 바는 그러한 것이 아니다. 여기서 일곱이란 수는 일곱 개의 다른 영들이 아니라 하나의 칠 배의 영을 언급한다.

일곱이란 하나님의 경륜적인 움직임에 있어서 완성(완전)의 수인 한편 열둘은 하나님의 영원한 행정에서의 완성의 수이다. 예를 들어, 하나님은 지구를 육 일에 안식일 하루를 더하여 창조하셨다. 더욱이 성경에는 일곱 시대(경륜)가 있다. 오늘날 하나님의 움직이심을 위해 교회는 칠이란 숫자를 갖고 있다. 계시록에서 일곱 인들, 일곱 나팔들, 일곱 대접들은 모두 하나님의 경륜적인 움직이심을 위해 있다. 이처럼 칠 배의 영은 오늘날 하나님의 움직이심에 있어서 강화된 영이다. 그분은 하나님의 움직이심을 위한 하나님의 일곱 영들이다.

일곱이 하나님의 역사에 있어서 완성의 수이듯이, 일곱 영들은 땅 위에서의 하나님의 움직이심을 위한 것이다. 실체와 존재에 있어서 하나님의 영은 하나이며, 강화된 기능과 하나님이 운행하시는 역사에 있어서 하나님의 영은 칠 배이다. 그것은 마치 스가랴 4장 2절에 있는 등대와도 같다. 존재 상 그것은 하나의 등대이지만, 기능상 그것은 일곱 등이다. 계시록이 쓰여질 당시 교회는 타락했으며 시대는 암흑기였다. 그러므로 땅 위에서의 하나님의 움직이심과 역사를 위해 칠 배로 강화된 하나님의 영이 필요했다. 우리 모두는 연속적인 조명도로 켤 수 있는 삼원방식(三元方式)의 전구를 잘 알고 있다. 그리 많은 빛이 필요치 않을 때 우리는 일도(一度)로 전구를 켜지만, 더 밝은 조명이 필요한 경우에는 이도(二度)나 삼도(三度)로 켠다. 마찬가지로 등대 위에 있는 일곱 등들은 칠 배의 강화된 빛이었다. 사복음서에서 하나님의 영은 단순했었다. 왜냐하면 그 당시에는 그렇게 많은 빛이 필요치 않았기 때문이었다. 그러나 교회가 타락되고 시대가 극히 어둡게 된 후에는 성령이 칠 배로 강화될 필요가 있었다. 이런 식으로 하나님의 영은 칠 배의 영이 되었다. 존재에 있어서 성령은 스가랴서에 있는 등대같이 하나이다. 그러나 기능상 성령은 일곱이다.

B. 어린 양의 일곱 눈들

하나님의 일곱 영들은 어린 양의 일곱 눈들이다(5:6, 슥 3:9, 4:10). 우리 눈은 우리의 움직임을 위해 있다. 만일 우리가 눈이 멀었다면, 움직이기가 매우 어려울 것이다. 오늘날 하나님의 움직임에서 하나님의 어린 양이신 그리스도는 일곱 눈들을 갖고 계시다. 어린 양의 일곱 눈들 역시 보고 감찰하고 옮겨 붓기(注入)위해 있다. 내가 누구를 보고 있을 때 내게 속한 그 무엇이 그 사람 안으로 옮겨 부어진다. 우리는 흔히 서로 사랑하는 것에 관해 말한다. 그러나 누가 당신을 사랑하고 있음을 어떻게 깨달을 수 있는가? 사랑은 눈을 통해서 옮겨 부어진다. 만일 당신이 사랑하는 식으로 나를 쳐다본다면, 당신의 눈은 당신의 사랑을 내 안에 옮겨 부을 것이다. 그리스도가 그분의 일곱 눈으로 우리를 쳐다보실 때, 처음에 우리는 두려워 떨 것이다. 그러나 결국 이 일곱 눈들은 그리스도의 요소를 우리 안으로 옮겨 부을 것이다.

오늘날 성령은 그리스도의 일곱 눈들이다. 많은 그리스도인들이 하나님의 성령이 그리스도와는 분리된 것이라고 주장한다. 그러나 성경은 성령이 그리스도의 눈이라고 말씀한다. 당신은 자신의 눈이 자신과 분리된 것이라고 생각하는가? 그렇다고 말하는 것은 어리석은 일이다. 내가 당신의 눈을 볼 때 나는 당신을 보는 것이고, 당신이 당신의 눈으로 나를 볼 때 당신은 나를 보는 것이다. 어떤 사람의 눈은 바로 그 사람을 표현한다. 성령이 그리스도와 분리된 것이라고 말하는 것은 거룩한 말씀의 순수한 계시와는 부합되지 않는다. 어떻게 우리가 어떤 사람의 눈이 그 사람 자신과 분리된 것이라고 말할 수 있겠는가? 이것에 관해서는 논쟁의 여지가 조금도 없다. 우리가 보았듯이 성경은 오늘날 하나님의 영이 그리스도의 눈이라고 말한다. 이것은 단순히 그 영이 그리스도시라는 뜻이다. 내 눈들은 나 자신이다. 내가 당신을 볼 때 내 눈이 당신을 보는 것이다. 내게 눈이 없다면, 나는 결코 당신을 볼 수 없다. 그러므로 그 영 곧 그리스도의 눈은 그리스도와 분리된 것이 아니다. 그분은 우리를 보고 계시는 그리스도의 눈이시다. 우리의 체험이 이를 입증한다. 날마다 우리는 누군가 우리를 보고 계심을 느끼고 있다. 이 「누군가」는 바로 그리스도 자신이신 그 영이다. 만일 그 영이 그리스도가 아니라면, 우리는 그 영과 그리스도 두 분이 우리를 보고 계시다고 느낄 것이다. 그 영을 그리스도와 분리된 것이라고 말하는 것은 그리스도의 눈을 뽑아내는 것이요 그분에게서 눈을 분리해 내는 것이다. 그리스도는 그 영과 분리되었고 그리스도는 그 영이 아니라고 말하는 것은 비성서적이다. 마치 우리와 우리 눈이 하나인 것처럼, 그리스도와 그 영은 하나이다. 우리의 그리스도는 눈먼 그리스도가 아니다. 그분은 일곱 눈들을 가지신 그리스도이다. 그분은 자주 그분의 요소를 우리 안으로 옮겨 부으신다. 어느 때에는 그분이 우리를 섬광(閃光)처럼 관찰하며 말씀하신다. 『너는 지금 무엇을 하고 있느냐? 남편과 싸우고 있느냐? 멈춰라!』 당신은 이런 류의 체험을 해 본 적이 있는가? 날마다 우리는 이 주시하고 감찰하고 옮겨 부으시는 그리스도를 체험한다. 이 주시하고 감찰하고 옮겨 부음은 그분의 눈을 통해 발생한다. 그분의 눈은 그 영이며, 그 영은 단순히 그분 자신이다. 만일 당신이 그것을 믿지 않는다면 당신은 축복을 상실할 것이다.

C. 하나님 보좌 앞의 일곱 등불

일곱 눈들은 또한 하나님 보좌 앞의 일곱 등불이다(4:5, 슥 4:2). 이것은 이해하기 어렵다. 그리스도는 일곱 등불의 빛을 발함으로써 하나님의 행정을 수행한다. 이것은 오늘날 교회들 안에도 해당된다. 그리스도가 우리를 꿰뚫어 보실 때 그분은 우리에게 빛을 비추시고 하나님의 행정을 수행하신다. 많은 경우 교회들 안의 장로들이 서로 문제들을 토의하고 있을 때 그들은 일곱 등불이 자기들 위에 비추고 있음을 감지한다. 이것이 그리스도가 일곱 등불의 빛을 발함으로써 하나님의 행정을 수행하시는 것이다.

D. 온 땅으로 보내심

하나님의 일곱 영들은 온 땅으로 보내심을 입었다(5:6). 우리가 어디로 가든지 일곱 눈들이 좇아올 것이다. 사실 그 눈들은 우리보다 앞에 가서 우리의 목적지에서 우리를 기다리신다. 어떤 지방에 있는 교회를 달갑지 않게 생각하는 많은 사랑스런 성도들이 다른 지역은 아마 더 나을 것이라고 생각하면서 다른 지방으로 이주하곤 한다. 그러나 그들이 새로운 지방에 도착할 때 그들은 그 영이 자기들을 기다리고 계심을 발견한다. 우리 중 어떤 이들이 가지 않아야 할 곳으로 가서 그곳에 도착했을 때, 『되돌아가라. 이곳에 머무르지 말라.』고 말하는 그 영의 문안을 받는다. 오늘날 그 영은 온 땅으로 보내심을 입었다. 지금 그분은 온 땅 도처에 편만(遍滿)하시다. 이것이 삼일 하나님의 놀라운 영이다.

Ⅳ. 아들

계시록을 거듭거듭 연구한 후에 나는 계시록이, 아들이 무엇인가에 대한 스물 여섯 가지 항목을 담고 있음을 발견했다. 알파벳 안에는 스물 여섯 자가 있으므로 우리는 그리스도가 A부터 Z까지의 모든 글자라고 말해도 좋다. 그분은 어떤 단어를 구성하는 데도 유용하다. 당신은 빛이란 단어를 구성하고 싶은가? 그분은 l, i, g, h, t이시다. 당신은 사랑이란 단어를 구성하고 싶은가? 그분은 l, o, v, e이시다. 우리는 그리스도로 적극적인 어느 것이라도 구성할 수 있다. 단어들을 갖고 난 후에는 문장들과 단락들과 장(章)들을 갖게 되며, 일단 여러 장들을 가지면 온 성경을 갖는다. 전 성경은 그리스도로 구성되어 있다. 이제 우리는 계시록에서 발견되는 그리스도에 대한 스물 여섯 가지 항목들을 하나씩 간략하게 살펴보자.

A. 예수 그리스도

아들은 예수 그리스도이시다. 예수는 여호와 구원자이시고, 그리스도는 하나님의 경륜을 수행하기 위한 하나님의 기름 부음 받은 분이다.

B. 충성된 증인

아들은 충성된 증인이시다(1:5, 3:14). 그분은 하나님의 증인이시다. 비록 그분이 하나님이시지만, 또한 그분은 하나님의 증인이시기도 하다. 그분이 없으면 우리는 하나님을 알 수도 없고 볼 수도 없고 얻을 수도 없다. 하나님은 그분에 의해 증거를 받으신다.

C. 죽은 자들 가운데서 먼저 나신 분

아들은 죽은 자들 가운데서 먼저 나신 분이다(1:5). 우주 안에서 그분은 두 가지 창조—그분의 첫 번째 역사에 의한 창조와 두 번째 역사에 의한 창조—를 가지셨다. 우리는 모두 하나님의 첫 번째 창조를 알고 있다. 그러나 우리 중 많은 이들이 그분의 두 번째 창조는 잘 알지 못한다. 하나님의 두 번째 역사는 부활이다. 먼저 하나님은 존재하는 모든 것들을 창조하셨고, 두 번째로 그분은 그러한 존재물들 중 어떤 것들을 부활시켜 그것들을 다른 범위인 다른 영역, 즉 부활의 영역 안으로 들어가게 하셨다. 우리는 하나님의 첫 번째 창조 안에 있는가, 아니면 그분의 두 번째 창조 안에 있는가? 우리 몸은 하나님의 첫 번째 창조 안에 남아 있는 반면에 우리 영은 그분의 두 번째 창조 안에 있다. 우리 영은 거듭났다. 이는 우리 영이 재창조되었다는 뜻이다. 그러므로 그것은 하나님의 둘째 창조 안에 속해 있다.

하나님의 창조 둘 모두에서 그리스도는 첫째(으뜸)이시다. 골로새서 1장 15절은 그리스도가 모든 창조물 중에서 먼저 나신 분이라고 말하며, 계시록 1장 5절에서 우리는 그분이 죽은 자들 가운데서 먼저 나신 분이라는 말을 듣는다. 그분은 죽은 자들 가운데서 부활하신 첫 번째 분이시다. 우리는 그분을 따르게 될 것이다. 여기에서 「죽은 자들 가운데서 먼저 나신 분」이라는 구(句)는 부활 안에 있는 하나님의 창조를 가리킨다. 이것은 새로운 시작을 상징한다. 하나님의 첫 번째 창조 안에 하나의 시작이 있었고 부활 안에 있는 하나님의 두 번째 창조 안에도 또 다른 시작이 있었다. 우리가 거듭났을 때 우리는 하나님의 두 번째 창조 안에서 새로운 시작을 체험했다.

D. 땅의 왕들의 주권자

아들은 땅의 왕들의 주권자이시다(1:5). 비록 공산주의자들이 그리스도를 적대하지만, 그들은 자신들이 그렇게 하고 있음을 깨닫지도 못한 채 그분의 달력을 사용하고 있다. 역사(歷史)에 따르면, 당신이 사용하는 달력을 창시한 사람이 바로 당신이 복종하고 있는 사람이다. 만일 누가 어떤 왕의 달력을 사용한다면, 그는 그 왕의 통치 아래 있어야 할 것이다. 마찬가지로 공산주의자들은 그분의 달력을 사용하고 있기 때문에 예수 그리스도 아래 있다. 그들은 그것을 국제 달력이라고 부르지만, 실상 그것은 그리스도의 달력이다. 이런 식으로 그들은 그분이 그들의 주권자이심을 무의식적으로 인정하고 있다. 우주 안에는 유일한 주권자 한 분이 계신다. 오늘날 모든 인류는 그리스도의 달력을 쓰고 있고, 그분의 통치 아래 있다. 땅 위에 있는 모든 백성들은 그분의 백성들이며, 그분은 모든 열국들의 주권자이시다. 예수님은 공산주의자들에게 이렇게 말씀하실 지도 모른다. 『너희는 나를 적대하고 있다. 그러나 나는 너희들을 나의 백성이 되게 할 것이다. 나는 너희가 나의 달력을 쓰도록 하겠으며, 너희는 나의 통치 아래 있는 것에 대해 선택의 여지가 없을 것이다. 나는 땅의 유일한 주권자이다.』

E. 하나님의 아들

아들은 하나님의 아들이다(2:18). 하나님의 아들이신 그분은 하나님 자신이시다. 그분은 신성을 지닌 참 하나님이시다.

F. 사람의 아들

아들은 또한 사람의 아들 곧 인자(人子)이시다(1:13). 인자이신 그분은 인성을 가진 참된 사람이다. 그분은 바로 하나님인 동시에 합당한 사람이시다.

G, H, I. 처음과 마지막, 시작과 끝, 알파와 오메가

아들은 처음과 마지막(1:17, 2:8, 22:13)이요, 알파와 오메가(22:13)이시다. 어렸을 때 나는 그것들이 중복적이고, 시작과 처음과 알파는 같은 것이며 끝과 마지막과 오메가도 같은 것이라고 생각되었기 때문에 이 용어들에 의해 마음이 상했다. 그러나 이것은 중복된 문제가 아니라 서로 다른 방면들의 문제이다. 처음이 되는 것은 당신이 끝이라는 것을 꼭 의미하지는 않는다. 처음이 된다는 것은 단순히 당신이 처음이라는 것과 당신 이전에는 아무 것도 없었음을 뜻한다. 그러나 시작이라 함은 비단 당신이 처음일 뿐 아니라 또한 당신이 그 무엇을 시작했음을 의미한다. 그러면 도대체 알파와 시작의 차이는 무엇인가? 어떤 것이 시작이 될지는 모르지만, 그것이 내용이나 계속적인 것을 갖지 않을 수도 있다. 알파요 오메가라 함은 당신이 완전한 내용이요 계속적인 것임을 뜻한다. 그리스도가 알파와 오메가, 즉 헬라어 알파벳의 첫 글자와 마지막 글자이심은 또한 그분이 알파벳 안의 다른 모든 글자이기도 함을 가리킨다. 처음이요 마지막이라 함은 시작이나 끝을 가리키지 않은 채 단순히 처음이요 마지막이라는 말이다. 시작과 끝이 되려면 당신은 반드시 어떤 행동을 취해야 한다. 그리스도는 처음이실 뿐 아니라 시작 곧 하나님의 경륜과 하나님의 역사의 시작이기도 하다. 하나님의 역사는 그리스도로 시작되었으며, 그리스도로 끝날 것이다. 또 이 그리스도는 하나님의 역사의 내용이자 연속이다. 왜냐하면 그분은 시작과 끝이실 뿐 아니라 알파와 오메가이기도 하시기 때문이다. 달리 말해서 아들 예수 그리스도는 모든 것이시다. 그분은 하나님의 역사의 처음과 마지막이요 시작과 끝이시며 하나님이 하시는 모든 것의 내용이며 연속이다. 알파부터 오메가까지의 헬라어 문자들은 헬라어 알파벳의 모든 문자를 망라하는 것이기 때문에 우리는 그리스도가 단어들과 문장들과 단락들과 장(章)들과 책들을 구성하기 위한 모든 문자가 되신다고 말해도 좋을 것이다. 할렐루야, 그분은 모든 것이시다!

J. 사신 분

만유를 포함한 분이신 아들은 사신 분이다(1:18). 그분은 죽으셨고 살게 되셨고 영원히 사신다.

K. 거룩한 분

이 사신 분은 거룩한 분(3:7), 즉 성화시키는 하나님의 거룩한 본성을 가지신 분이다.

L. 진실하신 분

또 그리스도는 진실하신 분(3:7), 즉 모든 면에서 진실하고 참된 분이시다.

M. 신실하신 분

19장 11절에서 우리는 그리스도가 신실하신 분, 즉 우리의 신뢰를 받기에 합당하신 분임을 본다.

N. 아멘

또 아들은 아멘이시다(3:14). 아멘이란 명칭은 각종 의미들—실제, 그렇다, 그대로 내버려둠—을 함축하고 있다. 그분이 아멘 되심은 우리가 말할 수 있는 것보다 훨씬 많은 것을 의미한다. 13년 전에 나는 텍사스 타이러(Tyler)에 있는 집회에 초청 받았다. 그 집회에서 나는 감히 크게 『아멘』이라고 말하지 못하고 약간 조심스러워했다. 어떤 기도들 끝에 나는 조용하게 『아멘』이라고 말했다. 잠시 후에 누가 와서 내게 말하기를, 『이 형제님, 당신은 이 나라의 관습을 모르시는 모양이군요. 이런 형태의 예배에서는 반드시 입을 다물고 있어야 합니다.』라고 말했다. 나는 마음 속 깊은 곳에서 말했다. 『가장 조용한 장소는 공동묘지이다. 당신들은 당신들의 교회 예배를 공동묘지로 만들고 있는 것이다.』 우리가 『아멘』이라고 말하는 것이 무슨 잘못이란 말인가? 그것은 주님의 이름을 부르는 것과 동일하다. 우리가 『아멘』할 때, 우리는 『오, 주 예수』를 의미한다. 우리 모두 『아멘』이라고 말하기를 배우기로 하자.

O. 하나님의 창조의 기원

3장 14절은 아들이 하나님의 창조의 시작이라고 말한다. 이것은 매우 중요한 개념이다. 번역가들은 이 구절 때문에 곤란을 겪어 왔다. 어떤 이들은 그리스도가 창시자이지 시작은 아니라고 말했다. 그러나 여기서의 의미는 창시자가 아니라 시작이다. 그리스도는 우주를 창조하기 위해 하나님이 행하신 것의 시작이시다.

P, Q. 다윗의 뿌리요 자손임

아들은 다윗의 뿌리요 자손이다(5:5, 22:16). 이것은 그분이 다윗의 뿌리인 동시에 가지임을 뜻한다. 또다시 우리는 그분이 모든 것이심을 본다. 뿌리이신 그분은 처음이요 시작이요 알파이시며, 가지이신 그분은 마지막이요 끝이요 오메가이시다.

R, S. 유다 지파의 사자이시며 어린 양임

지난 메시지에서 지적했듯이 아들이신 그리스도는 유다 지파의 사자(5:5)이시며 어린 양(5:6, 21:23, 22:1)이시다. 그분은 사자-어린 양이시다. 원수에게는 그분이 사자이시며, 구속된 자들인 우리에게 그분은 사랑스럽고 귀한 어린 양이시다.

T, U. 왕중의 왕이며 만주의 주

아들은 왕중의 왕이요, 만주의 주이시다(19:16). 왕중의 왕이라 함은 그분의 권위를 언급하고 만주의 주는 그분의 머리 되심을 언급한다. 그분은 온 우주의 권위시요 머리이시다.

V. 하나님의 말씀

아들은 하나님의 말씀(19:13)이요 하나님의 표현이시다. 그리스도는 말씀이시기 때문에 그분과 성경은 하나이다. 그분을 읽지 않은 채로 성경을 읽지 말며, 그분을 접촉하지 않은 채로 성경을 접촉하지 말라. 우리가 성경을 대할 때 반드시 알아야 할 것은 그분 자신이 하나님의 말씀이라는 것이다.

W. 새벽 별

22장 16절에서 우리는 아들이 새벽별이심을 본다. 말라기 4장 2절에서 그분은 태양으로 계시된다. 그러나 여기에서 그분은 새벽별로서 계시된다. 그분이 태양이심은 주로 땅 위의 사람들에게 관계되지만,

그분이 새벽별이심은 그분의 깨어 있고 기다리는 믿는이들과 관계 있다. 깨어 있으면서 그분의 다시 오심을 기다리는 자들에게 주님은 새벽별처럼 나타나실 것이다. 비록 나는 해이신 그분을 뵙기를 사모하지만, 지금 나는 새벽별이신 그분을 뵙기를 고대하고 있다. 우리 모두가 새벽별이신 면의 그분을 사랑하고 있으며, 그분은 이런 식으로 우리에게 나타나실 것이다.

X. 등

21장 23절에서 그리스도는 빛이신 하나님을 담고 있는 등으로서 계시된다. 빛은 바로 등의 본질이며 등은 빛을 발한다. 하나님은 그리스도의 본질이시며, 그리스도는 하나님을 방사(放射)한다.

Y. 남편

21장 2절에서 우리는 새 예루살렘이 그리스도의 아내임을 본다. 이것은 그리스도가 하나님의 구속된 백성들을 그의 신부로 취하는 남편이심을 암시한다.

Z. 다른 천사

마지막으로 그리스도는 하나님의 위임을 수행하기 위해 하나님에 의해 보내심 받은 다른 천사(7:2, 8:3, 10:1, 18:1)이시다. 구약에서 그리스도는 여러 차례 주의 천사로 나타나(출 3:2-6, 삿 6:11-24, 슥 1:11-12, 2:8-11, 3:1-7) 하나님의 계획의 완수를 위해 하나님의 백성을 돌보시려고 오셨다. 이제 이 책에서 그분은 다시 하나님의 목적 수행을 위해 하나님에 의해 보내심 받은 천사이다.

이 스물 여섯 가지 항목을 모두 함께 모아 볼 때, 우리는 아들이 무엇이신가에 대한 분명한 이상을 갖게 된다. 아버지와 영은 아들과 하나이다. 아들이 수많은 항목들이 아니라면 아버지는 충분하게 표현될 수 없으며 그 영도 표현할 것을 그리 많이 갖지 못할 것이다.

계시록 5

주님의 재림

대부분의 그리스도인들은 계시록이 그리스도의 재림에 대한 책이라는 관념을 붙잡고 있다. 계시록은 그리스도의 재림을 다루고 있기 때문에 그것은 절대적으로 옳다. 그러나 수세기에 걸쳐서 그리스도인들은 주님의 재림에 관해 분명하지 못해 왔다. 이 불투명함 때문에 그에 관한 많은 논쟁과 언쟁이 있었다. 그리스도의 재림에 관한 계시는 간단하지 않다. 오히려 그것은 꽤 복잡하며 몇 가지 측면을 갖고 있다. 그러므로 대부분의 그리스도인들이 주님의 재림을 철저하게 이해하기란 어려웠다.

지난 1세기 반 동안 그리스도의 재림에 관해 쓴 많은 책들이 특히 형제회에 의해서 나왔다. 형제회 가운데 몇 명의 지도적인 교사들은 재림에 관해 서로 다른 의견들을 갖고 있었으며, 그들 가운데 첫 번째 분열은 그 서로 다른 의견들의 결과였다. 이른바 형제회의 간증이 넬슨 다비(J. N. Darby)의 인도 아래 1828년 혹은 1829년에 일어났다. 다비는 그리스도께서 대환난 전에 오실 것이라고 가르쳤고, 또 다른 지도적인 교사인 벤자민 뉴톤(B. Newton)은 환난 후에 오실 것이라고 말했다. 이 두 위대한 교사들이 서로 다른 의견을 가졌기 때문에 이 문제에 관해 많은 논쟁이 있었다. 결국 이것은 형제회 중에서 다비의 인도 아래 있던 사람들과 뉴톤의 인도 아래 있던 사람들간의 첫 번째 분열을 초래했다. 나는 벤자민 뉴톤의 단체와 칠 년 반 동안 교제가 있었고 그때 그들의 모든 가르침을 배웠다. 확실히 그들은 그리스도의 재림이 환난 후라는 데 대한 강한 근거를 갖고 있었다. 만일 당신이 지난 150년간 쓰여진 모든 위대한 교사들의 우수한 글들을 읽어본다면 어떤 이들은 환난 전 재림을 가르쳤고, 또 다른 이들은 환난 후 재림을 가르쳤음을 알게 될 것이다.

지난 1세기 동안 주님은 펨버(G. H. Pember)와 고벳(Robert Govett)과 팬톤(D. M. Panton)과 같은 몇몇 주의 깊은 말씀 연구가들을 일으키셨다. 이 사람들은 그리스도의 재림이 간단하지 않은 문제임을 발견했다. 그들은 그리스도께서 한편으로는 환난 후에 재림하실 것이며 다른 한편으로는 환난 전에 재림하실 것이라는 것을 보았다. 이런 주의 깊은 성경학자들은 이런 관점의 정확성을 실증하는 강한 증거를 제시해 주었다. 그리스도의 재림은 적어도 두 가지 측면—하나는 환난 전, 다른 하나는 환난 후—이 있다. 더 나아가 이 성경학자들은 성도들의 휴거(携擧)가 두 가지 범주 이상이 될 것이라는 것도 알았다. 이는 어떤 사람들은 환난 전에 들림받게 되고 다른 사람들은 환난 후에 들림받게 된다는 말이다. 그러한 진술(陳述)들에 너무 성급하게 반응하지 말라. 젊었을 때 나는 그렇게 반응했지만 결국에는 굴복되었고 납득이 갔다. 성경은 어떤 사람들이 생각하는 것만큼 그리 간단하지 않다.

이 메시지에서 우리는 그리스도의 재림이라는 주제를 살펴보자. 우리는 앞서간 모든 말씀의 교사들로 인해 하나님께 감사드린다. 우리는 그분들께 고마움을 느끼며 무엇을 보든지 우리는 그분들의 어깨 위에 서서 본다. 우리가 그리스도의 재림을 이해하고자 한다면 반드시 성경을 연구해야 하며, 또 위대한 교사들이 쓴 책들을 읽어보아야 한다. 그럴 때 우리는 이 문제에 관한 폭넓은 관점을 갖게 될 것이다. 만일 우리가 이것을 행한다면 그리스도의 재림에는 두 측면, 즉 비밀스럽고 사적(私的)인 측면과 공개적이고도 공적인 측면이 있음을 충분히 납득하게 될 것이다.

Ⅰ. 비밀스런 측면

A. 도적같이 오심

마태복음과 계시록에서 우리는 재림의 비밀스런 측면을 볼 수 있다. 계시록 3장 3절과 16장 15절은 그리스도께서 도적같이 오시며 우리는 깨어 있어야 한다고 말한다. 어떤 도적도 드러내놓고 오지 않으며 자기가 오고 있음을 알리지 않는다. 우리가 전에 지적했듯이 주님이 도적같이 오실 때 그분은 귀한 것들을 몰래 가져가시려고 오실 것이다. 마태복음 24장 40절과 41절에서 주님은, 『그 때에 두 사람이 밭에 있으매 하나는 데려감을 당하고 하나는 버려둠을 당할 것이요 두 여자가 매를 갈고 있으매 하나는 데려감을 당하고 하나는 버려둠을 당할 것이니라』고 말하시면서 그분의 비밀스럽게 오심을 말씀했다. 주 예수님은 매우 지혜로우셔서 밭에 있는 두 형제와 매를 갈고 있는 두 자매를 예(例)로 사용하셨다. 외관상 두 형제는 똑같고 두 자매도 똑같다. 그러나 갑자기 한 형제와 한 자매만 데려가셨다. 이 예를 드신 후, 주님은 말씀하시길 『그러므로 깨어 있으라 어느 날에 너희 주가 임할는지 너희가 알지 못함이니라 너희도 아는 바니 만일 집주인이 도적이 어느 경점에 올 줄을 알았더면 깨어 있어 그 집을 뚫지 못하게 하였으리라 이러므로 너희도 예비하고 있으라 생각지 않은 때에 인자가 오리라』고 하셨다(42-44절). 우리가 일하고 있을 때, 그리스도가 오고 계심을 의식하지 못한 채 우리 중 어떤 이들은 휴거될 것이다. 그분은 도적같이 오시기 때문에 우리는 반드시 깨어 있어야 한다.

B. 그 때는 모름

주님이 비밀스럽게 오시는 때는 알지 못한다(계 3:3, 마 24:36, 42, 25:13). 그리스도께서 다시 오실 때 그분은 보내심을 받은 자로서 오실 것이다. 이 때문에 계시록에서 그분은 하나님에 의해 보내심을 받은 자인 천사로 불리우고 있다. 그분의 재림시에는 처음 오셨을 때처럼 하나님에 의해 보내심을 받은 자로서 오실 것이다. 이런 까닭에 오직 아버지만이 그리스도께서 비밀스럽게 오실 때를 아신다(마 24:36, 막 13:32). 아버지는 보내시는 분이요 아들은 보내심을 받은 분이다. 그 때는 보내심을 받은 분조차도 모르며 오직 보내시는 분만이 아신다.

주 예수님보다 더 잘 알고 있는 것처럼 보이는 어떤 사람들은 주님이 오실 때를 예언했었다. 지난 1세기 반 동안 많은 예언들이 있었지만 어느 것도 이뤄지지 않았다. 어떤 사람들은 주 예수님이 모일(某日)에 오신다고 예언하면서, 목욕하고 흰 옷을 깨끗이 입고 준비하라고 사람들에게 명하기도 했다. 또 어떤 사람들은 산꼭대기에 올라가서 주님의 오심을 기다리기도 했다. 1차 대전 후, 많은 교사들이 예언에 관한, 특히 주님의 재림에 관한 책들을 출판했다. 그중 어떤 저자들은 재림의 때를 예언하였다. 그러나 재림의 때에 대한 그 모든 예언들이 거짓임이 입증되었다. 어느 것도 예언하지 않도록 주의하라. 성경에 따르면 주님이 비밀스럽게 오시는 때는 알지 못한다.

C. 오시는 장소—공중에 구름 속에서

주님이 비밀스럽게 오시는 곳은 공중에 구름 속일 것이다(계 10:1, 살전 4:17). 구름은 주님의 재림과 관계 있다. 그리스도는 구름 위에서 승천하셨고 또 같은 방법으로 이 땅에 다시 오실 것이다(행 1:9, 11, 마 26:64, 계 14:14). 마태복음 26장 64절에서 주 예수님은 대제사장에게 이르시길 『이후에 인자가 권능의 우편에 앉은 것과 하늘 구름을 타고 오는 것을 너희가 보리라』고 하셨다. 심지어 주님이 구름을 타고 오시는 것에도 두 측면이 있다. 첫 번째로 주님은 구름 속에서 오실 것이다. 이는 그분이 구름으로 감춰지게 될 것임을 뜻한다. 두 번째로 그분은 구름 위로 오실 것이다. 구름 속에서 오실 때 그분은 땅이 아니라 공중에 오실 것이다. 계시록 10장 1절은 주님이 구름을 입고 하늘에서 내려오실 것을 계시하고 있는데, 그것은 주님이 구름에 싸이게 될 것이라는 뜻이다. 주님이 갑자기 하늘에서 땅으로 내려오실 것이라고 생각하지 말라. 지금 그리스도는 삼층천 안에 있는 보좌 위에 계신다. 때가 이르면 아버지께서는 그분을 하늘 보좌로부터 공중 구름으로 보내실 것이다. 다음에 보겠지만, 주님이 하늘 보좌를 떠나시기 전 이기는 자들 중 얼마가 보좌로 휴거될 것이다. 계시록 12장은 사내 아이가 공중이 아닌 하나님의 보좌로 휴거될 것임을 보여 준다. 이는 이기는 자들 중 얼마가 주 예수님이 비밀스럽게 오시기 전에라도 휴거될 것임을 뜻한다. 계시록 14장에서는 하늘에 있는 시온 산 위의 첫 열매들을 볼 수 있다. 하늘에 있는 시온 산은 공중이 아닌 하나님이 계시는 곳인 삼층천 안에 있다. 첫 열매들이 하늘에 있는 시온 산에 있을 것이라 함은 이기는 자들 중 얼마가 그리스도의 비밀스런 재림 전에 삼층천으로 휴거될 것임을 입증한다. 이 처음 이기는 자들이 휴거된 다음에라야 그리스도께서 보좌로부터 공중 구름 속으로 비밀스럽게 내려오실 것이다.

공중에 계시는 동안 주 예수님은 많은 것들을 하실 것이다. 주로 그분은 아직 휴거되지 않은 모든 믿는이들을 데리고 올라가실 것이다. 그리스도께서 공중 구름 속에 오신 후, 아직도 많은 성도들이 휴거되지 않은 채로 있을 것이다. 이처럼 공중에 계시는 동안 그분은 대환난을 통과해야만 했던 그리스도인들을 들림받게 할 것이다. 데살로니가전서 4장 17절은 살아 있고 남은 자들이 공중으로 끌어올려져 주님을 만나게 될 것이라고 말한다. 그런 다음 그리스도께서는 공중에서 그분의 심판대를 세우실 것이다. 이 심판대는 죄인들을 위함이 아니라 구원받은 모든 자들을 위함이며, 구원이나 멸망에 관계된 것이 아니라 보상이나 징계에 관련된 것이다. 이 심판이 끝난 뒤, 성도들 중 얼마가 적극적인 보상을 받도록 선택될 것이다.

성경에 따르면 하나님은 우리에 관해 두 번 선택하셨다. 먼저 하나님은 영원 전 안에서 창세 전에 우리를 택하셨다(엡 1:4). 두 번째로 주님께서 공중에 오시고 모든 성도들을 공중에 휴거시킨 다음에 두 번째 선택을 하실 것이다. 영원 전 안에서의 처음 선택이 구원을 위한 것인 한편 공중의 그리스도의 심판대에서 하실 두 번째 선택은 보상을 위한 것이다. 우리가 다 구원받도록 선택되었지만, 보상을 받게 되는지의 여부는 그리스도의 심판대에서 있을 두 번째 선택에 달려 있다. 이 심판을 통과하지 못한 구원받은 사람들은 징계를 받도록 어디엔가 놓여지게 될 것이다. 그 다음에 그분은 심판을 통과한 사람들을 자신의 군대로서 함께 이끌고 땅으로 오실 것이다. 그때에 그분은 더 이상 구름 속에 계시지 않고 구름 위에 계실 것이다. 이처럼 재림에도 적어도 두 단계가 있을 것이다. 첫 단계에서 그리스도는 하늘 보좌를 떠나 구름 속에 싸여서 공중으로 내려오시고 거기에서 얼마간 머무르실 것이다. 그런 다음 그분은 둘째 단계를 취하시어 구름 위에서 공중으로부터 땅으로 내려오실 것이다. 이것이 재림의 두 번째 측면이다.

D. 깨어 있는 믿는이들에 대한 보상으로

그리스도의 비밀스런 재림은 깨어 있는 믿는이들에게 보상이 될 것이다(계 2:28, 마 24:42, 44). 계시록 2장 28절은 그리스도께서 새벽별처럼 나타나실 것이라고 말하며, 말라기 4장 2절은 그분이 태양처럼 나타나실 것을 계시한다. 새벽별의 나타남과 태양의 나타남 사이에는 커다란 차이가 있다. 새벽별을 보기 원한다면 반드시 아침 일찍 일어나야 한다. 늦잠을 잔다면 놓칠 것이다. 그러나 아무리 늦잠을 잔다 해도 햇빛은 볼 수 있다. 당신은 새벽별이신 그리스도를 만나기 원하는가, 아니면 태양이신 그리스도를 만나길 원하는가? 새벽별의 나타남은 비밀스럽지만 태양의 나타남은 공개적이다. 주님은 만일 우리가 깨어서 그분의 오심을 기다린다면 우리에게 새벽별로서 나타나실 것을 약속하셨다. 이것은 보상의 약속이다. 그러나 우리가 느슨하다면 확실히 우리는 새벽별을 놓치게 될 것이다.

그리스도의 재림을 그분이 보좌를 떠나 즉시 직접 땅으로 오신다고 하는 간단한 문제로 생각하지 말라. 그분은 얼마 동안 공중에 계실 것이다. 이기는 자들은 삼년 반 동안 계속될 다가오는 대환난의 서두요 경고인 여섯째 인(印)을 떼시기 전에 휴거될 것이다. 언제 그리스도께서 하늘 보좌를 떠나서 공중에 내려오실 것인지 아무도 모른다. 그러나 그것은 대환난 얼마 전일 것이다. 그리스도께서 공중에 내려오시는 때와 땅으로 내려오시는 때 사이에는 간격이 있게 될 것이다. 이 기간 동안 주님은 성도들의 휴거를 다치시고, 적그리스도의 군대에 대항하여 싸울 그분의 군대가 될 이기는 자들을 택하기 위해 모든 성도들에 대한 심판을 하실 것이다.

Ⅱ. 공개적인 측면

A. 그 나라의 모든 족속들에게 보여짐

이미 본 대로 재림의 비밀스런 측면에서 그리스도는 도적같이 오실 것이다. 그러나 공개적인 측면에서 그분은 그 나라의 모든 족속들이 볼 수 있도록 능력과 위대한 영광을 갖고 오실 것이다(계 1:7, 마 24:27, 30). 계시록 1장 7절은 『볼지어다 구름을 타고 오시리라 각인의 눈이 그를 보겠고 그를 찌른 자도 볼 것이요 그 나라의 모든 족속이 그를 인하여 애곡하리니 그러하리라 아멘』이라고 말한다. 주님은 번개가 하늘을 가로질러 동편에서 서편으로 번쩍임 같이 나타나실 것이다. 이것은 도적같이 비밀스럽게 오시는 것과 얼마나 큰 차이가 있는가! 계시록 1장 7절은 「그 나라에 있는 모든 족속」을 언급한다. 이 구절에서 「나라(land)」라고 번역된 헬라어는 「땅(earth)」으로도 번역된다. 이 단어는 이 구절을 번역하는 사람들을 곤란케 했는데, 왜냐하면 그들은 그것을 나라라고 해야 할지 땅이라고 해야 할지 분명하지 않았기 때문이다. 어떤 번역은 땅이라고도 하고 다른 것들은 나라라고도 한다. 많은 연구 끝에 나는 이 구절의 그 헬라어 단어는 나라(land)라고 번역되어야 한다고 결론지었다. 다른 구절들은 땅이라고 번역되어도 좋지만 여기서는 거룩한 나라(the Holy Land)를 언급하는 그 나라로 해야 한다. 거룩한 나라의 모든 족속들이 그분을 볼 것이다. 이렇게 말하는 근거는 스가랴 12장 10절부터 14절까지이다. 그 구절들은 그들이 그 찌른바 그분을 바라보고 그 나라가 그분을 인하여 애곡하리라고 말한다. 계시록 1장 7절에 있는 그 족속들은 그분을 찌른 사람들의 족속들이다. 계시록 1장 7절은 분명히 스가랴 12장의 인용이다. 스가랴 12장의 문맥에 따르면 그 족속들은 땅의 모든 족속들이 아니라 거룩한 나라의 열두 족속들이다. 이를 근거로 하여 우리는 계시록 1장 7절의 그 족속들은 거룩한 나라의 열두 족속들이라고 말해도 좋을 것이다. 주님이 번개처럼 나타나시고 거룩한 나라 안에 있는 모든 족속들이 볼 수 있도록 능력과 영광을 가지고 오실 때, 그 열두 족속들은 그분을 바라볼 것이며 애곡할 것이다.

B. 그 때—대환난 끝에

그리스도께서 비밀스럽게 오시는 날과 시간은 알 수 없지만(마 24:36), 공개적으로 오시는 때는 분명하게 계시되어 있다. 그 때는 마지막 나팔(일곱 번째 나팔)을 불 때이며, 대환난이 끝날 때이다(계

18:1, 마 24:15, 21, 27, 살전 4:16, 고전 15:52, 살후 2:1-8). 마태복음 24장 15절은 『그러므로 너희가 선지자 다니엘의 말한 바 멸망의 가증한 것이 거룩한 곳에 선 것을 보거든』이라고 말한다. 「멸망의 가증한 것」이란 우상, 즉 적그리스도의 형상이다. 다니엘 9장 27절에 따라, 적그리스도는 이스라엘 나라와 칠년 동안 언약을 세울 것이다. 이 칠년 중간 쯤에 그는 이 언약을 어기고 유대인들을 핍박하기 시작할 것이다. 그 적그리스도는 절대적으로 하나님을 대항할 것이며, 자기 형상을 성전 안에 세워놓고 그것을 강제로 경배하게 하면서 자신을 하나님처럼 세울 것이다. 하나님이 보시기에 이것은 대파멸을 야기하는 가증한 것이 될 것이다. 이 일은 다니엘 9장에 있는 칠십 이레의 마지막의 중반에 발생할 것이다. 다니엘 9장에서 한 이레는 칠년을 뜻한다. 마태복음 24장 15절에서 주님은 유대인의 믿는이들이 이것을 보리라고 말씀하신다. 마태복음 24장 21절이 계시하듯이 이는 대환난의 시작을 알려준다. 『이는 그때에 큰 환난이 있겠음이라 창세로부터 지금까지 이런 환난이 없었고 후에도 없으리라』. 그러므로 대환난은 적그리스도가 자기의 형상을 성전에 세우고 사람들을 강제로 경배하게 할 때 쯤 시작될 것이다. 이 구절들에 의해 우리는 주님의 공개적인 재림이 대환난보다 선행(先行)되지 않음을 볼 수 있다. 그것은 반드시 대환난이 시작되고 나서 어느 때 쯤 일어날 것이다. 계시록의 구절들에 따르면, 그것은 대환난 거의 말엽에 일어날 것이다. 신약에 의하면 주 예수님은 대환난 전에 하늘 보좌를 떠나서 공중에 내려오실 것이다. 그리고 대환난이 거의 끝날 때 공개적으로 땅에 내려오실 것이다.

그리스도께서 공개적으로 공중에서 땅에 내려오실 때는 적그리스도가 이스라엘 나라 전체를 멸절시키려 도모하고 있을 때일 것이다. 이스라엘을 멸절시키려고 적그리스도는 그의 군대를 아마겟돈이라고 부르는 장소에 집결시킬 것이다(계 16:16). 이것은 하나님의 목적에 따라 될 것이다. 왜냐하면 하나님의 계획은 땅에 속한 모든 군대들을 아마겟돈에 모이게 하여 거기서 그들을 멸망시키고 그들을 땅에서 제거하시는 것이기 때문이다. 적그리스도의 의도는 이스라엘 나라를 멸절시키기 위해 그의 군대를 사용하려는 것이리라. 이스라엘은 그 군대에 의해 포위되고 피할 길이 없게 될 것이다. 탈출이 불가능하게 된 그 중대한 위기 때에 주님이 번개처럼 나타나시어 감람산 위에 서실 것이다(슥 14:4). 이때 전까지는 이스라엘 나라는 주 예수님을 믿지 않을 것이지만 적그리스도의 군대의 위협 때문에 그들은 회개하지 않을 수 없게 될 것이다. 주 예수님이 그분의 발을 감람산 위에 두실 때 감람산은 반으로 갈라지게 될 것이다. 이것은 그때 회개하고 울며, 자기들이 주 예수님을 십자가에 못 박았음을 자백할 핍박했던 유대인들에게 피할 길을 제공해 줄 것이다.

이 모든 구절들을 함께 모아 보면 주님의 공개적인 재림은 아마도 대환난 거의 끝 무렵이 될 것이라는 것을 알 수 있을 것이다. 예루살렘에 성전이 재건되지 않은 한, 주 예수님이 공개적으로 재림하시는 것이 불가능하다. 비록 공개적인 재림의 때에 관한 몇 가지 견해가 있긴 해도 비밀스런 재림의 때는 알지 못한다. 성경은 아무도 모른다고 말한다. 그러나 신약은 그리스도의 공개적인 재림이 대환난보다 선행되지 않으리라는 것을 분명히 계시하고 있다. 즉 그것은 적그리스도가 강제로 사람들을 자기 형상에 경배하게 할 때보다 먼저 일어나지 않을 것이다. 그러나 우리는 주님의 공개적인 재림을 기다리고 있는 것이 아니라 비밀스런 재림을 기다리고 있다. 주님은 이 문제에 있어서 매우 지혜로우셔서 그것이 우리를 깨어 있게 할 것임을 알고 계신다.

C. 그 장소—구름 위에서 땅으로

주님이 공개적으로 오실 때의 장소는 분명히 계시되어 있다. 즉 구름 위에서 땅으로 오실 것이다(계 1:7, 14:14, 마 24:30, 슥 14:4, 행 1:11-12). 사도행전 1장 11절, 12절에 따르면 주님은 승천하실 때와 같은 방법으로 오실 것이다. 주님은 감람산에서 승천하셨으므로 그분은 감람산으로 다시 오실 것이다. 스가랴 14장 4절은 『그 날에 그의 발이 예루살렘 곧 동편 감람산에 서실 것이요 감람산은 그 한 가운데가 동서로 갈라져』라고 말한다. 이 구절이 분명히 해주는 바와 같이 감람산은 예루살렘 성벽 밖에 있으며 그 도시에서 멀지 않다. 주님은 승천하였던 바로 그 지점에 내려오실 것이다. 그러나 우리는 감람산 위에 서 계신 그분을 기다리길 원치 않는다. 우리는 삼층천 안에 있는 보좌에 계신 그분을 만나고, 그리고나서 그분과 함께 감람산으로 가길 원한다. 그분은 이미 승천하셨고 우리는 하늘로 휴거되기를 기다리고 있다. 우리는 죽어서 하늘에 가는 것을 기다리지 않는다. 이것은 종교적인 것이다. 우리는 우리의 전존재가 삼층천, 즉 하나님의 보좌로 휴거되어서 그리스도와 함께, 먼저는 공중으로 그 후에는 땅으로 다시 가게 되길 기다리고 있다. 이것이 우리가 예루살렘을 방문할 수 있는 방법이다. 우리는 삼층천 안에 있는 보좌를 경유하여 그곳에 가게 될 것이다. 그러나 당신이 패배한다면 예루살렘을 방문할 기회를 놓치게 될 것이다.

D. 아마겟돈에서 그 적그리스도와 그의 군대에 대항하여 싸우기 위해 이기는 성도들과 함께 오심

주 예수님이 공개적으로 오실 때, 그분은 아마겟돈에서 그 적그리스도와 그의 군대에 대항하여 싸우기 위해 이기는 성도들과 함께 오실 것이다(계 19:11-21, 17:13-14, 16:12-16, 슥 14:3, 5, 살후 2:8). 이는 하나님의 진노의 포도주틀을 밟으려는 것이다(계 19:15, 14:18-20). 세상 모든 군대들이 아마겟돈에 집결될 것이며, 일부는 극동에서 또 일부는 북쪽에서 또한 일부는 유럽에서 올 것이다. 이 세상 모든 군대들의 집결은 하나님의 지혜대로 될 것이다. 결국 세상의 부(富)가 중동에 집중되고 모든 나라들은 그것을 빼앗으려고 탐욕으로 가득 차게 될 것이다. 세상 군대들이 아마겟돈에 집결하는 동안 주님은 공중에 좌정하시고 그들을 지켜보시며, 『너희들 준비가 다 되었느냐?』라고 말씀하실 것이다. 계시록 14장에서 우리는 군대들의 집결이 커다란 포도주틀 속으로 포도들이 모아지는 것이 될 것임을 볼 수 있다. 하나님이 보시기에 세상 군대들은 포도들과 같고 아마겟돈은 커다란 포도주틀이 될 것이다. 왕들과 지도자들이 모든 군대들을 아마겟돈에 집결시킬 때 그들은 마치 커다란 포도주틀에 함께 모아진 포도들 같으리라. 그런 다음 주님은 이 하나님의 포도주틀을 밟으시러 내려오실 것이며 피의 큰 강물이 거기에서부터 흘러나올 것이다.

그때에 얼마나 엄청난 수의 악한 사람들이 거기서 죽게 될 것인가! 이는 주님이 공개적으로 땅에 오시는 때에 일어날 것이다. 주님이 공개적으로 오시는 목적은 세상 모든 군대들을 멸절시키려는 것이다. 이 일 후에 땅에 전쟁이 그치게 될 것이다.

Ⅲ. 경고와 충성스러운 대답

계시록 22장 12절과 20절에서 주 예수님은 『보라 내가 속히 오리라』고 말씀하심으로 우리에게 경고하신다. 『아멘 주 예수여 속히 오시옵소서』. 우리의 충성스러운 대답은 이와 같아야 한다(계 22:20, 딤후 4:8). 이 메시지에서 우리는 이른바 재림에 관한 가르침과 교리에만 관심하는 것이 아니다. 우리는 그분의 다시 오심을 깨어 기다리는 한 무리의 이기는 자들을 얻으시려는 주님의 마음의 갈망을 관심하고 있다.

계시록 6

예수 안에서 환난과 왕국과 인내에 동참하는 자

이 메시지에서 우리는 1장 9절을 살펴보기로 한다. 그 구절은 이렇게 말한다. 『나 요한은 너희 형제요 예수 안에서 환난과 왕국과 인내에 동참하는 자라 하나님의 말씀과 예수의 증거로 인하여 밧모라 불리는 섬에 있었더니』. 계시록은 놀라운 방식으로 구성되었다. 이 구절이 1장 7절에 있는 주님의 재림에 대한 언급 직후에 나오는 것은 꽤 의미심장하다. 이것이 가리키는 바는, 만일 우리가 주님의 재림을 깨어서 기다리는 자들이 되고자 한다면, 외적인 축복에 동참하는 것이 아니라 예수 안에서 환난과 왕국과 인내에 동참하는 자들이 반드시 되어야 한다는 것이다.

Ⅰ. 예수 안에서 환난에 동참하는 자

「예수 안에서」라는 구는 환난, 왕국, 인내라는 단어들을 지배하므로, 우리는 반드시, 그것에 면밀한 주의를 기울여야 한다. 이런 구는 신약에서 드물게 나온다. 「그리스도 안에」 혹은 「그리스도 예수 안에」라는 구는 여러 번 쓰인다. 신약에서 진리는 주로 그리스도 안에 있다. 그러나 여기에서는 「예수 안에서」라는 구가 채택되었다. 이것이 말해 주는 바는, 만일 우리가 주님의 재림을 기다리는 자들이 되려고 한다면 반드시 「예수 안에서」 환난과 왕국과 인내에 동참하는 자들이 되어야 한다는 것이다. 우리가 구원, 은혜, 누림, 기타 좋은 모든 것들에 관해 말할 때, 우리는 자신들이 「그리스도 안에」 있다고 말한다. 왜냐하면 이 구는 하나님의 구원의 적극적인 측면에 있는 모든 것을 언급하기 때문이다. 그러나 우리가 예수 안에서 환난과 왕국과 인내에 동참하는 자라고 말하는 것은 우리가 고난을 당하고 있음을 뜻한다. 예수님이 사람으로 이 땅 위에서 사셨을 때, 그분은 항상 고난을 받으셨다. 그분의 인생의 사실들에 따르면, 그분의 이름인 예수는 고난받는 사람 곧 슬픔의 사람(사 53:3)을 나타낸다. 그러므로 우리가 그리스도 안에 있다고 말할 때 이것은 우리가 구원받고 하나님의 은혜를 누리고 있으며 하나님과 화평을 이루고 하나님의 축복 아래 있음을 뜻한다. 그러나 우리가 「예수 안에서」 환난과 왕국과 인내에 동참하는 자라고 말할 때, 이것은 우리가 나사렛 예수를 따르면서 고난을 받고 핍박을 당하고 있음을 뜻한다. 계시록에서는 「그리스도 안에」라는 구가 쓰이지 않는다. 그러나 반대로 에베소서에서는 「그리스도 안에」 혹은 「그분 안에서」라는 용어가 반복해서 쓰이고 있으며 그 서신의 네 장에서 발견된다. 계시록은 「예수 안에서」 환난을 당하는 자들을 위한 것이다. 이것은 주 예수님의 재림을 고대하고 있는 이들은 반드시 예수 안에서 환난을 당하는 사람들이어야 함을 뜻한다. 다시 말해서 주님의 재림을 기다리는 사람들은 고난받는 자들이다. 하나님 눈에는 우리가 그리스도를 따르는 자들이지만 사람들의 눈에는, 특히 종교의 눈에는 우리가 예수를 따르는 자들이다.

A. 예수께서 땅 위에 계셨을 때 핍박을 당하심

예수께서 땅 위에 계시는 동안 그분은 유대 종교에 의해 핍박을 받으셨다(요 5:16, 15:20). 그분은 이방 종교에 의해 핍박을 받으신 것이 아니라 하나님의 명에 따라 구성된 전형적인 종교에 의해 핍박을 받으셨다. 종교는 하나님의 원수에 의해 크게 이용되고 있다. 종교는 그리스도와 대립되며 그리스도는 종교와 대립된다. 요한복음 5장 16절은 예수께서 안식일을 어기셨기 때문에 유대인들이 그분을 핍박했음을 계시한다. 종교인들은 자기들의 규정들을 어기는 것을 용납치 못한다. 저들의 종교적 규정들을 어기는 것은 어떤 것이든 어기는 자들에 대한 핍박을 야기한다. 유대 종교는 세 기둥들 위에 세워졌는데, 하나는 안식일이요, 다른 둘은 할례와 음식에 관한 규정들이다. 예수께서 안식일을 어기셨을 때 그분은 유대 종교의 세 기둥들 중 하나를 무너뜨리신 것이다. 그러므로 그들은 그분을 핍박했으며, 심지어 그분을 죽이려고 꾀하기도 했다. 결국 종교는 그분을 그들의 성경에 따라 사형을 언도함으로써 성공했으며 사실상 주님을 죽였다. 그러나 하나님의 절대 주권 아래 그 당시 유대인들은 누구도 죽일 권한이 없었다. 그래서 그들은 예수님을 로마 정권에 인계했으며, 로마 정권은 죄수들을 처형하는 수단을 사용하여 주 예수님을 십자가 위에 못 박았다.

마치 종교가 예수님을 핍박했듯이 예수님을 따르는 이들도 핍박할 것이다. 우리가 사도행전에서 알고 있듯이 모든 도시에 있는 회당의 유대인들이 사도들에 대항하여 반대를 선동했으며, 바울은 이런 형태의 핍박을 매우 많이 받았다. 계시록의 저자인 요한도 역시 이런 류의 핍박을 겪었다. 요한이 이 책의 계시를 받았을 때 그는 밧모라는 섬에서 「하나님의 말씀과 예수의 증거」로 인해 유배(流配)되어 있었다. 계시록을 쓸 때 그는 자신이 그들의 형제이며, 또한 은혜와 생명과 평강과 빛 안에서가 아니라 예수 안에서 고난과 고통에 동참하는 자임을 말해 주면서 성도들에게 주님의 재림을 기다릴 것을 격려하고 있었다.

우리가 보았듯이 예수께서 땅 위에 계셨을 때 그분은 종교의 손에 고난을 받으셨다. 로마 제국은 그분을 별로 주목하지 않았다. 그분에 대한 심판을 집행하라고 요청한 것은 바로 유대 종교였다. 이처럼 그분에 대한 핍박은 세속 세계로부터 비롯된 것이 아니라 종교 세계로부터 비롯된 것이다. 사도행전에서 우리는 사도들의 경우에도 마찬가지임을 본다. 반대는 주로 이방인들로부터가 아니라 유대 종교로부터 왔다. 유대인들은 바울이 가는 곳마다 쫓아다녔고 심지어는 감시자들을 배치하기까지 했다. 마찬가지로 소위 로마 가톨릭 교회에 의해 수많은 순교자들이 핍박을 당했다. 폭스(Foxe)가 자신의 책—순교자의 역사—에서 지적하듯이 로마 가톨릭은 로마 제국이 죽였던 것보다 더 많은 성도들을 죽였다. 누가 마담 귀용(Madame Guyon)을 투옥시켰는가? 로마 가톨릭 교회가 그랬다. 누가 존 번연(John Bunyan)을 투옥시켰는가? 영국 교회가 그랬다. 종교는 언제나 예수님을 따르는 참된 이들을 핍박한다.

이제 우리가 이 핍박을 받을 차례이다. 내가 중국에서 니(Nee)형제님과 함께 있는 동안 나는 그가 얼마나 종교에 의해 핍박을 받는지를 보았다. 헛소문들과 반대와 정죄 등이 이방인들이 아닌 기독교, 심지어 몇몇 선교회들로부터 왔다. 마귀는 간교하다. 세속 세계는 이른바 종교인들이 하는 것만큼 우리를 반대하지 않는다. 많은 그리스도인들은 종교가 좋은 것이라고 생각하지만, 실상 그것은 마귀에 의해 이용되는 것이다. 갈라디아서를 읽어보면 당신은 바울이 유대 종교 안에 있을 때 얼마나 집요하게 교회를 핍박했는가를 볼 것이다. 갈라디아서 1장은 종교가 그리스도를 적대하며, 그리스도는 종교와 대립된다는 것을 계시한다. 만일 우리가 종교와 협력한다면 어떤 형태의 타협적인 화평이 생길 것이다. 그러나 어찌 우리가 종교와 함께할 수 있는가? 그것은 매우 간교하며 거짓된 것이다. 즉 그것은 하나님의 경륜의 모조품이다. 종교가 하나님의 경륜의 모조품임을 본 사람마다 그것을 정죄할 것이다.

B. 지금도 예수께서는 그분을 따르는 자들과 함께 핍박을 받으심

우리가 종교와 협력하지 않기 때문에 종교는 우리를 핍박한다. 오늘날 우리가 받고 있는 핍박은 예수 안에서이다. 그분은 지금도 그분을 따르는 자들과 함께 핍박을 받고 계신다(행 9:4-5). 오늘날 우리가 고난받고 있을 때, 그분은 우리 안에서 우리와 함께 고난을 받으신다. 다소의 사울이 예수의 이름을 부르는 모든 자들을 체포할 의도를 가지고 다메섹으로 여행하고 있었을 때 주 예수께서 그를 땅에 거꾸러뜨리시고 말씀하셨다. 『사울아, 사울아, 네가 어찌하여 나를 핍박하느냐?』(행 9:4). 사울이 『주여, 뉘시오니까?』라고 말했을 때 예수께서는 『나는 네가 핍박하는 예수라』고 대답하셨다(행 9:5). 사울은 예수를 핍박하고 있다고 전혀 생각지도 못했다. 그는 예수가 무덤 속에 있다고 생각했고 자기는 스데반과 그 외의 예수를 따르는 이들을 핍박하는 중이라고 생각했다. 그러나 주 예수님에 따르면 사울은 그분을 핍박하고 있었다. 왜냐하면 그 당시 그분은 스데반과 베드로와 요한 등 그분의 모든 지체들 안에 계셨고 그들과 하나이었기 때문이다. 오늘날에도 동일하다. 종교인들이 우리를 핍박할 때 예수께서 우리 안에 계시고 우리와 하나이시기 때문에 사실상 예수님을 핍박하고 있는 것이다. 우리는 우리가 체험하고 있는 고난이 예수 안에서의 핍박임을 깨닫고 위로받을 것이다. 우리는 예수 안에서 환난에 동참하는 자들이다.

C. 그분을 따르는 자들도 이 시대 안에서 그분의 능욕을 지고 핍박을 받음

예수님을 따르는 자들도 역시 이 시대 안에서 그분의 능욕을 지고 핍박을 받는다(2:10, 요 16:2, 33, 행 14:22, 히 13:13). 히브리서 13장 13절은 『그러므로 우리가 그분의 능욕을 지고 진영 밖으로 나아가자』라고 말한다. 주 예수님이 땅 위에 계셨을 때 그분은 종교로부터 능욕을 당하셨다. 이제 그분을 따르는 자들인 우리도 반드시 종교로부터 능욕을 당하며 그분의 능욕을 짊어져야 한다. 이것이 예수 안에서 환난에 동참하는 자가 되는 것이다.

그러나 어떤 고난들은 우리가 예수를 따르는 데서 생기는 것이 아니라 우리의 어리석음 때문에 초래된다. 이런 고난은 예수 안에서의 고난이라고 합당하게 불리울 수 없다. 우리 중 누구도 어리석게 행동함으로써 어려움을 일으키지 말아야 한다. 그러나 우리는 반드시 주님의 간증에 대해 정직하고 신실해야 한다. 만일 우리의 정직함과 신실함이 고난과 핍박을 가져다 준다면 그것은 예수 안에서의 핍박이요 우리와 함께하는 예수의 고난이다.

종교의 핍박을 면하는 것은 불가능하다. 원수가 전보다 훨씬 극심하게 종교를 이용하고 있기 때문에 우리는 핍박에서 벗어날 수 없다. 종교만큼 하나님의 경륜을 저해하는 것은 없다. 종교가 행하는 것보다 더 사람들로 하나님의 경륜을 보지 못하게 눈멀게 하고 덮어버리고 가리우는 것은 아무 것도 없다. 수백만의 사람들이 그것 때문에 눈이 멀었다. 온 세계에 걸쳐서 종교는 하나님의 경륜을 보지 못하게 하려고 눈멀게 하고 사람들의 눈을 가린다. 이것 때문에 전쟁이 일어나고 있다. 이 전쟁에서 우리는 나팔을 불고 말해야 한다. 『종교야, 물러가

라. 여러분의 눈에서 종교적인 휘장을 찢어 버리고 여러분의 종교 관념들을 버리시오.』 우리가 이렇게 할 적마다 반대가 일어난다. 어느 좋은 친구들은 내게 와서 조금만 타협하라고 권면한다. 그러나 우리는 결코 타협하지 않을 것이다. 주 예수의 오심을 기다리는 자들은 반드시 그분의 고난에 참여해야 한다. 단지 이렇게 말하지 말라. 『주 예수여. 당신을 사랑합니다. 속히 오시옵소서.』 만일 이렇게 말한다면 주님은 이렇게 대답하실 것이다. 『나는 네가 나를 위해서, 그리고 나와 함께 고난받기를 원한다.』 핍박을 피하려고 하지 말라. 만일 우리가 핍박을 피하려고 영리함을 사용한다면 우리는 주님의 오심을 기다리는 합당한 사람이 아니다. 만일 당신이 진정으로 그분의 재림을 기다린다면 종교적인 박해가 당신을 대항해서 일어날 것이다. 그러나 우리는 어리석게 행동함으로써 핍박을 야기하지 말아야 한다. 이 문제에 있어서 우리는 뱀처럼 지혜로워야 하고 비둘기처럼 순결해야 한다(마 10:16).

Ⅱ. 예수 안에서 왕국에 동참하는 자

우리가 예수 안에서 환난에 동참하는 자라면, 우리는 왕국에 동참하는 자들이다. 예수 안에서 환난에 참예하는 것은 왕국에 참예하는 것이다. 만일 당신이 환난이 무엇인지 모른다면 당신은 왕국이 무엇인지 모르는 것이다.

A. 예수께서 땅 위에 계셨을 때 왕국이 그분과 함께 있었음

많은 그리스도인들이 왕국에 대한 잘못된 관념을 갖고 있다. 어떤 이들은 왕국이 이미 왔지만 그것은 거절되었고 연기되었다고 말한다. 이런 관념을 갖고 있는 이들은 왕국이 왔었는데 그것은 거절되고 연기되었으며 장래에 내려올 것이라고 말한다. 이 가르침에 의하면, 주 예수께서 다시 오실 때 그분은 자신과 함께 이 연기된 왕국을 가지고 오신다고 한다. 이것은 그저 공허한 교리에 불과하다. 왕국은 예수께서 땅에 계셨을 때 그분과 함께 계셨다. 주 예수님은 바리

새인들에게 『하나님의 왕국은 볼 수 있게 임하는 것이 아니요 또 여기 있다 저기 있다고도 못하리니 하나님의 왕국은 너희 안에 있느니라』(눅 17:20-21)고 말씀하셨다. 이 부분의 말씀에서 우리는 왕국이 예수님이 계시는 곳이면 어느 곳에나 있음을 본다. 마태복음 12장 28절에서 주님은 『그러나 내가 하나님의 영을 힘입어 귀신을 쫓아내는 것이면 하나님의 왕국이 이미 너희에게 임하였느니라』고 말씀하셨다. 이것은 그분이 땅 위에 계시는 동안 왕국이 주님과 함께 있었음을 뜻한다.

B. 그분의 믿는이들이 거듭나 왕국 안으로 들어감

예수를 믿는이들은 거듭나서 왕국 안으로 들어갔다. 요한복음 3장 5절이 이것을 입증한다. 이 구절에서 예수께서는 니고데모에게 『진실로 진실로 내가 너희에게 이르노니 사람이 물과 성령으로 거듭나지 않으면 하나님의 왕국 안으로 들어갈 수 없느니라』고 말씀하셨다. 우리는 거듭나서 왕국 안으로 들어갔다. 만일 왕국이 연기되었다면 어떻게 우리가 거듭남으로써 왕국 안으로 들어갈 수 있겠는가? 그러면 도대체 우리는 거듭나서 어디 안으로 들어갔단 말인가? 요한복음 3장이 분명하게 진술하듯이 우리는 거듭나서 왕국 안으로 들어갔다.

C. 오늘날의 교회 생활이 왕국임

마태복음 16장 18절과 19절에서 주님은 베드로에게 『내가 이 반석 위에 내 교회를 세우리니 음부의 권세가 이기지 못하리라 내가 천국 열쇠를 네게 주리니』라고 말씀하셨다. 이것은 합당한 의미에서 교회가 왕국임을 보여 준다. 로마서 14장 17절 역시 교회 안에 있는 우리가 왕국 안에 있음을 가리킨다. 합당한 교회 생활은 왕국 생활이다.

왕국이란 무엇인가? 그것은 신성한 본성 안에서의 하늘에 속한 다스림(heavenly rule)이다. 우리 모두 신성한 생명으로 거듭났다. 이 생명 안에는 신성한 본성이 있고 이 신성한 본성에는 하나의 다스림, 지배, 통치가 있다. 이 통치는 신성한 동시에 하늘에 속한 것이다. 우리 거듭난 이들은 오늘날 이 다스림 아래에 있다. 즉 우리는 이 통치와 통제 아래 있다. 우리는 이 다스림을 스스로에게 행사해야 한다. 만일 당신이 여전히 다른 누구에 의해 다스려질 필요가 있다면, 그것은 당신이 타락했음을 의미한다. 우리는 우리가 하는 모든 것에서 하늘에 속한 다스림 아래 있어야만 한다. 지난 메시지에서 우리는 그리스도의 싸우는 군대가 되는 것에 관해 말했다. 그러나 만일 당신이 신성한 생명의 다스림 아래 있지 않다면 당신은 결코 그분의 군대 안에 있도록 선택되지 않을 것이다. 그분의 군대 안에 있도록 선택되는 것은 신성한 본성 안에 있는 하늘에 속한 다스림에 복종하느냐에 달려 있다. 신성한 생명은 우리를 신성한 왕국 안으로 이끈다. 요한복음 3장 5절에서 우리가 거듭나 들어간 그 왕국은 계시록 1장 9절에서 요한이 언급한 바로 그 왕국이다. 만일 우리가 거듭나 그 안으로 들어가지 않았다면, 어떻게 우리가 왕국에 동참하는 자가 될 수 있겠는가? 거듭나 왕국 안으로 들어간 후에 우리는 그 안에 남아 있어야 한다. 만일 당신이 여전히 남편이나 아내와 다툰다면, 그것은 당신이 왕국에서 도망 나온 자임을 뜻한다. 만일 당신이 왕국 안에서 머무르고 산다면 당신은 결코 자기 남편이나 아내 혹은 기타 다른 이들과 싸우지 않을 것이다. 비록 원수가 당신을 싸우도록 유혹한다 해도 하늘에 속한 왕국의 지배는 당신을 억제할 것이다.

D. 그분의 믿는이들이 왕국을 위해 핍박을 받음

오늘날 예수 안에 있는 왕국 안에 있는 것은 영광이 아니다. 예수 안에 있는 왕국이 그리스도 안에 있는 왕국이 될 때, 바로 그 때가 영광의 때이다. 오늘날 예수 안에 있는 왕국은 고난의 왕국이다. 마태복음 5장 10절부터 12절 사이에서 주님은 그분의 믿는이들이 왕국을 위해 핍박받으리라고 말씀하셨다. 만일 우리가 의(義)를 위해 핍박받는다면 우리는 왕국 안에 있는 것이다. 우리는 할 수 없는 어떤 것들이 있다. 왜냐하면 그것들은 불의이기 때문이다. 오늘날 전 인류는 의롭지 못하다. 만일 우리가 이 불의에 동의한다면 사람들은 우리를 환영할 것이다. 그러나 우리가 의(義)의 편에 선다면 사람들은 우리를 반대하고 핍박할 것이다. 왕국을 위해 핍박받음은 오늘날 우리가 하나님의 왕국 안에 있음을 입증해 준다. 오늘날 왕국 안에 있는 것이 영광이라고 생각지 말라. 아니다. 지금 왕국 안에 있다는 것은 수치를 당하고 핍박을 받는 것이다. 우리가 왕국 안에 있으면 있을수록, 더욱더 우리는 고난을 당하고 핍박을 당할 것이다. 그러나 주님을 찬양하자. 이 고난은 우리가 왕국 안에 있다는 강한 표시이다.

오늘날 왕국 안에 있는 것은 예수 안에서의 고난 안에 있는 문제이다. 비록 우리가 예수 안에서 왕국에 동참하는 자일지라도, 우리는 아직 그리스도 안에서 함께 왕노릇하는 자들이 아니다. 그분이 다시 오실 때 우리는 그리스도 안에 있는 왕국 안에서 그분과 함께 왕노릇하는 자들이 될 것이다. 그 때 우리는 더 이상 고난받지 않을 것이다. 다른 사람들에게 이렇게 말하지 말라. 『당신은 반드시 나를 존경해야 한다. 나는 하늘에 속한 왕국 안에 참여한 사람이다. 어느 날 나는 왕국 안에서 그리스도와 함께 왕노릇하는 자가 될 것이다.』 당신이 이렇게 말할수록, 더욱더 당신은 핍박받게 될 것이다. 오늘날은 다스리는 때가 아니요 고난받는 때이다. 지금 우리는 다스리는 왕국 안에 있지 않고 고난받는 왕국 안에 있다. 이런 이유로 바울은 우리가 반드시 많은 환난을 통하여야 하나님의 왕국 안으로 들어가게 된다고 말했다(행 14:22). 지배하는 왕국 안으로 들어가는 길은 고난을 통해서 된다. 사도행전 14장 22절에서 바울이 언급한 환난은 주로 유대 종교의 손에 의한 핍박이다. 그리스도 안에 있는 모든 이들은 이런 류의 핍박을 겪는다. 바울은 마치 이렇게 말하고 있는 듯하다. 『예수를 믿는 자들인 여러분 그리스도인들은 반드시 유대 종교로부터 핍박을 받아야 한다.』 원칙에 있어서 오늘날에도 마찬가지이다. 만일 오늘날 세상에 종교가 없다면 우리는 그리 많은 핍박을 받지 않을 것이다. 이미 지적했듯이 대부분의 어려움들과 핍박들과 악한 헛소문들과 반대들은 거슬러 올라가 보면 한 근원—종교—에서 비롯된다. 우리가 오늘날 고난받고 있는 동안 우리는 왕국 안에 있다. 그곳에서 우리는 그리스도의 군대가 되도록 그리고 그분과 함께하는 왕들로서 그분의 왕국 안에서 다스릴 수 있도록 훈련받고 단련되고 준비하고 자격을 갖추고 있는 중이다.

Ⅲ. 예수 안에서 인내에 동참하는 자

1장 9절에서 요한은 또한 자기가 예수 안에서 인내에 동참하는 자라고 말한다. 환난과 왕국 양자 모두를 위해 우리에게는 인내가 필요하다. 많은 성도들이—심지어 주의 회복 안에 있는 우리 가운데에도—인내가 부족하다. 어떤 이들은 그들의 친척과 친구와 이웃으로부터 핍박을 받았지만 결국 그들은 인내의 공급을 고갈시키고 말았다. 그들은 어느 일정 기간 동안 핍박을 견딜 수 있었지만 보다 오랜 세월 동안 그것을 참을 인내가 부족했다. 주 예수님이 땅 위에 계셨을 때 그분은 핍박을 견디셨다(히 12:2-3). 그리고 그분은 오늘날에도 여전히 사람들의 반대와 능욕을 견디고 계신다. 오늘날조차도 사람들이 주 예수님을 얼마나 반대하고 조롱하고 있는지 생각해 보라. 한편으로 그분은 하늘 안에 앉아 계시지만, 다른 한편으로 그분은 아직도 조롱 당하고 반대당하고 핍박받고 계신다. 우리 중 많은 이들이 주 예수께서 그분을 조롱하는 자들에게 이렇게 말씀하시기를 기대하고 있는지도 모른다. 『회개하라. 그렇지 않으면 나는 너를 멸하기 위해 대지진을 보낼 것이다』. 주 예수님은 거의 이십 세기 동안 조롱을 받아 오셨다. 그러나 그분은 응수하여 싸우지 않으셨다. 오히려 그분은 이 모든 공격들을 계속해서 받아 오셨다. 어떤 이들은 『예수여, 나는 당신을 미워합니다.』라고 말할지 모르지만, 그분으로부터 반응이 없다. 이것이 예수의 인내이다.

우리 중 많은 이들이 예수의 인내를 들어 본 적이 없다. 우리는 예수의 능력, 예수의 사랑, 예수의 거룩, 예수의 의는 들어보았지만 예수의 인내는 들어보지 못했다. 그럼에도 불구하고 우리가 그리스도 안에서 살 때, 우리는 그분의 생명과 거룩에 참여할 뿐 아니라 그분의 인내에도 참여한다. 우리가 그리스도 안에 거할 때 우리는 고난과 반대를 짊어질 수 있도록 그분의 인내에 참여하고 그 인내를 소유한다. 주의 말씀은 심지어 인내의 말씀이라고도 불리운다(3:10). 오늘날 온 세계가 그분을 반대하고 거절하고 있다. 그러나 그분은 되받아서 싸우지 않으신다. 이제 우리는 그분과 교통하고 그분 안에 거함에 따라 그분의 인내에 참여한다. 그분을 따르는 자들인 우리는 반드시 인내로써 동일한 행로 위에서 그분을 따라야 한다(히 12:1). 이런 식으로 우리는 핍박과 악한 헛소문들과 거절과 반대를 견딜 수 있다. 이것은 우리가 주님의 재림을 기다리고 있는 자들이라는 강한 증거이다. 우리가 그분의 핍박과 왕국과 인내에 동참하는 자가 됨으로써 그분의 재림을 기다릴 때, 우리는 그분의 싸우는 군대가 될 수 있도록 훈육되고 훈련되고 준비되고 자격을 갖추고 있는 것이다. 당신은 주 예수님이 다시 오시는 것을 기다리고 있는가? 만일 그렇다면 당신 역시 그분의 환난과 왕국과 인내에 동참하는 자가 되어야 한다.

계시록 7

지방 교회들

계시록은 매우 잘 구성되어 있다. 겉으로 보기에는 1장에 포함된 각종 요점들이 서로 관련이 없는 것처럼 보인다. 그러나 만일 우리가 체험의 관점에서 그것들에 접근해 본다면, 그것들은 서로 매우 훌륭한 순서를 따르고 있음을 보게 될 것이다. 지난 두 메시지에서 우리는 주님의 재림 문제와 그분의 환난과 왕국과 인내에 동참하는 자가 됨으로써 우리가 그분을 기다리는 문제를 다루었다. 이 메시지에서 이제 우리는 지방 교회들에 이르렀다. 지방 교회들에 관한 이 메시지는 마치 앞의 두 메시지들과 아무 관련이 없는 것처럼 보일지도 모른다. 그러나 우리의 체험에 따라 우리는 이 세 메시지들이 상호 관련되어 있음을 알 수 있다. 주님의 재림은 예수 안에 있는 환난과 왕국과 인내에 어느 정도 참여할 것을 요구한다. 그렇게 하는 최상의 길은 지방 교회들 안에 있는 것이다. 교회 밖에서 이 세 가지 것들에 참여하기란 어렵다.

Ⅰ. 성경 안에 있는 신성한 계시의 전진(前進)

우리는 성경 안에 있는 신성한 계시의 전진을 살펴보는 방식으로 지방 교회들에 접근할 것이다. 성경 안에 있는 신성한 계시는 하나님으로 시작해서 지방 교회들로 최종 완성된다. 창세기의 처음 두 장은 구약 전체와 더불어 하나님 자신에 대한 계시이며, 사복음서는 그리스도에 대한 계시이다. 이 사실은 하나님으로부터 그리스도까지에 이르는 신성한 계시 안에서의 전진을 계시한다. 사복음서에 이어서 우리는 사도행전과 서신서들을 갖는다. 그것들은 주로 그 영이신 그리스도에 대한 계시이다. 그러므로 그 영에 대한 계시는 성경 안에 있는 신성한 계시의 연속이다. 이에 이어서 교회가 계시된다. 이와 같이 성경에는 네 가지 주요 부분—하나님의 부분, 그리스도의 부분, 그 영의 부분, 교회의 부분—의 신성한 계시가 있다.

유대인들은 오직 이 계시의 한 부분만을 갖고 있다. 왜냐하면 구약 39권은 오직 하나님에 관한 계시만을 다루고 있기 때문이다. 대부분의 그리스도인들은 구약에 더하여 사복음서를 갖고 있으므로 그보다 더 많이 갖고 있다. 비록 그들이 온 성경을 갖고 있다 해도, 실질적으로 그들은 구약과 복음서들 밖에는 갖고 있지 않다. 그들은 하나님을 구약에 계시된 대로 알 것이며, 그리스도에 관한 복음서들 안에 있는 이야기들을 알 것이다. 그러나 그들은 생명의 영이나 교회는 전혀 알지 못한다. 많은 그리스도인들의 관념 안에서 교회란 물질적인 건물이다. 주일 아침에 많은 부모들이 자녀들에게 이렇게 말한다. 『자, 교회 가자.』 그들의 관념에 따르면 교회란 높은 탑을 가진 건물이거나 큰 성당이다. 그들은 거룩한 말씀 안에 계시된 대로의 교회에 관해서는 전혀 모르고 있다.

하나님께 감사하는 것은 지난 2세기 동안 다른 어떤 그리스도인들이 구약과 복음서들뿐 아니라 서신서들도 가짐으로써 성경 지식이 진보했다는 것이다. 이 그리스도인들은 하나님과 그리스도와 그 영을 안다. 물론 그들은 생명의 영에 관해서는 많이 알지 못한다. 그들은 주로 그 영을 침례를 위한 능력의 영으로 알고 있다. 그들은 내주하는 영을 거의 알지 못한다. 비록 이런 그리스도인들이 교회에 관해 약간 알고 있다 해도 그들은 오직 우주 교회만 볼 뿐 지방 교회들은 보지 못한다. 그러나 계시록의 처음 세 장은 우주 교회에 관한 것이 아니다. 그것들은 뚜렷하게 지방 교회들에 관한 것이다.

오늘날 주의 회복 안에 있는 우리들은 온 성경—구약, 복음서, 사도행전, 서신서들, 계시록—을 다 갖고 있다. 나는 7년 반 동안 형제회에 있었다. 그 동안 우리는 다니엘서와 계시록에 상당한 주의를 기울였다. 그러나 계시록에 관해 내가 들은 것의 대부분은 짐승들과 열 뿔에 관한 것이었다. 나는 계시록에 지방 교회들이 있다는 인상을 전혀 갖지 못했다. 심지어 나는 새 예루살렘에 관해서도 많이 들어보지 못했다. 내가 들은 것이란 겨우 그것이 하늘에 속한 큰 저택을 가진 하늘에 있는 성(城)이라는 것과 그 도로는 금으로 포장되었다는 것과 그 문들은 진주로 되었다는 것뿐이었다. 주님을 찬양하자! 오늘날 우리의 계시록은 이와 같은 것이 아니다! 우리의 계시록에는 그 가운데 인자가 계시는 지방 교회들이 있으며 그리스도를 그 중심과 전체로 갖고 있는 새 예루살렘이 있다.

A. 하나님에 대해

이제 우리는 성경 안에 있는 신성한 계시의 진보를 더 상세히 살펴보자. 먼저 하나님은 그분 자신을 우리에게 계시하신다(창 1:1). 창세기 1장 26절에서 하나님은 히브리어로 능하신 분을 뜻하는 엘로힘(Elohim)으로 계시된다. 하나님(God)이란 영어 단어는 엘로힘이란 히브리어의 번역이다. 이에 이어서 창세기 2장 7절에서 하나님은 「나는 … 이다(I am that I am)」를 의미하는 여호와로 계시된다. 하나님은 위대하신 「나는 … 이다」인 분이요 영원히 존재하는 분이시다. 영원히 존재하는 분이신 그분은 모든 적극적인 것의 실제이시다. 여호와라는 본 이름은 사람과 관계 있는 하나님을 나타낸다. 그분의 창조에 대하여는 하나님이 엘로힘으로 계시되며, 그분의 사람과의 관계에 대하여는 여호와로 계시된다. 여호와는 예수란 이름의 구약 형태이며, 예수는 여호와의 신약 형태이다. 달리 말해서 구약에서 예수는 여호와로 불리웠고 신약에서 여호와는 예수라고 불리운다. 39권을 포함하는 구약 전체는 주로 두 가지 신성한 명칭—엘로힘과 여호와—에 대한 계시이다.

B. 그리스도에 대해

신성한 계시의 진보에 있어서 둘째 단계는 그리스도에 대한 계시이다(마 1:1). 어느 날 하나님은 예수 그리스도라 불리우는 사람으로 성육신 되셨다. 이렇게 하여 우리는 구약에 이어서 예수 그리스도라 이름하는 놀라운 인격체를 계시하는 사복음서를 갖는다. 예수란 이름은 주로 구원자(마 1:21)를 뜻하고 그리스도란 명칭은 주로 기름 부음 받은 자(마 16:16)를 뜻한다. 예수는 단지 우리의 구원자이실 뿐 아니라 하나님께 기름 부음 받은 자, 즉 오늘날의 용어를 쓰자면 하나님이 임명하신 자이시기도 하다. 하나님은 그분의 영원한 목적을 수행하도록 그분을 임명하셨다. 그분은 우리를 구원하기 위한 예수이실 뿐 아니라 하나님의 영원한 계획을 수행하기 위한 그리스도이기도 하다.

그리스도께서 하나님의 영원한 계획을 수행하시기 위해서 그분에게는 교회가 필요하다. 그리고 교회를 산출하기 위해서는 두 가지－구속과 생명의 분배－가 필요하다. 타락한 피조된 사람을 구속하신 후에 그리스도는 구속받은 믿는이들 안에 나눠 주셔야만 했다. 이를 위해 생명의 영, 곧 생명 주는 영이 필요하다. 그러므로 사복음서에 이어서 우리는 사도행전과 서신서들에서 구속과 생명의 나눠줌을 갖는다. 이 책들에서는 그리스도의 피가 자주 언급된다. 피와 아울러 우리는 그 영을 갖는다. 피는 구속을 위한 것이고 그 영은 생명을 나눠주기 위한 것이다. 구속되고 거듭난 후에 우리는 교회인 그리스도의 몸의 산 지체들이 된다. 교회인 몸은 그리스도가 하나님의 영원한 경륜을 수행하는 수단이다. 이로써 우리는 하나님의 경륜에서 교회가 매우 중대한 문제임을 보게 된다. 교회가 없이는 그리스도께서 어느 것도 이루실 수 없다. 만일 그분이 하나님의 영원한 계획을 수행하시려면 반드시 교회를 가지셔야 한다.

C. 그 영에 대해

하나님은 엘로힘과 여호와로 계시되고 그리스도는 예수와 그리스도로 계시된다. 그러나 그 영에 대한 계시는 간단하지 않다(마 28:19). 그보다 그것은 비밀이다. 하나님에 대한 계시로 인해 싸워 본적이 있는 그리스도인은 거의 없으며 그리스도에 대한 계시 때문에 싸워 본 적이 있는 그리스도인도 많지 않다. 그러나 우리가 그 영의 문제에 이르게 될 때, 그 영에 대한 계시는 비밀이기 때문에 논란이 많다. 그 영은 생명과 관련되기 때문에 비밀스럽다. 그 영에 대한 계시에는 많은 방면들이 있다. 진리 혹은 실제의 영(요 14:16-17), 생명의 영(롬 8:2), 능력의 영(눅 24:49), 하나님의 영(롬 8:9), 그리스도의 영(롬 8:9), 예수의 영(행 16:7), 예수 그리스도의 영(빌 1:19), 성령(행 5:32), 일곱 영들(계 1:4, 4:5, 5:6) 등이다.

당신은 생명의 영과 능력의 영의 차이를 알고 있는가? 이른바 오순절 혹은 초자연적 은사주의 운동 안에 있는 이들은 능력의 영을 많이 말한다. 그들이 참된 능력을 가졌는지의 여부는 오직 주님만이 아신다. 나는 소위 방언 말하기에 대해 많이 들어보았지만, 이들 방언 말하는 자들의 일에서 능력을 본 적이 없다. 성령 침례는 사람들에게 능력을 부여한다. 그러나 오늘날 수많은 가상적인 방언 말하는 이들은 방언을 말하지 않는 이들과 마찬가지로 능력이 없다. 그들은 불규칙적으로 재잘대는 능력은 가졌을지 모르지만, 영혼을 구원할 능력은 없다. 비록 어떤 이들은 결코 그런 「방언」을 말해 본 적이 없지만, 수천 명의 사람들이 그들의 말씀 전파로 구원받았다. 그것이 참 능력이다. 이른바 초자연적 은사 운동 안에는 참 능력이 없을 뿐 아니라 생명도 없다. 방언을 말한 후에 많은 이들이 자기 아내와 싸우거나 담배를 피운다. 이것이 생명인가? 그렇지 않다. 생명은 사람들을 변화시킨다. 우리에게는 능력의 영과 생명의 영이 둘 다 필요하다.

우리는 예수의 증거(간증)를 위해 여기에 있다. 이 증거는 하나의 용어나 형식이 아니다. 그것은 생명이다. 그분이 우리 안에 더 많은 생명을 넣어주시도록 그분께 우리 자신을 활짝 열어드리는 것이 얼마나 필요한지. 만일 우리가 진실로 그리스도를 우리 생명으로 가졌다면 우리는 그리스도 안에서 행하고 살고 행동할 것이다. 이제 우리는 왜 서신서들이 그 영에 관해 거듭 말하는지를 이해할 수 있다. 우리가 보았듯이 계시록은 하나님의 일곱 영을 말한다. 교회 생활을 위해서는 이 강화된 영이 필요하다. 이 강화된 영으로부터 참 교회가 출현한다. 나는 어떤 진정한 오순절의 은사들을 반대하지는 않으나 과거에 나는 이른바 오순절 운동에 의해 세워진 합당한 교회를 하나도 본 적이 없음을 간증할 수 있다. 오늘날 가톨릭의 초자연적 은사 운동을 살펴보라. 그것은 마리아 숭배로 가득 채워져 있다. 만일 이 운동이 합당하다면 어찌 우상 숭배를 용납할 수 있겠는가? 오물이 눈덩이에는 덧붙여질 수 있으나 다이아몬드에는 안 된다. 이른바 초자연적 은사 운동은 더러운 것들이 더해질 수 있는 눈덩이와 같다. 우리 눈이 열려서 오늘날 하나님은 참되고 살아 있고 실질적인 지방 교회들을 갈망하신다는 것을 보아야 한다.

D. 교회에 대해

이제 우리는 신성한 계시의 마지막 부분 곧 교회에 대한 계시에 이르렀다. 간교한 원수인 사탄은 그리스도인들이 참 교회가 무엇인지 알기를 원치 않기 때문에 교회를 아는 것은 어렵다.

1. 우주적인 교회

그리스도의 몸인 교회(고전 12:12-13)는 우주적으로 하나이다(엡 1:22-23, 4:4-6). 유일한 머리이신 그리스도는 그분의 참된 모든 믿는이들로 조성되는 유일한 하나의 몸을 가지셨다.

2. 지방 교회들

그리스도의 몸인 우주적인 교회는 지방 교회들을 통해 표현된다. 지방적인 교회들은 그리스도의 한 몸의 표현들로서(계 1:12, 20), 지방적으로 하나이다(행 8:1, 13:1, 롬 16:1, 고전 1:2). 계시록 1장 4절은 『요한은 아시아에 있는 일곱 교회들에게 편지하노니』라고 말한다. 아시아는 고대 로마 제국의 한 주(州)로서 1장 11절에 언급된 일곱 도시들이 있었다. 그 일곱 교회들은 각기 일곱 도시들 안에 있었으며 모두 한 도시에 있는 것이 아니다. 이 책은 하나의 우주적인 교회를 다루는 것이 아니라 많은 도시들 안에 있는 지방 교회들을 다룬다. 마태복음 16장 18절에서 교회가 처음 우주적으로 계시되었고, 그 다음에는 마태복음 18장 17절에서 지방적으로 계시되었다. 사도행전에서는 교회가 예루살렘에 있는 교회(8:1), 안디옥에 있는 교회(13:1), 에베소에 있는 교회(20:17), 수리아와 길리기아 주(州)에 있는 교회들(15:41) 등과 같은 지방 교회들 형식으로 실행되었다. 몇몇 개인들에게 쓴 몇 가지를 제외하고는 모든 서신들이 지방 교회들에게 쓰여진 것이다. 우주적인 교회에게 쓰여진 것은 하나도 없다. 지방 교회들이 없으면 우주적인 교회의 실행성이나 현존성이 없다. 우주적인 교회는 지방 교회들 안에서 실제화된다. 교회를 우주적으로 아는 것은 반드시 교회를 지방적으로 아는 것으로 완성되어야 한다. 지방 교회들을 알고 실행하는 것은 우리에게 커다란 전진이다. 교회에 대하여 계시록은 전진된 단계 안에 있다. 왜냐하면 그것은 지방 교회들에게 쓴 것이기 때문이다. 만일 우리가 이 책을 알고자 한다면 반드시 우주적인 교회를 이해하는 데서 지방 교회들을 깨닫고 실행하는 데까지 전진해야 한다. 오직 지방 교회들 안에 있는 자들만이 이 책에 있는 이상들을 볼 수 있는 올바른 각도와 합당한 관점을 가지고 올바른 위치에 놓여 있다.

1장 11절에서 음성이 요한에게 들리기를 『네가 보는 것을 책에 써서 에베소, 서머나, 버가모, 두아디라, 사데, 빌라델비아, 라오디게아 일곱 교회에 보내라』고 했다. 이 구절은 매우 중요한 방식으로 구성되어 있다. 이 구절에서 우리가 알 수 있는 것은 이 책을 「일곱 교회들에게」 보내는 것이 곧 그것을 일곱 도시들에게 보내는 것과 같다는 것이다. 이것은 초기에 교회 생활의 실행이 한 도시 한 교회, 한 교회 한 도시였음을 분명히 보여 준다. 어느 도시에도 하나 이상의 교회가 없었다. 이것이 가(街)의 범위나 구역의 범위가 아닌 도시 범위의 지방 교회이다. 한 지방 교회의 관할 지역은 그 교회가 있는 온 도시를 망라해야 하며 도시의 경계보다 더 크거나 작아서는 안 된다. 그 경계 속에 있는 모든 믿는이들은 그 도시 안에 있는 유일한 하나의 지방 교회를 구성해야 한다. 그러므로 한 교회는 한 도시에 상응하고, 한 도시는 한 교회에 상응한다. 이것이 우리가 말하는 지방 교회들이다.

계시록 1장 4절은 「일곱 교회들」을 말한다. 일곱은 하나님의 역사에 있어서 완성을 위한 수로서 하나님의 창조를 위한 칠 일(창 1:31-2:3), 땅 위에서 하나님의 움직이심을 위한 일곱 인들(5:5), 일곱 나팔들(8:2), 일곱 대접들(15:7) 등과 같은 것이다. 그러므로 일곱 교회들은 하나님의 움직이심이 완성되기 위한 것이다.

교회는 그 표현을 가질 필요가 있다. 만일 우리가 교회의 표현은 갖지 않은 채 교회에 관해 말한다면 우리의 말은 전적으로 이론적인 것이요 실질적인 것이 아니다. 교회가 참되고 실질적이려면 지방 교회들이 필요하다. 만일 지방 교회들을 갖지 않는다면 당신은 교회를 갖지 못한다. 마찬가지로 만일 당신이 지체들을 갖지 않는다면, 당신은 몸을 갖지 못한다. 만일 당신이 지방 교회를 갖지 않는다면, 당신은 우주적인 교회를 갖지 못한다. 왜냐하면 우주 교회는 마치 사람의 몸이 많은 지체들로 구성된 것처럼 모든 지방 교회들로 구성되기 때문이다. 단지 우주 교회만 갖는 것은 허영의 시장 〔Vanity Fair: 존 번연의 천로역정에 나오는 시장(市場) 이름〕 안에 있는 것이다. 그러나 우리는 실질적으로 지방 교회들을 갖고 있다. 만일 우리가 교회가 어디 있느냐는 질문을 받는다면, 우리는 아나하임, 샌프란시스코, 시카고, 뉴욕 기타 많은 지방들에 있는 교회들을 지적해 줄 수 있다.

어떤 그리스도인 친구들은 『왜 당신은 당신들만이 교회이고 우리는 교회가 아니라고 하는가?』라고 말하면서 나와 논쟁했다. 때때로 나는 이렇게 대답했다. 『만일 여러분이 교회라고 말한다면 여러분이 교회라는 것을 보여 주십시오. 교회가 어디에 있는지 내게 보여 주십시오.』 어떤 이들은 그들이 많은 선교사들을 파송 했다고 말하는 것으로 응답했다. 그들은 깊은 속에서 자기들이 교회가 아님을 알고 있다. 사실은 사실이다. 만일 여러분이 교회라면 도대체 왜 스스로를 교회라고 부르지 않는가? 여러분은 여러분 자신이 무엇인지를 안다. 여러분 자신이 아닌 것처럼 가장하거나 꾸미지 말라. 나는 사람이므로 나는 나 자신을 사람으로 인정해야만 한다. 그밖에 내가 무엇을 할 수 있겠는가? 1963년에 나는 미조리 주의 어느 곳에서 말씀 전해 달라는 초청을 받았다. 집회 끝 무렵에 주최자가 일어나서 친절하고 겸손하고 예의 바르게 말했다. 『이 형제님, 왜 여러분은 스스로를 로스앤젤리스에 있는 교회라고 부르는지 말씀해 주시지요.』 나는 대답하기를 『형제여, 만일 우리가 스스로 교회라고 부르지 않는다면 도대체 우리 자신들을 무엇이라고 불러야 합니까? 우리는 단순히 교회입니다. 이것은 진리일 뿐 아니라 사실이기도 합니다.』 우리는 다만 우리들일 뿐이다. 설사 우리가 다른 것인 것처럼 가장하거나 꾸민다 해도 그것은 진실로 우리 자신의 어떠함이 아니다. 주의 회복이 미합중국에 오기 전에는 어떤 그리스도인들도 자기들이 로스앤젤리스에 있는 교회라고 말하지 않았다. 그러므로 우리가 로스앤젤리스에 왔을 때 우리는 스스로를 로스앤젤리스에 있는 교회라고 불러야만 했다.

계시록 1장 20절은, 『네가 본 것은 내 오른손에 있는 일곱 별의 비밀과 일곱 금등대라 일곱 별은 일곱 교회의 사자(使者)요 일곱 등대는 일곱 교회들이니라』고 말한다. 요한이 그리스도의 오른손에 있는 일곱 별들과 그리스도가 한 가운데 있는 일곱 금등대를 보았을 때, 그것은 그에게 비밀이었다. 그는 하늘에 속한 일곱 별들과 일곱 금등대의 의미를 깨닫지 못했다. 그러므로 주님은 그에게 그 비밀을 밝히 드러내시면서 말씀하시기를 『일곱 별은 일곱 교회의 사자(使者)요 일곱 등대는 일곱 교회니라』고 하셨다. 이것의 의미가 비단 요한에게 비밀이었을 뿐 아니라 오늘날 믿는이들에게도 비밀이다. 모든 믿는이들이 교회들과 그들의 사자(使者)들을 보게 되도록 이 비밀이 밝혀지는 것이 필요하다.

금등대들로 상징된 교회들은 어두운 밤에 지방적으로 단체적으로 빛을 발하고 있는 신성한 본성 안에 있는 「예수의 증거(간증)」(1:2, 9)이다. 교회들은 신성한 본성－금(金)－으로 이루어져야 한다. 그들은 어둠 속에서 각각 그리고 단체적으로 빛을 발하는 기름(생명 주는 영이신 그리스도)이 들어있는 등을 지닌 받침대 곧 등대이어야 한다. 그들은 지방적으로는 개별적인 등대들이나 동시에 우주적으로는 등대들의 무리요 집합이다. 그들은 지방적으로 빛을 발할 뿐만 아니라 우주적으로도 지방들과 우주에 대해 같은 간증(증거)을 지니고 있다. 그들은 같은 본성과 같은 모양으로 되어 있다. 그들은 같은 목적을 위해 같은 등을 지니고 있으며 어떤 개별적인 차이점도 없이 서로 완전히 동일시된다. 2장과 3장에 기록된 지방 교회들의 차이는 모두 소극적인 특성들로 된 것이지 적극적인 특성들로 된 것이 아니다. 소극적으로 그들은 자신들의 실패에 있어서 서로 다르며 서로 분리되어 있다. 그러나 적극적으로 그들은 본성과 모양과 목적에 있어서 절대적으로 동일하며 서로 연결되어 있다. 믿는이들이 우주적인 교회를 보는 것은 쉽지만 그들이 교회들을 보는 것은 어렵다. 지방 교회들에 대한 계시는 주님이 교회에 관해서 최종적으로 밝히시는 것이다. 그것은 거룩한 말씀의 마지막 책에서 주어졌다. 교회를 완전하게 알려면 믿는이들은 여기에서 밝혀진 대로 지방 교회들을 볼 수 있을 때까지

복음서들로부터 서신서들을 거쳐 계시록에 이르도록 주님을 따라가야 한다. 계시록에서 첫 번째 이상이 교회들에 관한 것이다. 그리스도를 그들의 중심으로 갖고 있는 교회들은 하나님의 영원한 목적의 성취를 위한 신성한 행정 안에서의 초점이다.

만일 지방 교회들이 없다면 나는 계속 살아 갈 수 없을 것이다. 차라리 나는 죽고 싶을 것이다. 지방 교회들이 없다고 가정해 보자. 그러면 우리는 무엇을 하겠는가? 우리는 목표도 표적도 목적도 없을 것이고, 우리 그리스도인의 생활은 무의미할 것이다. 지방 교회들은 우리 그리스도인 생활의 목표요 표적이요 의미이다. 당신이 지방 교회 생활을 누리고 있을 때는 그것을 별로 귀하게 여기지 않을지도 모른다. 그러나 교회들이 없어져 버린다면 당신은 모든 축복이 박탈되었음을 깨닫게 될 것이다. 교회 생활 없이 우리는 살 수 없다. 왜냐하면 오늘날 그리스도인으로서의 목표와 의미를 상실하기 때문이다.

나는 우리 모두가, 특히 젊은이들이 하나님의 계시의 종착지는 지방 교회들임을 보기 바란다. 하나님의 계시는 점진적으로 계속되며 오직 그분이 지방 교회들에 도달하실 때에야 멈추게 된다. 하나님은 그분의 계시를 지방 교회들 안으로 가져다 주셨다. 교회들이 계시와 빛과 진리로 충만한 것은 이 때문이다. 교회들 바깥에는 빛과 계시와 양식이 부족하다. 교회들은 하나님의 계시의 목적지이기 때문에 계시가 충만하다. 이와 같이 신성한 계시의 모든 풍성이 이곳에 있다.

만일 당신이 이것을 본다면 당신은 우리가 교회를 위해 지나치게 말하는 것이 아님을 깨달을 것이다. 우리 영이 이에 대해 증거한다. 우리가 지방 교회들을 증거하지 않을 때마다 우리 영은 위축된다. 우리가 영리하게 교회에 대한 토론을 회피함으로써 반대를 일으키지 않으려고 시도할 때마다 우리는 즉시 속에서 죽게 된다. 그러나 우리가 담대하게 지방 교회들을 말할 때 우리는 분발하게 되고 우리 영은 생생하게 불타며 소리치고 부르짖고 심지어는 고함이라도 지르고 싶게 된다. 나는 다른 이들의 마음을 상하지 않게 하는 것이 더 낫다고 생각한다. 그러나 내가 사람들의 마음을 상하게 하지 않으려고 할 때 나는 주님의 마음을 상하게 한다. 그렇지만 내가 지방 교회들은 주님의 목적지라고 사람들에게 역설(力說)할 때 나는 주님이 나와 함께 계심을 감지한다. 온 성경에 따르면 인자(人子)이신 그리스도는 지방 교회들 한 가운데서 행하고 계시는 중이다. 만일 당신이 그리스도를 추구하고 있다면 반드시 지방 교회들로 와야 한다. 인자(人子)께서 교회들 가운데서 움직이시며 그들을 돌보고 계신다. 만일 당신이 이 돌보심에 참여하고자 한다면, 반드시 지방 교회들 안에 있어야 한다. 오늘날 우리의 부담은 하나님의 백성들을 그분의 목표로 이끄는 것이요, 우리의 목적은 성도들로 하여금 하나님의 목적지에 도달하도록 돕는 것이다.

지방 교회들 안으로 들어오기 전에 우리는 방랑자들이었다. 우리는 전에 우리가 집에 왔다거나 우리가 우리의 목적지에 도달했다고 느껴보지 못했다. 그러나 우리가 지방 교회들 안으로 들어온 그 날 우리는 집에 왔음을 깨달았다. 여러 해 동안 방랑한 후에 우리는 마침내 목적지에 도달했음을 알았다. 우리가 처음 교회 생활 안으로 들어왔을 때 깊은 속에 있는 그 무엇이 『여기가 바로 그 곳이다.』라고 말했으며 우리는 집에 있음을 알았다. 우리는 목적지에 도달했기 때문에 더 이상 돌아다닐 필요가 없다. 오늘날 수많은 추구하는 그리스도인들이 떠돌아다니고 있다. 그들은 한 교파에서 다른 단체로 옮겨 다닌다. 그러나 우리가 교회 생활 안으로 들어온 그날 우리의 방랑은 그쳤다. 지방 교회들은 오늘날 하나님이 갈망하시는 것이다. 이것이 그분의 계시의 종착역이다. 우리에게 필요한 것은 다만 지방 교회 생활을 사는 것이다. 우리의 증거(간증)는 우리는 조직이 아니요 그리스도의 몸의 지방적인 표현들이라는 것이다.

Ⅱ. 하나님의 나타나심의 전진

하나님은 그리스도 안에서 체현되시고 표현되시며(요 1:1, 14, 딤전 3:16, 골 2:9), 그리스도는 그 영으로 실제화되고 체험된다(요 14:16-17, 고전 15:45下, 고후 3:17, 롬 8:10, 빌 1:19). 그 영은 그리스도의 몸 곧 그분의 충만인 교회의 바로 그 구성 요소이시다(엡 1:22-23, 고전 12:12). 이제 그리스도의 몸은 모든 지방 교회들 안에서 표현되고 있다. 왜냐하면 지방 교회들은 우주적인 교회의 표현이기 때문이다(1:11-12). 지방 교회들은 몸의 표현이며, 몸은 생명 주는 영이신 그리스도의 실제화이며, 그리스도는 하나님의 체현이시다. 이처럼 지방 교회들 안에서 우리는 하나님, 그리스도, 그 영, 교회를 갖는다. 지방 교회들이 그처럼 풍성한 이유는 이 때문이다. 어디에서 당신은 목적을 가지신 하나님을 만날 수 있는가? 지방 교회들 안에서 이다. 어디에서 당신은 그 모든 풍성을 가진 그리스도를 얻을 수 있는가? 지방 교회들 안에서이다. 어디에서 당신은 강화된 생명 주는 영에 참예할 수 있는가? 지방 교회들 안에서이다. 어디에서 당신은 몸의 실질적인 지체가 될 수 있는가? 지방 교회들 안에서이다. 오! 지방 교회들은 우리에게 너무나 많은 것을 의미한다! 할렐루야! 아멘! 우리는 더 이상 방랑자들이 아니다. 우리는 지방 교회들 안에 있는 사람들이다! 우리는 목적지에 도달했고 집에 왔다. 우리는 영원히 집에 있다! 이곳 교회들 안에서 우리는 목적을 가지신 하나님을 가지며, 풍성을 가진 그리스도를 가지며, 강화된 생명 주는 영을 가지며, 합당한 교회 생활을 갖는다. 이곳에서 성경은 열려 있을 뿐 아니라 실제적이다. 할렐루야! 지방 교회들이여! 우리는 정말로 흥분할 그 무엇을 갖고 있다!

하나님의 계시는 하나님 자신으로부터 시작되었으며 지방 교회들 안에 있는 목표에 이를 때까지 그리스도와 그 영으로 계속되었다. 지방 교회들이 없다면 우리는 신성한 계시의 목표를 갖지 못한다. 여기에서 유대인들과 많은 그리스도인들과 이른바 영적인 사람들 가운데 있는 결핍이 무엇인지 자명해졌다. 유대인들은 하나님을 가졌고, 대부분의 그리스도인들은 하나님과 그리스도를 가졌으며, 진보한 그리스도인들은 그 영도 갖고 있다. 그러나 지방 교회들 안에 있는 합당한 교회 생활을 가진 그리스도인들은 극히 드물다. 오늘날 지방 교회들 안에서 우리는 하나님, 그리스도, 그 영, 교회를 갖고 있다.

하나님의 나타나심이 전진한 결과는 교회이다. 하나님은 그리스도 안에서 체현되시고, 그리스도는 우리에게 생명을 나눠주시는 분인 그 영으로 실제화되고 체험된다. 우리가 생명 주는 영이신 그리스도를 체험하고 깨달을 때 그 결과는 교회 생활이다. 교회는 몸이요 그리스도의 충만이다. 이 계시가 진행된 순서는 하나님, 그리스도, 그 영,

교회, 지방 교회들이다. 이것이 그분의 거룩한 말씀 안에 있는 하나님의 계시이다. 이 안에서 우리는 어떻게 하나님이 우리에게 실제화되며, 어떻게 실지로 표현되고 나타나는가를 볼 수 있다.

먼저 하나님은 성육신이 되시는 단계를 취하시고 그리스도 안에서 체현되셨다. 만일 당신이 하나님을 만나기 원한다면 반드시 그리스도를 만나야 한다. 당신은 하나님께 오기를 원하는가? 그러면 당신은 반드시 그리스도께 와야만 한다. 그리스도 밖에서 하나님을 접촉하는 것은 불가능하다. 하나님은 예수 그리스도라는 이름의 실지적이고 참된 사람 안에서 체현되셨다. 당신이 그분을 만날 때 당신은 하나님을 만난다. 당신이 그분을 접촉할 때 당신은 하나님을 접촉한다. 당신이 그분을 얻을 때, 당신은 하나님을 얻는다. 당신이 그분을 영접할 때 당신은 하나님을 영접하는 것이다. 왜냐하면 그분은 바로 하나님 자신의 체현이시기 때문이다. 이 그리스도는 생명 주는 영으로 우리에게 실제화되고 체험된다. 그분은 우리의 구원자요 구속자요 주(主)요, 거룩이요 의(義)이실 뿐 아니라, 바로 생명 주는 영 자신이기도 하다. 우리가 오늘날 실제로 실질적으로 갖고 있는 것은 생명 주는 영이다. 대부분의 그리스도인들이 바로 이 중점을 놓치고 말았다. 왜냐하면 간교한 원수가 이 문제를 감추기 위해서 최선을 다했기 때문이다. 과거 수년 동안 우리는 생명 주는 영이신 그리스도에 관해 많은 메시지를 주었고 많은 책들을 출간했다. 그러나 어떤 그리스도인들은 그것을 보지 못했다. 오히려 그들은 그것을 반대한다. 이것이 원수의 간교함이다.

만일 그리스도가 단지 우리 구원자와 구속자와 주(主)이시기만 하다면 어떻게 교회가 실지적으로 산출될 수 있겠는가? 구원자는 교회를 직접 산출하지 못하며, 주(主) 역시 직접 산출하지 못한다. 교회가 산출되기 위해서는 그리스도가 생명 주는 영이 되어야 할 필요가 있다. 생명 주는 영이신 그리스도를 아는 데 있어서 우리는 우리의 지성(知性)을 의존하지 말아야 한다. 왜냐하면 우리의 지성은 너무 제한되어 있어서 그것을 이해할 수 없기 때문이다. 비록 우리가 그것을 철저하게 이해할 수는 없다 해도, 그것을 체험할 수는 있다. 당신의 체험을 점검해 보라. 당신의 매일의 체험은 당신이 누리는 그리스도가 바로 당신 속에 있는 생명 주는 영임을 증거한다. 그리스도 자신이 놀랍고 비밀스럽고 무한하고 측량할 수 없을 뿐만 아니라 우리가 날마다 누리는 음식조차도 우리의 이해를 넘어선다. 비록 우리가 지성을 사용함으로 음식을 알 수 없지만, 우리는 체험으로 그 맛을 알 수 있다. 체험에 의해서 우리는 음식이 무엇인지를 알 수 있다. 신학적인 말에 주의를 기울이지 말라. 이런 말에 관여하는 사람들은 그들의 지성을 과도하게 사용함으로써 올무에 걸린다. 우리는 신성한 계시 안에 있는 순수한 말씀과 우리의 개인적이고 실지적인 체험만을 주의한다. 우리가 날마다 누리는 그리스도가 생명 주는 영임을 우리 체험이 증거한다. 당신은 속에 살아 계시는 분의 실제를 갖고 있지 않은가? 이분이 바로 우리 영 안에서 누리고 체험하고 참여하는 그리스도이다. 이분이 그리스도 자신이신 생명 주는 영이다. 이와 같이 하나님은 그리스도 안에서 체현되고, 그리스도는 생명 주는 영으로 우리 안에서 실제화되고 체험된다.

이 체험이 교회를 낳는다. 우리가 그리스도를 이런 식으로 더 많이 체험할수록 더욱더 우리는 교회를 사모하게 된다. 이 체험은 깊은 속에 굶주림과 목마름을 생기게 한다. 전에 지방 교회들 안에 있지 않았을 때 우리는 무엇 때문에 굶주림과 목마름이 있게 되는지 분명하게 지적해 낼 수 없었다. 그러나 교회 안으로 들어온 후에 우리는 그리스도에 대한 체험이 교회 생활에 대한 굶주림과 목마름을 생기게 했음을 깨달았다. 우리가 교회 생활 안으로 들어왔을 때 우리의 굶주림과 목마름이 만족되었다. 이 만족함은 우리 속에 그리스도에 대한 더 깊은 감사가 생기게 하고, 역으로 우리로 하여금 그분을 더욱더 누리게 만든다. 우리가 그리스도를 누릴수록 더욱더 교회 생활을 사모하게 되고, 우리가 교회 생활을 사모할수록 더욱더 교회 안으로 뛰어들게 된다. 교회 안으로 뛰어들수록, 더욱더 우리는 그리스도를 귀히 여기고 누리게 된다. 이것이 영광스러운 순환이며 우리는 그 안에 있음을 간증할 수 있다.

이 사역의 목적은 성도들에게 지식을 제공하는 것이 아니다. 그것은 성도들이 그들의 눈과 생각과 마음과 영을 열어 하나님의 계시를 보도록 도우려는 것이다. 우리가 공급하는 것마다 우리의 체험에 상응하는 것이다. 오늘날 우리는 생명 주는 영이신 그리스도에 대한 참된 체험으로부터 나오는 예수의 증거를 위해 여기에 있다. 다시 말하거니와 하나님은 그리스도 안에 체현되시고 그리스도는 생명 주는 영으로 실제화되고 체험되며 생명 주는 영이신 그리스도에 대한 체험은 교회 생활을 낳는다. 교회는 몸, 즉 그리스도의 표현이요 충만이다. 그러한 것으로서 교회는 반드시 그것의 지방적인 표현을 가져야 한다. 우주적인 교회는 그리스도의 몸이요 충만이며, 지방 교회들은 이 우주적인 교회의 표현들이다. 오늘날 우리는 이 표현들 안에 있다. 할렐루야!

Ⅲ. 하나님의 계시를 보고 하나님의 나타나심을 깨닫는 길

A. 하나님께로 분별됨

하나님의 계시를 보고 그분의 나타나심을 깨달으려면 하나님께 분별되는 것이 필요하다. 사도 요한은 밧모 섬에서 하나님께 완전히 분별되었었다(1:9). 또 그는 하늘의 열린 문(4:1)과 크고 높은 산(21:10)으로 이끌려 하나님의 계시를 보았고 하나님의 나타나심을 깨달았다. 오늘날 교회에 관해 말하는 많은 그리스도인들이 지방 교회들을 보지 못하고 있는데, 이는 주로 그들이 하나님께 분별되지 않았기 때문이다.

B. 사람의 영 안에 있음

계시록 1장 10절은 『주의 날에 내가 영 안에 있었고 내 뒤에서 나팔 소리 같은 큰 음성을 들었는데』라고 말한다. 계시록은 하나님의 강화된 움직이심을 위한 칠 배로 강화된 영이신 하나님의 영에 역점을 둘뿐만 아니라 또한 우리가 하나님의 움직이심을 깨닫고 반향(反響)할 수 있는 기관인 사람의 영에도 역점을 둔다. 오직 (우리의) 영만이 (하나님의) 영에 반향할 수 있다. 계시록에는 네 가지 주요 이상들—교회들에 대한 이상(1-3장), 세상의 운명에 대한 이상(4-16장),

큰 바벨론에 대한 이상(17-20장), 새 예루살렘에 대한 이상(21-22장)—이 있다. 이런 네 가지 이상을 보기 위해서 에베소서 3장 5절(「성령으로」는 「영 안에서」로 되어야 한다—헬라어)에 언급되었듯이 요한은 그리스도의 비밀에 대한 계시를 위해서 그의 영 안에 있었다(1:10, 4:2, 17:3, 21:10). 우리 또한 이 책의 이상들을 보기 위해 영 안에 있어야 한다. 그것은 단지 정신적인 이해의 문제에 불과한 것이 아니라 영적인 깨달음의 문제이다. 이 책의 첫 번째 이상 곧 교회들에 관한 이상에서 그리스도와 교회들의 사자(使者)가 둘 다 결코 전과는 다르게 가장 특별한 방법으로 교회들과 함께 밝혀지고 있다. 이를 위해서 믿는이들에게는 그들의 영 안에서의 특별한 이상이 필요하다.

이 구절에 있는 주의 날은 주(週)의 첫날, 즉 주님이 부활하신 날임에 분명하다(요 20:1). 초대 교회는 이 날에 모이곤 했다(행 20:7, 고전 16:2). 요한이 영 안에서 하나님의 경륜의 이상들을 본때는 바로 이 날이었다. 지방 교회들에 대한 계시를 보기 위해서 우리는 우리의 추론하는 생각으로부터 우리의 보는 영으로 돌이킬 필요가 있다. 추론하는 생각 안에 머무는 것은 교회들에 대한 이상을 혼미케 한다.

C. 주님의 음성을 들음

만일 그리스도인들이 지방 교회들에 관한 교리만 이해한다면 그들은 그 이상을 보지 못할 수도 있다. 모든 그리스도인들은 주님의 음성, 곧 현재적이고 살아 있는 말씀을 들어야 한다. 주님의 음성은 우리를 지방 교회들로 향하게 한다.

D. 주님의 음성으로 돌이킴

계시록 1장 12절은 『내가 몸을 돌이켜 나더러 말한 음성을 알아보려고 하여 돌이킬 때에 일곱 금등대를 보았는데』라고 말한다. 어떤 것을 보기 위해서는 올바른 각도를 가진 올바른 위치가 요구된다. 사도 요한은 먼저 음성을 들었고(10절), 그가 그 음성을 「알아보려고 돌이켰을」 때 그는 금등대들을 보았다. 그는 올바른 위치에 있었다.

그러나 그는 여전히 교회들에 관한 이상을 볼 수 있기 위해서 올바른 각도가 필요했다. 그래서 그는 몸을 돌이켰다. 그것은 오늘날 우리에게도 마찬가지이다. 많은 그리스도인들은 교회들에 대한 이상을 볼 수 있도록 위치가 조정되어야 하고 돌이켜져야 한다.

계시록 8

일곱 등대들

계시록에 있는 거의 모든 것이 구약에 기초를 두고 있기 때문에 이 책에서 언급된 대부분의 사항들은 새로운 것이 아니다. 이 책이 계시하는 대부분의 기원은 구약으로 거슬러 올라갈 수 있다. 그럼에도 불구하고 계시록에서 발견되는 모든 사항들은 새로운 의미를 지니고 있다. 예를 들어, 열두 문을 가진 성인 예루살렘 성(城)은 에스겔 48장에서 발견되긴 하지만, 계시록 끝에서 우리는 예루살렘 성(城)을 새로운 방식에서 본다. 계시록은 결론의 책이요, 성경 안에 있는 것들의 완성이기 때문에 그 안에 담겨진 거의 모든 것들이 새로운 방식으로 제시된다. 이것은 1장에 있는 등대들의 경우에도 해당된다. 출애굽기 25장과 스가랴 4장에서도 등대가 언급되지만, 계시록에서는 새로운 방식으로 언급되고 있다. 이 메시지에서 우리는 계시록 1장에 있는 일곱 등대들을 살펴보기로 한다.

등대들은 지방 교회들의 상징이다. 비록 지방 교회들이 예수의 간증이라는 것을 이미 보긴 했어도 많은 이들이 그 의미를 파악하기가 다소 어려울지 모른다. 지방 교회들이 예수의 증거(간증)라고 말하는 바의 의미는 무엇인가? 그것은 교회들이 등대들이라는 뜻이다.

수세기에 걸쳐서 극히 소수의 그리스도인들만이 등대에 대한 깊은 의미를 접해 왔다. 이 메시지에서 우리는 등대들에 대한 문제의 깊은 속을 엄밀히 탐사할 것이다. 성경의 상징들은 이해하기가 어렵다. 왜냐하면 우리는 등대와 같은 상징을 우리의 천연적인 관념으로 이해할 수 없기 때문이다. 우리의 천연적인 관념에 따른다면, 등대란 단순히 어둠 속에서 빛을 발하는 등을 받쳐 주는 물체이다. 출애굽기 25장의 등대는 순금이요, 스가랴 4장과 계시록에 있는 등대들 역시 금으로 되어 있다. 본질적으로 등대는 금으로 되어 있다. 등대에서 우리는 세 가지 중요한 것들—금, 받침대, 등들—을 본다. 등대는 삼일 하나님의 의미를 암시한다. 하나님은 등대가 만들어지는 본질이요, 받침대는 금의 체현(embodiment)이며, 등들은 받침대의 표현이다. 금은 본질(본체)이신 아버지를 상징하고, 받침대는 아버지의 체현이신 아들을 상징하며, 등들은 아들 안에 계신 아버지의 표현인 그 영을 상징한다. 이와 같이 삼일 하나님의 의미가 등대 안에 암시되어 있다.

유대인 회당의 벽에는 등대의 상징이 있다. 비록 유대인들이 이 상징을 수세기 동안 사용해 왔지만 그들은 그것의 참된 의미—삼일 하나님의 의미—를 모른다. 당신은 등대가 삼일 하나님의 의미를 암시하고 있음을 깨달은 적이 있는가?

본질에 있어서 등대는 하나이다. 그러나 표현에 있어서 그것은 일곱 개의 등을 가진 하나의 등대이기 때문에 일곱이다. 밑바닥에서는 등대가 하나이지만 위에서는 일곱 개이다. 그것이 하나인지 아니면 일곱 개인지 논쟁해야 할 것인가? 본질에 있어서 등대는 일정 분량의 금으로 되었지만, 일곱 개의 등을 지탱하고 있다. 비밀스럽게도 이것은 삼일 하나님이 본질상 하나임을 가리킨다. 본질에 있어서 그분은 하나이시지만, 표현에 있어서 그분은 일곱 영이시다. 본질(본체)이신 아버지가 형상이신 아들 안에서 체현되시고, 그 아들은 일곱 영으로 표현되신다.

일곱 등들이 그리스도를 표현하는 그 영이라는 것을 어떻게 입증할 수 있는가? 일곱 등들은 출애굽기에서 처음 언급된다. 만일 출애굽기의 기록만 갖고 있다면, 이 일곱 등들이 그 영이라는 것을 깨닫기 어려울 것이다. 그러나 출애굽기로부터 스가랴서로 나아갈 때, 우리는 일곱 개의 등이 그리스도의 일곱 눈들이요, 하나님의 일곱 눈들임을 볼 수 있다(슥 3:9, 4:10). 계속해서 계시록으로 나아갈 때 우리는 어린 양의 일곱 눈이 하나님의 강화된 영인 일곱 눈임을 본다. 그러므로 우리는 일곱 개의 등이 그리스도의 표현인 칠 배로 강화된 영이라고 말할 강력한 근거를 갖게 된다.

우리가 보았듯이 등대는 삼일 하나님의 의미를 암시한다. 즉 그것은 체현되시고 표현된 삼일 하나님을 상징한다. 거룩한 금이신 하나님 아버지는 아들인 그리스도 안에서 체현된 다음 그 영을 통해 완전히 표현되신다. 표현이란 체현과는 다르다. 우리 하나님은 유일하게 한 분이시기 때문에 그 체현은 유일하게 하나이어야 한다. 이처럼 체현은 하나의 받침대이어야 한다. 그러나 그 표현은 완전해야만 하며 하나님의 움직이심 안에서의 완성이어야 한다. 일곱이란 하나님의 움직이심에 있어서의 완성을 위한 수(數)임을 상기하라. 수세기 걸쳐서 하나님은 그분의 움직이심 안에서 표현되어 오셨다. 일곱 개의 등이 하나님의 완전한 움직이심 안에 있는 그리스도의 표현인 강화된 영을 상징하는 것은 이 때문이다. 이것이 삼일성에 대한 실질적인 이해이다. 삼일성은 인류 안에 하나님을 분배하기 위한 것이다. 신성한 존재이신 하나님은 먼저 그리스도 안에서 체현되시며, 그 다음에 칠 배로 강화된 영을 통해 표현되신다. 지금 우리는 삼일 하나님을 가질 뿐 아니라 등대 안에서 본질적으로 그리고 견고하게 체현되고 표현된 삼일 하나님도 갖는다. 금이 견고한 받침대의 형태로 만들어졌다. 전에 그것은 단지 금일 뿐이었지만 이제는 받침대이다. 금이 하나님의 목적 완수를 위해 하나의 받침대의 형태로 만들어졌다. 받침대가 없으면 하나님의 목적이 완수될 길이 없다. 이미 보았듯이 그리스도의 예표인 이 받침대는 하나님의 일곱 영을 상징하는 일곱 등을 통해 표현된다. 하나님의 일곱 영은 하나님과 따로 떨어진 것이 아니다. 즉 그들은 하나님의, 그리고 구속자인 어린 양의 일곱 눈이다. 앞으로 보겠지만 그들은 또한 건축하는 돌의 일곱 눈이기도 하다. 그러므로 그들은 하나님의 건축을 위한 그리스도의 구속을 가진 일곱 눈이다. 이 눈들이 사람들을 볼 때마다 그들은 구속되어 하나님의 집 안으로 건축된다. 이것이 삼일성이다.

출애굽기 25장에서는 받침대를 강조하고, 스가랴서 4장은 등들을 강조하고, 계시록 1장은 재생산(reproduction)을 강조한다. 출애굽기와 스가랴서에서는 등대가 하나이지만 계시록에는 재생산되어 일곱 개가 되었다. 먼저 출애굽기에서는 받침대, 즉 그리스도를 강조하고 있고, 두 번째로 스가랴서는 등들, 즉 그 영을 강조한다. 마지막으로 계시록에서는 받침대와 등들, 즉 그리스도와 그 영이 교회들로 재생산된다. 출애굽기와 스가랴서에는 단지 일곱 등만 있지만, 여기 계시록에는 49개의 등이 있다. 왜냐하면 각 등대마다 일곱 개의 등을 갖고 있기 때문이다. 그러므로 하나의 등대가 일곱 개가 되었고, 일곱 개의 등이 마흔 아홉 개가 되었다. 계시록에서 등들을 갖고 있는 등대들은 그리스도와 그 영의 재생산이다. 그리스도가 실제화될 때 그분은 그 영이시며, 그 영이 실제화될 때 우리는 재생산인 교회들을 갖는다.

교회는 우주적으로 하나일 뿐 아니라 많은 도시들 안에서 지방적으로도 표현된다. 온 우주 안에는 오직 한 분의 그리스도, 한 분의 영, 하나의 교회만 있다. 그런데 왜 일곱 교회들이 있는가? 그것은 표현을 위한 필요 때문이다. 존재를 위해서는 하나로 충분하지만, 표현을 위해서는 많은 수가 필요하다. 교회를 알고자 한다면 반드시 교회의 본질과 존재와 표현을 알아야만 한다. 본질적으로 교회, 혹은 모든 교회들은 하나이다. 표현에 있어서 많은 교회들은 많은 등대들이다. 교회란 무엇인가? 교회는 삼일 하나님의 표현이요 이 표현은 땅 위의 많은 지방들에서 보여진다. 교회는 단지 하나의 등대로 상징되는 것이 아니라 일곱 개의 등대들로 상징된다. 계시록 1장에는 우주 안에서 빛을 발하는 49개의 등을 가진 일곱 개의 등대들이 있다. 이것이 예수의 증거이다. 교회는 예수의 증거(간증)이다. 이것은 교회가 본질에 있어서와 표현에 있어서 삼일 하나님의 표현이란 뜻이다. 본질에 있어서 교회는 우주 안에서 하나의 본질(본체)로 되어 있고, 표현에 있어서 교회는 어둠 속에서 삼일 하나님을 표현하기 위해 빛을 발하는 등들을 가진 많은 등대들이다. 본체이신 아버지는 아들 안에서 체현되고, 체현이신 아들은 그 영을 통해 표현되며, 그 영은 교회들로서 완전히 실제화되고 재생산되며, 교회들은 예수의 증거(간증)이다. 만일 우리가 이 이상을 본다면 그것이 우리를 지배할 것이며, 우리는 결코 분열적으로 되지 않을 것이다. 이 이상은 예수의 증거 안에서 우리를 붙들어 주고 보호해 주고 지켜줄 것이다.

이미 보았듯이 등대는 신성한 금으로서, 그분의 움직이심 안에서 하나님의 목적을 이루기 위해 구체적인 형태로 체현된 것이다. 받침대의 표현은 빛을 발하는 데 있다. 그 표현이 빛을 발할 때, 그 빛 발함은 하나님의 영원한 목적을 이룬다. 이와 같이 등대는 단지 삼일 하나님을 상징할 뿐 아니라 그분의 체현과 표현 안에 있는 삼일 하나님의 움직이심을 상징하기도 한다. 또한 우리가 보았듯이 지방 교회들은 삼일 하나님의 체현과 표현의 재생산이다. 이것은 작은 일이 아니다. 우리는 지방 교회들이 어둔 밤에 빛을 내는 등대들이라고 말하는 것으로 만족해서는 안 된다. 비록 그것이 옳긴 해도, 그것은 다소 얕다. 우리는 지방 교회들이 삼일 하나님의 체현과 표현의 재생산임을 반드시 보아야 한다.

성경에서 등대는 항상 하나님의 건축과 관련된다. 그것이 처음 언급된 때는 출애굽기 25장 31절부터 40절까지에서 장막이 건축되었을 때였다. 두 번째 사례(事例)는 역대상 7장 49절에 있는 성전 건축에 있다. 세 번째 사례는 스가랴 4장 2절부터 10절까지에 있는 하나님의 성전을 재건축하는 것과 밀접한 관계가 있다. 여기 계시록에서는 교회들의 건축과 관련된다. 출애굽기 25장에서는 그 영(기름)을 가진 일곱 등으로서 빛을 내는, 신성한 빛인 등대가 되시는 그리스도를 강조한다. 스가랴 4장은 하나님의 일곱 눈(2절, 10절)인 일곱 등으로서 빛을 내는 그 영(6절)을 강조한다. 하나님의 일곱 눈은 하나님의 강화된 움직이심을 위한 하나님의 일곱 영(계 5:6)이다. 이것은 스가랴서에 있는 등대가 출애굽기에 있는 등대의 실제이며 계시록에 있는 등대들은 스가랴서에 있는 등대의 재생산임을 가리킨다. 그리스도는 그 영으로 실제화되며, 그 영은 교회들로서 표현된다. 빛을 내는 그 영은 빛을 내는 그리스도의 실제요, 빛을 내는 교회들은 빛을 내는 그 영의 재생산이요 표현인데, 이는 빛을 내는 성(城)인 새 예루살렘이 완성되도록 하나님의 영원한 목적을 이루기 위함이다. 그리스도와 그 영과 교회는 모두 동일하게 신성한 본성으로 되어 있다.

Ⅰ. 장막(성전)의 건축을 위한 등대

이미 보았듯이 등대는 하나님의 건축을 위한 것이다. 출애굽기 25장의 등대는 장막의 건축을 위한 것이었고, 스가랴 4장의 등대는 하나님의 건축의 회복을 위한 것이었으며, 계시록 1장의 등대들은 교회의 건축을 위한 것이다. 이것은 삼일 하나님이 하나님의 건축을 위한 것임을 가리킨다. 그리스도인들이 삼일성에 관해 상당히 많이 말하지만, 삼일 하나님이 하나님의 건축을 위한 것임을 본 사람은 극히 드물다. 출애굽기 25장에 있는 등대는 일곱 개의 등 곧 하나님의 일곱 영으로 빛을 내고 있는 하나님의 표현이신 그리스도를 예표한다.

성경이 등대들을 제시하는 방법은 매우 흥미롭다. 먼저 성경은 장막의 건축을 위해서 등대가 필요했음을 계시한다. 등대는 또한 장막의 기능을 위해서도 필요했다. 장막에는 창(窓)이 없었고, 그 입구는 휘장으로 완전히 가리어졌다. 트인 곳이 전혀 없었기 때문에 외부로부터 빛이 들어올 길이 없었다. 성막 안에 빛을 내는 등대가 없었더라면, 아무도 그 내부에서 기능을 발휘할 수 없었을 것이다. 이처럼 등대는 비단 장막의 건축을 위한 것이었을 뿐 아니라 그 기능을 위한 것이기도 했다.

마찬가지로 등이 없으면 교회 건축도 없고 교회 안에서의 기능도 없다. 교회의 기능은 빛을 내는 등대에 달려 있다. 교회 안에 있는 우리에게는 등대의 빛 발함이 필요하다. 종종 당신이 무엇을 할까 혹은 그것을 어떻게 할까를 궁리할 때 당신은 혼돈에 빠진 자신을 발견하게 된다. 생각을 많이 하면 할수록 어둠은 더욱더 짙어진다. 그러나 당신이 교회 집회에 오거나 성도들과 교통을 할 때 당신은 그 즉시 빛 비춤을 받게 되어, 『오, 이제 나는 그 길을 알았다.』라고 말하게 된다. 아무도 당신이 무엇을 해야 하는지를 말해 주는 메시지를 전하지 않았다. 당신은 교회 안에 있는 등대가 빛을 냄으로써 분명하게 되었다. 등대가 교회 안에서 우리에게 빛을 비춘다.

등대는 비단 하나님의 건축을 위한 것일 뿐 아니라, 하나님의 건축 안에서의 기능을 위한 것이기도 하다. 기능을 발휘하기 위해서는 반드시 빛이 있어야만 한다. 빛나는 등대의 빛은 교회 안에 있다. 우리가 교회를 떠날 수 없는 것은 이 때문이다. 『내가 집에서 성경을 읽고 기도하는 한 모든 것이 마찬가지일 것이다.』라고 말하지 말라. 만일 당신이 그렇게 하려고 시도한다면 당신은 며칠 후에 교회로 급히 되돌아올 것이다. 이런 이유 때문에 우리는 교회가 있는 곳이 아니라면 휴가를 보내고 싶지 않다. 교회는 등대를 갖고 있을 뿐 아니라 등대이기도 하다.

Ⅱ. 회복된 성전의 건축을 위한 등대

등대는 하나님의 건축의 회복을 위해서 더한층 필요하다. 스가랴 4장은 그 영을 강조하는 등대가 하나님의 건축의 회복을 위한 것임을 계시한다. 오늘날 우리는 하나님의 건축 안에 있을 뿐 아니라 그분의 건축의 회복 안에 있기도 하므로 등대에 대한 보다 큰 필요성이 있다. 우리에게는 우리를 비추고 우리를 강건케 하는 등대가 필요하다.

A. 하나님의 움직이심을 위한 그 영을 상징함

그분의 성전 회복을 위해 하나님은 이상으로 스룹바벨을 강건케 하기 위해 스가랴에게 이상을 주셨다. 이 이상 안에서 스가랴는 두 감람나무로부터 기름이 흘러 들어오는 일곱 등을 가진 등대 하나를 보았다. 그때에 천사가 스가랴에게 『여호와께서 스룹바벨에게 하신 말씀이 이러하니라 만군의 여호와께서 말씀하시되 이는 힘으로 되지 아니하며 능(能)으로 되지 아니하고 오직 나의 신(영)으로 되느니라』고 말했다(슥 4:6). 이것은 하나님의 영이 땅 위에서의 그분의 움직이심을 위한 것임을 가리킨다.

B. 일곱 눈인 일곱 등을 갖고 있음

스가랴서에 있는 등대 위의 일곱 등들은 일곱 눈이다. 먼저 이 일곱 눈은 하나님의 건축을 위한 돌이신 그리스도의 눈이다(슥 4:2, 10, 3:9). 계시록 5장 6절도 그것들은 『온 땅에 보내심을 입은 일곱 영이더라』고 말하면서 그리스도 곧 어린 양의 일곱 눈을 말하고 있다. 일곱 영은 그리스도의 일곱 눈이다. 스가랴 3장과 4장에서 그리스도는 하나님의 건축을 위한 돌이시고, 계시록 5장에서 그분은 우리의 구속을 위한 어린 양이시다. 이것은 구속하는 그리스도가 건축하는 돌임을 가리킨다. 어린 양과 그 돌은 하나님의 일곱 영인 일곱 눈을 갖고 있다. 스가랴서에서는 일곱 눈이 그 돌의 눈들인 한편 계시록에서는 어린 양의 눈들이다.

그리스도의 일곱 눈들인 일곱 등들은 또한 그분의 움직이심을 위한 하나님의 눈들이기도 하다(슥 4:10). 그리스도는 하나님의 움직이심을 위해서 일곱 눈, 즉 하나님의 일곱 영을 가지셨다. 처음에 그리스도는 구속하는 어린 양이시며, 마지막에는 건축하는 돌이시다. 이것은 절대적으로 땅 위에서의 하나님의 움직이심을 위한 것으로서 구속을 거쳐서 건축의 목표에 도달한다. 오늘날 우리는 건축을 위한 구속을 누리고 있다. 우리는 그리스도를 구속하시는 어린 양으로서뿐 아니라 건축하는 돌로서도 누린다. 그리스도의 구속은 하나님의 건축을 위한 것이다. 그분 안에서 우리는 구속되고, 그분 안에서 우리는 건축된다. 그분은 오늘날 하나님의 움직이심을 위한 하나님의 일곱 영으로써 이것을 성취하고 계신다.

C. 등(燈)들은 빛을 비추기 위한 것이며, 눈들은 봄으로써 옮겨 부음을 위한 것임

등들은 빛을 비추기 위한 것이요, 눈들은 봄으로써 옮겨 부음을 위한 것이다. 이 눈들은 살피고 관찰하고 심판하기 위한 것일 뿐만 아니라 또한 특히 옮겨 부음을 위한 것이기도 하다. 그리스도가 그분의 일곱 눈으로 우리를 보실 때마다 우리는 자연히 그분에 의해 주입된다. 만일 우리가 심판받고, 빛 비춤을 받고 살핌을 받고 불태워지고 있다면 그분은 그분 자신의 모든 것을 우리 안으로 옮겨 부으신다. 그리스도께서 우리를 비추실 때마다 그분은 그분 자신의 모든 것을 우리 안으로 옮겨 부으시면서 우리 속으로 빛을 발하시는데, 이는 우리로 하여금 하나님의 건축을 위한 변화된 보석이 되게 하려는 것이다.

Ⅲ. 등대들은 지방 교회들의 건축을 위한 것임

A. 예수의 증거인 지방 교회들을 상징함

계시록에 있는 등대들은 지방 교회들의 상징들이다. 각 지방 교회는 그 지방에서 등들로서 칠 배로 강화된 하나님의 영으로 예수의 증거(간증)를 비추어 내는 하나의 등대이다.

B. 본성에 있어서 신성함

등대들은 금으로 되어 있다. 우리가 보았듯이 금은 하나님의 신성한 본성을 상징한다. 여기에서 등대들이 금으로 되어 있다는 것은 교회들이 하나님의 신성한 본성으로 짜여졌음을 상징한다. 우리는 아버지의 생명과 본성(벧후 1:4) 곧 그분의 금 같은 신성한 본성을 소유하고 있는 아버지의 금을 갖고 있다. 우리가 이 신성한 본질을 갖고 있다니 얼마나 놀라운가.

C. 어두운 시대 안에서 하나님의 일곱 영으로 빛을 발함

우리는 등대들만 주목하고 등들은 소홀히 할지도 모른다. 그러나 등대들은 등대들 그 자체를 위해 있는 것이 아니라, 등들을 위해 있다. 만일 등대들에게 등들이 없다면, 그것들은 무의미할 것이다. 그러므로 우리는 반드시 등들이 무엇인가를 지적해 내야만 한다. 우리는 4장에서 등들을 볼 수 있는데, 그 등들은 보좌 앞에서 불타오르는 하나님의 일곱 영이다(4:5). 이와 같이 하나님의 일곱 영은 일곱 개의 불타오르는 등들이다. 혹자는 말하기를, 등들은 그리스도이며 교회는 등이신 그리스도를 붙잡아주고 있는 받침대라고 한다. 이것이 과히 나쁘지는 않지만, 계시록은 등이 먼저 그리스도라고 말하지 않는다. 물론 21장에 이를 때 우리는 그리스도가 새 예루살렘에 있는 등이심을 볼 수 있다. 그러나 계시록은 오늘날 그리스도가 일곱등이라고 말하지 않는다. 그보다는 하나님의 일곱 영이 일곱 등이라고 말한다.

우리는 일곱 영이 우리에게 얼마나 많은 것을 의미하는지에 대해 깊은 인상을 받아야만 한다. 만일 우리가 등대들인 교회들이라면 무엇을 붙들어야 하겠는가? 그리스도를 붙들어야 한다고 말하는 것은 너무 교리적이다. 오늘날 그리스도는 누구시며 무엇이신가? 교회 생활을 위한 우리의 체험 안에서 그리스도는 다만 그리스도이실 뿐만 아니라 그분은 그 영이기도 하시다(고후 3:17). 생명 주는 영이신 이 영은 계시록에서 하나님의 일곱 영인 일곱 영으로 강화되어졌다. 이 영들은 일곱 눈들인데 하나님께 속했을 뿐만 아니라 어린 양에게 속한 것이기도 하다. 교회 생활은 순전히 이 일곱 영에 달려 있다. 그것은 교리상의 그리스도에 대한 문제가 아니라 체험상의 일곱 영에 대한 문제이다. 우리는 필히 그 영을 체험해야만 한다. 우리의 일과 일상생활과 집회들과 봉사와 간증들에 있어서 우리는 반드시 그 영을 가져야만 한다. 만일 그 영이 부족하다면 우리는 공허하고 아무 것도 아니다. 등대들은 반드시 일곱 영인 등들을 붙들고 있어야 한다.

일곱 영은 그리스도의 표현이다. 이는 출애굽기 25장에서 등대에 의해 분명하게 지적되고 있다. 한 달란트의 무게가 나가는 한 조각의 금(金)이었던 이 등대는 일곱 등들을 통해 표현된다. 이 견고한 순금 덩어리는 바로 우리의 본질이신 하나님 아버지를 상징한다. 그러나 하나님 아버지만을 갖고 있다면 우리는 형체를 갖지 못하리라. 즉 금은 갖고 있겠으나 받침대는 없을 것이다. 아들 없이 오직 아버지만을 갖는 것은 체현 없이 본질만 갖는 것이다. 오직 금을 두들겨서 받침대의 형체로 만들 때라야 비로소 우리는 체현을 갖게 된다. 받침대가 그 본질의 체현인 반면에, 일곱 등들이 없다면 이 체현은 그 표현을 가질 수 없다. 그러므로 그 본질(본체)은 아버지요, 그 체현은 아들이며, 그 표현은 아들 안에 계신 하나님 아버지를 표현하는 그 영이다. 아들 안에 계신 하나님 아버지의 모든 어떠하심은 일곱 등들을 통해서 표현되는데, 차후에 성경은 일곱 등들이 일곱 영임을 우리에게 일러준다. 그러므로 그 영은 삼일 하나님의 표현이시다. 결국 우리는 계시록에서 이 표현이 그리스도의 표현임을 보게 된다. 왜냐하면 일곱 영들은 먼저 스가랴 4장 10절에서 하나님의 일곱 영들이었으며, 계시록 5장 6절에서는 어린 양의 일곱 눈들이 되었기 때문이다. 어린 양의 일곱 눈들은 그리스도의 표현이다. 오늘날 생명 주는 영이시며 또한 일곱 영이신 성령은 그리스도의 표현이다. 오늘날 이 표현은 어디에 있는가? 그것은 교회들과 함께 있다. 왜냐하면 일곱 영은 등대들인 교회들에 의해 지탱되고 있는 일곱 등이기 때문이다.

오늘날 많은 그리스도인들이 생명 주는 영과 칠 배로 강화된 영 혹은 등대들인 교회들에 의해 지탱되는 그리스도의 표현인 일곱 영을 모르고 있다. 만일 당신이 이 영을 만나고자 한다면 반드시 교회들과 함께 있어야 한다. 만일 당신이 이 영을 접촉하고 누리고 체험하고자 한다면, 반드시 교회의 일부분이 되어야 한다. 왜냐하면 그리스도의 표현이신 그리스도의 일곱 영을 붙들고 있는 것은 바로 등대들인 교회들이기 때문이다. 당신의 눈이 당신에게서 분리되지 않는 것처럼 이 영도 그리스도와 분리되지 않는다. 어떤 사람의 눈은 그의 표현이므로 그 눈들은 그와 분리될 수 없다. 마찬가지로 일곱 영은 그리스도의 표현이므로 그 일곱 영은 그리스도와 분리될 수 없다. 교회들은 등대들이요 등들은 그리스도의 표현이신 칠 배로 강화된 하나님의 영이다. 이 빛은 점점 더 밝게 빛을 내고 있으며 그 이상은 날마다 더욱 분명해지고 있다.

금등대들인 지방 교회들은 오늘날의 어두운 시대 안에서 그러한 영으로 빛을 내고 있다. 오늘날의 어두운 시대 안에서 참으로 교회는 예수의 간증을 밖으로 비춰내기 위해 칠 배로 강화된 하나님의 영을 필요로 한다.

D. 그리스도의 체현이며 그 영의 재생산인 교회

교회는 그리스도의 체현이며 그 영의 재생산이다. 그 영은 그리스도의 실제요(요 14:17-20, 16:13-15) 교회는 그 영의 재생산이다(계 22:17上). 그 영을 가진 교회는 그리스도의 체현 곧 예수의 간증이다(계 1:2, 9, 19:10). 그러므로 영이 많을수록 교회도 많아지고 예수의 간증도 많아진다.

Ⅳ. 대환난 안에서 하나님의 간증을 위한 두 등대

11장 4절에서 우리는 대환난 동안 하나님의 간증을 위한 두 등대 곧 두 증인을 본다. 이기는 자들은 환난 전에 휴거될 것이고, 반면에 보다 약한 자들 곧 덜 익고 미성숙한 자들은 환난을 통과하도록 땅위에 남겨지게 될 것이다. 이 때문에 하나님의 간증을 강화시켜야할 필요가 있게 될 것이다. 하나님은 이 필요를 충족시키기 위해 엘리야와 모세를 다시 땅에 보내실 것이다. 오늘날 교회의 간증은 주로 보다 강하고 체험이 많은 이들에게 달려 있다. 체험이 있는 이들이 휴거되어졌을 때 보다 약한 이들은 강화되어야 할 필요가 있을 것이다. 비록 모세와 엘리야를 통해 공급을 받는 것이 다소 좋긴 하지만 나는 그들이 돌아오기 전에 땅에서 떠나고 싶다. 원칙적으로 11장의 두 증인도 등대들이다. 성경은 그들을 약한 자들에게 기름을 공급하는 두 감람나무들로 묘사하고 있다(슥 4:3, 12). 마태복음 25장에 있는 열 처녀의 비유에 따르면 어리석은 다섯 처녀들은 기름을 사야 할 필요가 있을 것이다. 전에 니(Nee)형제님은 아마도 이 어리석은 처녀들이 그 영의 잔여분을 값을 치르고 얻기 위해서 그 두 감람나무에게로 갈 것이라고 말한 적이 있다. 이 두 감람나무는 또한 기름 발리운 자들이라고도 불리울 것이다(슥 4:14). 왜냐하면 그들은 하나님의 간증을 위해 그 영이 충만하여 약한 성도들을 공급할 수 있기 때문이다. 대환난 동안 익지 않은 많은 자들이 그들의 사역으로 말미암아 강건케 되고 성숙하게 될 것이다.

계시록 9

교회들 가운데 계신 인자

계시록 1 장에는 여덟 가지 중점들—그리스도의 계시, 예수의 간증, 삼일 하나님, 그리스도의 재림, 예수 안에서 환난과 왕국과 인내에 동참하는 자들, 지방 교회들, 등대들, 인자(人子)—이 있다. 앞의 일곱 가지 요점들을 다루었으므로 이제 우리는 본 메시지에서 여덟 번째—교회들 가운데 계신 인자—에 이르렀다(1:12-20). 이 책에서 그리스도는 먼저 인자로서 계시된다. 그분이 교회와 연관될 적마다 그분은 그분의 인간 본성 안에서 계시된다. 왜냐하면 교회는 인간 존재들로 구성되기 때문이다. 교회의 머리는 하나님의 아들이실 뿐 아니라 사람의 아들이시기도 하다. 주님이 승천 후에도 여전히 인자이시라는 것은 그분이 부활 후에도 인성을 벗지 않으셨음과 그분이 우리를 대하시는 것은 그분의 인성에 입각한다는 것을 가리킨다. 사람으로서 그분은 하나님의 간증이 되시는데 성공하셨다. 이와 같이 오늘날 교회들 안에 있는 우리 인간 존재들도 역시 하나님의 간증이 될 수 있다. 주님은 사람으로서 승리하셨으며, 우리도 역시 승리할 수 있다.

오늘날 그리스도는 교회들 「가운데」 계신다. 한편으로 그분은 대제사장으로서 교회들을 위해 하늘에서 중재하고 계시며(히 9:24, 7:25-26, 롬 8:34), 다른 한편으로 그분은 그들을 돌보기 위해 교회들 가운데 움직이고 계신다. 만일 우리가 그분의 움직이심에 참여하고 그분의 돌보심을 누리고자 한다면 반드시 교회들 안에 있어야 한다.

Ⅰ. 그분의 인성 안에서

13절은 『등대들 가운데 인자 같은 분이 발에 끌리는 옷을 입고 가슴에 금띠를 띠고』라고 말한다. 여기에서 그리스도는 그분의 옷에 의해 보여진 바대로 대제사장으로 묘사될 뿐만 아니라 「인자 같은」 분으로도 밝혀진다. 그분은 여전히 신성하신 동시에 인성을 가지셨다. 우리의 대제사장으로서 그분은 자신의 인성 안에서 교회들을 돌보고 계신다.

여러 세기에 걸쳐서 소위 그리스도인이라는 어떤 자들이 그리스도는 하나님의 아들이 아니었다고 가르쳤다. 심지어 오늘날에도 그리스도께서 하나님의 아들이심을 믿지 않는 소위 그리스도인들이 있다. 그리스도가 하나님의 아들이심을 부인하는 것은 이단이다. 그러한 가르침은 마귀적이며 음부로부터 나온 것이므로 우리는 반드시 타협하지 말고 그에 대항하여 서야 한다. 반면에 어떤 그리스도인들은 오늘날에도 그리스도가 여전히 인자이심을 믿지 않는다. 그들은 그리스도가 성육신으로 사람이 되셨지만 부활 안에서 그분의 인성을 벗었다고 말한다. 이러한 그리스도인들 중 어떤 이들은 오늘날 그리스도는 단지 하나님의 아들이시기만 할 뿐 더 이상 인자가 아니라고 생각한다. 약 15년 전에 내가 이 관념에 대항하여 싸울 때 어떤 이들은 그리스도가 여전히 인자라고 가르치는 것은 오류라고 말하면서 나를 반대했다. 어떤 그리스도인들은 그리스도께서 오늘날 인자이심을 믿지 않고 있으나 우리는 그것을 믿는다. 순수한 말씀에 따라서 주 예수님은 여전히 하나님의 아들이신 동시에 인자이시다. 우리 생각은 너무나 제한되었기 때문에 이것을 적합하게 설명할 수 없다. 그럼에도 불구하고 우리는 그리스도께서 신성을 가지신 하나님의 아들이신 동시에 인성을 가지신 사람의 아들이시라는 사실을 믿고 받아들인다. 우리는 그분 안에서 진정한 신성과 합당한 인성을 갖는다.

지난 19세기 동안, 특히 처음 6세기 동안 그리스도론(Christology)은 그리스도인들 사이에 치열한 논쟁거리였다. 그리스도의 인격에 대하여 서로 상이한 의견들이 있어 왔고 그리스도인들은 그것들에 관해 서로 싸웠다. 우리는 반드시 이 모든 소위 신학적 학파들을 떨쳐버려야 한다. 성경에 따라 우리는 우리의 그리스도가 진실로 하나님의 아들이시며 인자이심을 믿는다. 그분은 두 본성 곧 신성과 인성을 가지셨다.

그리스도가 교회들 안에 있는 우리를 다루시려고 오실 때 그분은 자신의 신성 안에서 뿐 아니라 자신의 인성 안에서도 그렇게 하신다. 당신은 주님이 하나님의 아들이셨기 때문에 그 무엇을 하실 수 있었지만 당신 자신은 사람이므로 주님께서 당신을 동정하셔야만 한다고 생각하면서 자신을 변명할지도 모른다. 하나님의 아들로서 주님은 아주 능하시지만 사람의 아들인 당신은 가련할 뿐이니 주님은 당신을 심하게 정죄하지 마셔야 한다. 그러나 그분이 인자로서 우리에게 오실 때 당신은 변명의 여지가 없다. 그분 역시 사람이셨고, 하나님의 아들로서가 아닌 하나의 사람으로서 무엇인가를 하셨다. 자신을 위해 어떤 변명도 하지 말라. 만일 당신이 교회 생활 안에서 실패했거든 자신은 단지 인간 존재일 뿐이므로 그것을 변명할 만하다고 생각하면서 자신을 동정하지 말라. 인간 존재야말로 교회 생활을 위한 매우 합당한 재료이다. 이처럼 그리스도는 교회들 가운데서 인자로서 걷고 계신다. 다니엘 3장에서는 하나님의 아들이 불 속에서 걷고 계신다고 말하지만 계시록 1장에서는 교회들 가운데서 걷고 계시는 분이 인자임을 본다. 우리 모두는 반드시 그분을 인자로서 경배해야 한다. 그분은 사람이시며 동시에 신성하시기 때문에, 그처럼 놀라운 분이시다. 그분은 신성하시며 동시에 인성을 가지셨기 때문에, 하늘과 땅을 아시며 하나님과 사람을 아신다. 우리는 그분 안에서 신성과 인성을 갖는다. 그분 안에서 우리는 하늘에 있으며 또한 땅 위에도 있다. 오늘날 주님은 그분의 인성 안에서 지방 교회들 가운데서 걷고 계시면서 하늘과 땅 모두에 계신다.

Ⅱ. 제사장으로서

13절은 그리스도가 「발에 끌리는 옷을 입고」 계신다고 말한다. 이 옷은 그리스도의 신성한 속성들과 인간 미덕들의 충만함을 상징하는(사 6:1, 3 참조) 제사장 의복이다(출 28:33-35). 비록 여기에 제사장이란 단어가 언급되지 않았으나 우리는 그분의 옷으로 미루어 보아 여기에서 그리스도가 대제사장으로 묘사되어 있음을 알 수 있다. 오늘날 교회들 가운데서 걷고 계시는 인자 곧 예수 그리스도는 제사장이시다. 제사장, 선지자, 왕이라는 세 가지 직임 중에서 가장 사랑스럽고 친밀하고 귀중하고 아름다운 직임은 제사장의 직임이다. 제사장은 사람들을 돌보기 때문에 매우 사랑스럽고 아름답다. 그리스도는 교회들 가운데서 걷고 계시면서 그들을 돌보신다.

Ⅲ. 힘으로 일하지 않고 사랑 안에서 교회들을 돌봄

13절은 또한 인자이신 그리스도가 「가슴에 금띠를 띠었다」고 말한다. 당신은 가슴에 띠를 두른 사람을 본 적이 있는가? 이것은 매우 의미심장하다. 구약의 제사장들은 그들의 직무를 위해서 허리에 띠를 띠었다(출 28:4). 다니엘 10장 5절에서 그리스도 역시 정금으로 허리에 띠를 둘렀다. 그러나 여기서 우리의 대제사장이신 그리스도는 「가슴에 띠를 띠었다」. 가슴은 사랑을 상징한다. 허리에 띠를 두르는 것은 일하기 위해 강화되는 것이고, 반면에 「가슴에 띠를 두르는 것」은 사랑 안에서의 돌봄을 상징한다. 교회들을 산출함에 있어서 그리스도의 일은 완수되었다. 지금 그분은 더 이상 일을 위해 허리에 띠를 두르는 것이 필요치 않다. 지금 그분이 교회들 한 가운데서 하고 계시는 것은 사랑 안에서 그들을 돌보는 것이다. 이 때문에 그분이 「가슴에 금띠를 띠는 것」이 요구된다. 이 「금띠」는 신성한 힘을 상징한다. 그리스도는 현재 교회들을 신성한 돌봄으로 돌보고 계시며, 그분의 인성 안에서 그들 가운데 움직이시고 그분의 신성한 힘으로 그들을 돌보신다. 오늘날 그분은 얼마나 사랑스런 돌봄으로 그분의 교회들을 돌보고 계시는지!

Ⅳ. 태고적부터 있었음

14절은, 『그의 머리와 털의 희기가 흰 양털 같고 눈 같으며 그의 눈은 불꽃같고』라고 말한다. 흰 머리털은 많은 나이를 상징한다(욥 15:10). 아가서 5장 11절에 묘사된 주님이 가진 검은 머리털은 그분의 쇠하지 않는 영원한 힘을 상징하지만 여기서 묘사된 주님이 가진 흰 머리털은 그분의 태고성(太古性)을 상징한다.

비록 그리스도께서 태고 적부터 계셨지만 그분은 늙지 않으셨다. 이 장에서 우리는 그분의 머리와 머리털이 흰 양털과 눈처럼 흰 것을 본다. 흰 양털은 생명의 본성으로부터 나오고, 흰 눈은 창공으로부터 곧 하늘로부터 내려온다. 양털은 하얗게 만든 것이 아니라 본래 흰 색이며 그 흰 것은 그 본성에서 비롯된 것이다. 흰 양털은 그리스도의 본성의 색이다. 그분의 태고성은 그분의 본성에 속한 것이다. 눈은 하늘에서 내려오고 땅의 먼지나 때를 담고 있지 않기 때문에 하얗다. 그러므로 흰 양털은 여기와 다니엘 7장 9절 모두에서 그리스도의 태고성이 그분의 늙음이 아닌 그분의 본성에 속한 것임을 상징한다. 한편 흰 눈(white snow)은 그분의 태고성이 땅에 속한 것이 아니라 하늘에 속한 것임을 상징한다.

Ⅴ. 주시하고 관찰하고 살피고 심판하고 주입하는 눈을 가지심

14절에서 우리는 그분의 눈이 불꽃과 같음을 본다. 아가서 5장 12절에서 그리스도의 눈은 마치 비둘기 눈과 같다. 그것은 그분의 사랑을 표현하기 위한 것이다. 여기에서 「그분의 눈」은 「불꽃」과 같다. 이것은 그분이 비춤으로써 심판하실 때 관찰하고 살피기 위한 것이다. 이 책에서 그분의 눈은 둘이 아니요 일곱이다(5:6). 일곱은 하나님의 움직이심에 있어서 완성의 수이다. 그러므로 이 책에서 그분의 눈은 하나님의 역사를 위한 것이다. 그분의 이 일곱 눈은 『보좌 앞에 일곱 등불이 타고 있으니 이는 하나님의 일곱 영이다』(4:5, 단 10:6 참조). 「불타오름」은 「불꽃」과 같으며 그것은 관찰하고 살피기 위한 것이다. 온 땅으로 보내어진 하나님의 일곱 영도 역시 하나님의 땅 위에서의 움직이심을 위한 것이다. 이처럼 이 책에서 그리스도의 눈은 오늘날 땅 위에서의 하나님의 움직이심과 역사를 위한 하나님의 일곱 영이다.

그리스도의 눈은 비추고 주입함으로써 주시하고 관찰하고 살피고 심판하기 위한 것이다. 우리는 그분의 눈에 대한 여러 가지 모든 측면들, 특히 주입함의 측면을 필히 체험해야 한다. 그분의 눈은 그분 자신의 모든 것으로 우리에게 주입하신다. 그분의 주입하는 눈은 항상 타오르는 불꽃이다. 이것은 우리의 체험에 의해 입증될 수 있다. 이것을 이해하려고 당신의 생각을 사용하지 말고 당신의 체험을 점검해 보라. 우리가 구원받은 날 이후로 그리스도의 눈은 우리를 비추고 주입하는 타오르는 불과도 같았다. 또한 그분의 눈은 우리를 분발시키고 뜨거워지게 한다. 그리스도가 우리를 쳐다보신 후에 우리는 결코 전처럼 차가워질 수 없다. 우리를 쳐다보심으로써 그분은 우리를 불태우시고 주님 안에서 분발하게 하신다. 여러 번 주님은 그분의 꿰뚫는 눈을 갖고 우리에게 오신다. 아마도 우리가 아내에게 무언가를 숨기려고 할 때 주님은 우리 존재를 꿰뚫고 우리의 참된 상황을 드러내는 빛을 발하는 일곱 눈을 가지고 오신다. 나는 이러한 체험을 수백 번 가졌다. 내가 다른 이들과 특히 나와 친한 사람들과 다투려고 할 때 그리스도의 빛을 발하는 눈이 내 위에 있었으므로 나는 더 이상 계속 말할 수 없었다. 그분의 빛을 내심이 나의 입을 다물게 하셨다.

계시록은 심판하는 성격을 가진 책이다. 불이란 신성한 심판을 위한 것이다(고전 3:13, 히 6:8, 10:27). 『우리 하나님은 소멸하는 불이심이니라』(히 12:29). 그분의 보좌는 작렬하는 불꽃과 같고 그 바퀴는 타오르는 불이며 그분 앞에서부터 불이 강처럼 흘러나온다(단 7:9-10). 이 모든 것은 심판을 위한 것이다. 불꽃과 같은 주님의 눈의 주된 의의(意義)는 그분의 심판을 위한 것이다(2:18-23, 19:11-12). 그분이 땅에 대한 심판을 집행하심으로써 땅을 차지하러 오실 때 그분의 발까지도 불기둥과 같을 것이다(10:1).

Ⅵ. 단련되었고 빛나는 발

15절은 『그의 발은 풀무에 단련된 빛나는 놋 같고 그의 음성은 많은 물소리와 같으며』라고 말한다. 발은 걸음을 상징한다. 예표론에서 볼 때 놋은 신성한 심판을 상징한다(출 27:1-6). 그리스도가 땅 위에 계셨을 때 그분의 땅에서의 걸음과 매일의 걸음은 단련되었고 시험받았다. 그분의 걸음이 시험받았기 때문에 그분은 빛을 내면서 나오셨다. 이제 그리스도의 발은 에스겔 1장 7절과 다니엘 10장 6절에서도 언급된 바와 같이 빛나는 놋인데, 이는 그분의 완전하고도 빛나는 발걸음이 그분에게 신성한 심판을 집행할 자격을 부여함을 상징한다. 「풀무에 단련」되는 것은 불태워짐으로써 시험받는 것이다. 그리스도의 발걸음은 그분의 고난으로써 단련되었으며 심지어 십자가 위에서의 죽음으로써도 단련되었다. 그러므로 그분의 발걸음은 빛나는 놋처럼 눈부시며, 그것은 그분에게 불의한 자들을 심판할 자격을 부여한다. 이미 지적했다시피 그분이 땅을 심판하심으로써 땅을 소유하러 오실 때 그분의 발은 마치 불기둥 같을 것이다(10:1).

Ⅶ. 엄숙하고 장엄한 목소리를 가지심

15절은 또한 「그분의 음성」이 「많은 물소리」같다고 말한다. 「많은 물소리」, 곧 떠들썩한 소리는 전능하신 하나님의 음성이다(겔 1:24, 43:2). 그것은 그분의 말씀하심이 엄숙하고 장엄함을 상징한다(10:3 참조). 때로는 주님의 음성이 온화하고 부드럽지만, 어떤 때는 그분의 음성이 천둥처럼 충격을 준다. 우리가 나태하고 졸 때마다 주님의 음성이 우리를 깨우실 것이다. 전능한 하나님의 음성인 그분의 음성은 우리에게 경고하고 우리를 깨운다.

Ⅷ. 교회들의 사자들을 붙들고 계심

16절은 『그의 오른손에 일곱 별이 있고』라고 말한다. 20절이 밝히듯이 『일곱 별은 일곱 교회의 사자(使者)이다』. 그 사자들은 교회들 안에서 예수의 간증에 대한 책임을 지고 있는 영적인 사람들이다. 마치 별들처럼 그들은 하늘에 속한 본성을 지녀야 하고 하늘에 속한 위치 안에 있어야 한다. 사도행전과 서신서들에서는 장로들이 지방 교회들의 역사에 있어서 인도하는 자들이었다(행 14:23, 20:17, 딛 1:5). 장로 직분은 다소 공식적이며 우리가 보았듯이 이 책이 쓰여질 당시 교회들 안의 직임들은 교회의 타락 안에서 실추(失墜)되었다. 이 책에서 주님은 우리의 주의를 영적인 실제로 되돌리신다. 그러므로 이 책은 장로들보다는 교회들의 사자들을 강조한다. 장로들의 직임은 쉽게 인지(認知)된다. 그러나 믿는이들은 교회가 타락한 어두움 가운데서 예수의 간증을 지닐 수 있도록 합당한 교회 생활을 위한 사자들의 영적이고 하늘에 속한 실제에 대한 중요성을 보아야 할 필요가 있다.

등대들과 별들 모두는 어둠 속에서 빛을 내기 위한 것이다. 지방 교회를 대표하는 등대는 단체적 단위인 반면에 한 지방 교회의 사자를 대표하는 별은 개인적인 존재이다. 교회가 타락한 어두운 밤에는 단체적인 교회들과 개인적인 사자들 모두가 빛을 내야 할 필요가 있다. 그리스도가 교회들 가운데서 걸으실 때 그분은 오른손에 인도하는 자들을 붙들고 계신다. 이 어떠한 위로인가! 인도하는 자들은 그들이 그분의 손안에 있으며 그분이 그들을 붙들고 계시므로 마땅히 그분을 찬양해야 할 것이다. 인도하는 자들은 그분의 손안에 있으므로 뒤로 물러서거나 약해지거나 실수를 범할 필요가 없다. 진실로 그리스도는 그분의 간증을 위해 책임을 지고 계신다.

계시록에는 교회들 안에 장로들이 없고 그보다는 사자들이 있다. 이 책이 쓰여질 당시 교회는 타락했다. 그러므로 계시록에서 주님은 모든 형식적인 것들을 거절하신다. 장로가 되는 것은 다소 법적이며 형식적이다. 장로가 되려고 열망하지 말고 빛나는 별이 되기를 갈망하라. 단지 지위만을 가진 자가 되지 말고 빛나는 별이 되라. 등대와 별들은 모두 밤에 빛을 낸다. 교회와 교회들 안의 인도하는 자들은 반드시 빛을 내야 한다. 모든 인도하는 자들은 반드시 별들이 되어야 한다.

Ⅸ. 그분의 입에서 심판하는 말씀이 나옴

16절은 『그의 입에서 좌우에 날선 검이 나오고』라고 말한다. 아가서 5장 16절에서 『그의 입은 심히 달콤』하며, 복음서에서는 『그 입으로부터 은혜로운 말씀이 나온다』(눅 4:22). 그러나 여기서는 『그의 입에서 좌우에 날선 검이 나온다』. 이것은 그분의 분별하고 심판하고 「살육하는 말씀」이다(히 4:12, 엡 6:17). 「은혜로운 말씀」은 그분이 사랑하는 자들에 대한 그분의 공급을 위한 것이고, 한편 「좌우에 날선 검」은 그분이 소극적인 사람들과 존재들을 처리하기 위한 것이다. 우리는 종종 그 영이 교회들에게 말씀하신다고 말한다. 오늘날 말씀하시는 그 영은 좌우에 날선 검을 가지고 말씀하시는 바로 이 그리스도이심을 기억하라. 여기에 심판이 있고 우리 모두는 이것을 체험했다. 교회의 타락 때문에 우리 모두에게는 어느 정도의 심판이 필요하다. 오늘날 모든 그리스도인들에게는 그분의 말씀에 의한 주님의 심판이 필요하다. 많은 경우에 우리는 우리가 행한 실수와 주님을 떠나 헤매는 것 때문에 이 심판을 체험했다. 우리가 그분을 떠나서 방황했으므로 그분은 우리를 심판하러 오셨다. 오늘날 그분이 말씀하시는 것은 주로 심판의 유형(類型)이다. 만일 주께서 당신에게 말씀하시고자 한다면 대부분 그분의 말씀은 심판의 말씀들일 것이라고 나는 당신에게 간증할 수 있다. 그분이 말씀하실 때 그분은 심판하신다. 오늘날 교회들 안에서 그분의 입에서 나오는 말씀마다 우리를 심판하는 예리한 칼과도 같다. 주의 입에서 나오는 말씀들은 예리하여 우리 존재를 찌르고 우리 혼과 영을 나누며 우리 마음의 의도를 분별한다. 이것이 오늘날 우리가 교회 생활 안에서 체험하는 그리스도이다.

기독교 안에는 수많은 의견들이 있으며 이런 의견들로 인한 빈번한 토론과 다툼들이 있다. 내 자신이 이것을 보았다. 나는 당회의 위원들로서 봉사하고 있던 몇몇 그리스도인들의 사례 한 가지를 알고 있다. 한번은 함께 모였을 때 그들은 서로 토의하고 토론했다. 급기야 그 토론은 다툼으로 바뀌었다. 어떤 지점에 이르러서 당회의 위원들 중 한 명이 다른 위원에게 성경을 집어던지기도 했다. 그러나 오늘날 주의 회복 안에서 우리는 우리 가운데서 걷고 계시는 분을 갖고 있다. 그분은 불타는 일곱 눈으로 우리를 주시하고 계시며 그분의 입에서는 좌우에 날선 검이 나온다. 이 검이 우리 가운에 있는 서로 다른 모든 의견들을 죽였다. 교회들 안에 논쟁이 거의 없는 것은 이 때문이다.

최근에 우리는 아나하임에 있는 집회소를 완성했다. 우리가 간증할 수 있는 것은 건축의 일이 진행되고 있는 몇 개월 동안 우리는 결코 서로 다툰 적이 없다는 것이다. 시청 검사관 중 한 명이 우리에게 말하기를, 자기 경험에 의하면 교회 건물을 건축할 때마다 그 건축 위원회에는 내분이 생겼다는 것이다. 살육하는 검으로 인해 우리는 서로 다투지 않았음을 그 검사관에게 간증할 수 있었다. 이것은 우리에게 의견이나 관념이 없다는 뜻이 아니다. 우리는 사람이므로 많은 의견들을 갖고 있다. 그러나 우리 모두가 간증할 수 있듯이 의견이 일어날 때마다 검이 그것을 조각조각 베어 버린다. 당신이 자신의 의견에 대해 생각할수록 더더욱 당신은 베어진다. 이는 교리가 아니라 우리의 체험이다. 언제든지 두 형제가 막 싸우려고 할 때 제삼자 곧 가장 강한 분이 나타나셔서 양(兩)형제들의 의견들을 베어버리려고 검을 사용하신다. 우리가 집회소를 짓고 있을 때 양날의 검이 모든 소란을 진정시켰다. 이 제 삼자가 바로 그리스도 곧 인자이신데, 대제사장으로서 교회들 가운데서 걷고 계시며 사랑 안에서 그들을 돌보신다. 구약에서는 제사장들이 등을 손질할 필요가 있었다. 오늘날 우리의 제사장이신 인자께서는 우리를 손질해야 할 올바른 때를 알고 계신다. 이 때문에 우리 가운데 그러한 잠잠함이 있다. 이것이 외부인들이 이해하지 못하는 교회 생활의 비결이다. 왜냐하면 그들은 등대 위에 있는 등을 손질하고 다루는 제사장을 갖고 있지 않기 때문이다. 지금 그 제사장은 교회들 가운데서 걷고 계시면서 모든 등들을 손질하며 돌보신다.

Ⅹ. 빛을 내는 얼굴을 가지심

16절은 『그 얼굴은 해가 힘있게 비취는 것 같더라』고 말한다. 아가서 5장 10절과 13절에서 그분의 얼굴은 그분을 추구하는 자들이 그분을 귀하게 여길 수 있도록 사랑스럽게 나타나며 서신서들에서 그분의 얼굴은 믿는이들 안으로 생명을 나눠주기 위해서 하나님의 영광을 반사한다(고후 4:6). 그러나 여기서 「그분의 얼굴」은 다니엘 10장 6절에 있는 바와 같이 「해가 힘있게 비취는 것」 같은데, 이는 왕국을 이끌어오기 위한 심판의 비춤을 위함이다. 그분이 변형되시고 그분의 얼굴이 해처럼 빛났을 때, 그것은 그분의 왕국 안에서의 오심이었다(마 16:28-17:2). 그분이 왕국을 위해서 땅을 차지하러 오실 때 그분의 얼굴은 해와 같을 것이다(10:1).

Ⅺ. 시작과 끝이요 처음과 마지막이심

17절은 『내가 그를 볼 때에 그의 발 앞에 엎드러져 죽은 자같이 되니 그가 오른손을 내게 얹고 말씀하시기를 두려워 말라 나는 처음이요 마지막이니』라고 말한다. 그리스도는 처음과 마지막이실 뿐 아니라 시작과 끝이시기도 하다. 이것이 우리에게 확신을 주는 바는, 교회생활을 이미 시작했으므로 그분이 정녕코 그것을 성취하시리라는 것이다. 그분은 결코 자신의 일을 미완성인 채로 두지 않으신다. 모든 지방의 교회들은 주 예수님이 시작과 끝이심을 반드시 믿어야 한다. 그분은 회복 안에서 그분이 시작한 것을 성취하실 것이다.

XⅡ. 살아 있는 분이심

18절에서 우리는 주님이 「살아 있는 분」 곧 「전에는 죽었던」 분이요 「이제는 세세토록 살아 있는」 분임을 본다. 교회들 한 가운데서 걷고 계시는 분이시요 교회들의 머리시요 교회가 속해 있는 분이신 바로 그 그리스도가 생명이 충만한 살아 계신 분이다. 그러므로 그분의 몸인 교회들도 역시 살아 있어야 하고 생명이 충만해야 한다. 할렐루야, 우리는 죽음을 정복하신 살아 계신 그리스도를 갖고 있다! 부활한 그리스도이신 우리의 그리스도는 우리 안에서 그리고 우리 가운데서 살고 계신다. 그분은 영원 무궁토록 살아 계신다. 우리는 회복 안에서 어떠한 살아 계신 그리스도를 갖고 있는가! 회복 안에서 온 교회들은 그리스도처럼 살아 있어서 생명이 충만하여 사망을 이겨야 한다.

XⅢ. 사망과 음부를 제압하는 권세를 갖고 계심

18절에서 주님은 또 『내가 사망과 음부의 열쇠를 가졌으니』라고 말씀하신다. 사람의 타락과 죄로 인해 사망이 들어왔고 지금은 죄 있는 모든 사람들을 모으기 위해 땅 위에서 역사하고 있다. 사망은 바닥에서 먼지들을 모으기 위해 사용하는 쓰레받기와 비슷하며 음부는 쓰레기통과 비슷하다. 쓰레받기가 모으는 것마다 쓰레기통 안으로 들어간다. 이처럼 사망은 모으는 자요 음부는 보관하는 자이다. 오늘날 교회생활 안에서 우리는 여전히 사망과 음부에 굴복하고 있는가? 아니다, 그리스도는 십자가 위에서 사망을 멸하셨고 그분의 부활 안에서 음부를 이기셨다. 비록 음부가 그분을 잡아두려고 안간힘을 썼지만 그렇게 하기에는 무력했다(행 2:24). 그분에게 있어서 사망은 쏠 것이 없고 음부는 권세가 없다. 그러나 우리는 어떠한가? 반드시 그와 동일해야 한다. 교회 생활 안에서 사망과 음부의 열쇠는 그분의 손에 있다. 우리가 사망을 처리하기란 불가능하다. 우리는 전혀 사망을 제어할 능력이 없다. 사망이 들어올 적마다 많은 이들을 죽게 할 것이다. 그러나 우리가 주 예수님에게 우리 가운데서 움직이시고 행하실 거점과 기회와 자유로운 통로를 드리는 한, 사망과 음부는 모두 그분의 통제 아래 있게 될 것이다. 그러나 언제든지 주 예수님이 교회 안에서 거점을 갖지 못하실 때마다 사망이 즉시 우세하게 되고 음부는 권능이 많게 되어 죽은 자들을 잡아둔다. 그리스도께서 사망과 음부의 열쇠를 갖고 계심을 인해 주님을 찬양하자. 사망은 그분께 굴복하며 음부는 그분의 통제 아래 있다. 할렐루야!

계시록 10

에베소 교회—사랑과 생명과 빛

계시록은 훌륭하게 구성되어 있다. 1장에 이어서 2장과 3장은 실제의 일곱 교회들에 대한 분명한 조망을 보여 준다. 이 일곱 교회는 뛰어난 실례들로서 교리가 아닌 사실적인 실행 안에서 지방 교회들을 계시한다. 이 일곱 교회들을 고찰해 봄으로써 우리는 지방 교회가 무엇이며 또 어떠해야 하는지를 분명히 볼 수 있다.

2장과 3장에 있는 일곱 서신들은 그 서신들이 쓰여질 당시 일곱 교회들 안에 현존하고 있던 현실 상황에 대한 기록이다. 그러나 이 책은 예언적 성격을 띤 표적의 책이므로 일곱 교회들 역시 일곱 단계 안에 있는 교회의 진행 과정을 예언적으로 상징하는 표적들이다. 에베소 교회에 보낸 첫 번째 편지는 제 1세기 후반 동안의, 첫 단계 끝에 있는 교회에 대한 그림을 제공한다. 서머나 교회에 보낸 두 번째 서신은 제 1세기 후반부터 로마 제국의 시이저인 콘스탄틴 대제가 교회를 제국의 편으로 끌어들였던 4세기 초반까지 로마 제국의 박해 아래 있던 교회를 예시한다. 버가모 교회에 보낸 세 번째 서신은 콘스탄틴이 기독교를 받아들인 때부터 6세기 후반 교황 제도가 확립되었던 때까지의 세상적인 교회, 즉 세상과 결혼한 교회를 예시한다. 두아디라 교회에 보낸 편지는 6세기 후반 교황 제도가 포고(布告)된 때부터 그리스도가 다시 오시는 이 시대 끝까지의 변절된 교회를 예언적으로 묘사한다. 사데 교회에 보낸 다섯 번째 서신은 16세기 초반 종교개혁으로부터 그리스도의 재림시까지의 개신교를 예시한다. 빌라델비아 교회에 보낸 여섯 번째 서신은 영국에서 형제들이 모든 교파적이고 분열적인 제도들 밖에서 교회 생활을 실천하도록 일으켜졌을 때인 19세기 초반부터 주님이 두 번째 나타나실 때까지의 형제 사랑의 교회, 곧 합당한 교회 생활의 회복을 예언한다. 라오디게아 교회에 보낸 일곱 번째 서신은 19세기 후반부터 주님의 재림시까지의 형제들의 타락된 교회 생활을 예시한다. 이 메시지와 다음 여섯 메시지들에서 우리는 이러한 교회들을 각각 다루고자 한다.

이 메시지에서 우리는 에베소 교회에 왔다(2:1-7). 이 메시지에 있는 중요 단어들은 사랑과 생명과 빛이다. 교회 생활을 하기 위한 기본 요건은 주님을 향한 우리의 사랑이다. 물론 우리를 향한 주님의 사랑에는 전혀 문제가 없다. 그분은 우리를 사랑하셨고 또 계속 사랑하고 있다. 문제는 그분을 향한 우리의 사랑에 있다. 설사 우리가 과거에 그분을 사랑했고, 지금도 사랑할지 모르지만 주 예수님에 대한 우리의 사랑이 쇠퇴하게 될지도 모른다는 위험이 있다. 에베소 교회에 보낸 서신은 이것을 우리에게 경고하고 있다. 이 편지는 또한 교회 생활이 타락한 근원—즉 첫 사랑의 쇠퇴—에 대한 분명한 계시를 제시한다. 앞으로 보겠지만 사랑은 생명나무를 먹을 수 있는 지위와 근거와 권리와 특권을 우리에게 부여해 준다. 우리가 주님을 사랑한다면 우리는 그분을 생명나무로서 우리의 생명 공급으로 누릴 완전한 권리를 갖게 될 것이다. 항상 빛은 생명을 뒤따르며 넘치는 생명 공급으로부터 비롯된다. 생명은 우리에게 빛을 준다. 장막 안에서 등대는 진설병 상 뒤에 오는데 이는 우리가 그리스도를 우리의 생명 공급으로 누릴 때 생명의 빛을 갖게 된다는 것을 가리킨다. 우리가 주님을 사랑하는 것은 지극히 중요하다. 만일 우리가 사랑을 갖고 있다면 우리는 생명나무로 상징된 생명과 등대로 상징된 빛을 갖게 될 것이다.

요컨대 에베소 교회의 문제는 주님을 향한 첫 사랑의 쇠퇴에 있었다. 이것 때문에 주님은 이 교회를 철저하게 다루기 위해 오셨고 만일 그 교회가 회개하지 않는다면 그 교회의 등대가 옮겨질 위험이 있음을 경고하셨다. 그들 가운데 있는 누구라도 회개하고 첫 사랑으로 돌아간다면 주님에 의해 이기는 자로 간주되었을 것이다. 주님은 이기는 자에게 그분을 생명나무로 누릴 권리를 주시겠다고 약속했다. 물론 등대는 이기는 자들 가운데 항상 남아 있을 것이다. 그러나 우리가 주님을 향한 우리의 쇠퇴하는 사랑을 회개하지 않는다면, 우리는 생명나무를 먹을 권리를 잃게 될 것이고 등대는 우리에게서 옮겨질 것이다. 만일 경우가 이렇다면 우리에게는 사랑과 빛이 없게 될 것이다. 이것은 얼마나 가련한 상황이겠는가!

Ⅰ. 말씀하시는 분

계시록 2장 1절은 『에베소 교회의 사자에게 편지하기를 오른손에 일곱 별을 붙잡고 일곱 금등대 사이에 다니시는 이가 말씀하시기를』이라고 말한다. 이 일곱 서신들은 모두 화자(話者)에 대한 기술(記述)로 시작된다. 주님은 교회들에게 무엇을 말씀하시기 전에 자신이 누구인가를 선포하신다. 첫 번째 서신에서 주님은 자신이 오른손에 일곱 별을 붙잡고 일곱 금등대들 한 가운데서 거니시는 분이라고 선포한다. 이 두 가지 사항은 주님이 매우 정상적이고 참되고 합당하신 분임을 입증한다. 그분은 자신의 오른손에 인도하는 자들을 붙잡음으로써 그리고 모든 교회들 가운데서 거니심으로써 교회들을 돌보신다. 예수의 간증에 대한 책임을 지고 있는 자들이며 빛나는 별들로 상징된 교회들의 사자들 곧 영적인 자들은 주님의 오른손에 붙잡힌 바 되었고 주님은 일곱 금등대들로 상징된 교회들 한 가운데서 거닐고 계신다. 얼마나 놀라운 광경인가! 주님이 우리의 대제사장으로서 우리 곧 교회들을 위해 중재하면서 하나님 우편에 앉아 계시는 동안(히 7:25) 그분은 교회들의 사자들을 붙들고 계시며 교회들 한 가운데서 그들을 돌보기 위해 거닐고 계신다.

Ⅱ. (에베소)교회의 미덕들

에베소라는 말은 헬라어로 바람직하다는 것을 의미한다. 이것은 초기의 교회가 그 끝 무렵에도 여전히 주님께 바람직했음을 상징한다. 즉 주님은 여전히 그 교회에 많은 기대를 가지고 계셨었다.

A. 일

이제 우리는 에베소 교회의 미덕들을 살펴보기로 하자. 먼저 그 교회는 주님을 위해 많은 일들을 했다. 에베소 교회는 게으르거나 느슨하지 않았다. 그 교회는 주님을 위해 일하는 데 있어서 꽤 좋았다.

B. 수고

이 교회는 주님을 위해 일했을 뿐만 아니라 그분을 위해 수고도 했다(2-3절). 우리는 일과 수고를 구별해야 한다. 수고는 일보다 더 높다. 일은 평범한 것이지만 반면에 수고는 특별한 것이다. 아나하임의 집회소를 위해 전시간으로 일했던 이들은 일을 했을 뿐만 아니라 수고도 했다. 만일 우리가 청부업자를 고용했거나 노동조합 인부들을 썼다면 그들은 수고함 없이 일을 했을 것이다.

C. 인내

또한 에베소 교회는 인내의 미덕도 가졌었다. 이것은 그 교회가 시달림을 당했고 고난을 견디었음을 의미한다.

D. 악한 자들을 용납하지 않음

주님은 에베소 교회에게 『악한 자들을 용납치 아니한 것과』라고 말씀하셨다(2절). 「자들」이란 단어는 헬라어 원문에서 발견되지 않는다. 내가 믿기로 여기서 악에 관한 주님의 말씀은 두 가지 것—악한 자들과 악한 일들—을 포함한다. 에베소 교회는 악한 누구도, 악한 그 무엇도 용납하지 않았다. 그것은 확실히 좋은 교회였다.

E. 거짓 사도들을 시험함

또한 주님은 『자칭 사도라 하되 아닌 자들을 시험하여 그 거짓된 것을 네가 드러낸 것과』라고 말씀하셨다(2절). 이 교회는 매우 분별력이 있어서 거짓 사도들을 시험하여 그들을 거절했다. 그들은 자칭 사도라 하는 자들의 거짓됨을 분별해 냈다. 여러 세대에 걸쳐서 스스로 임명한 사도들이 있어 왔다. 이것은 오늘날에도 해당된다.

F. 니골라당의 행위를 미워함

2장 6절에서 주님은 『그러나 네게 이것이 있으니 네가 니골라당의 행위를 미워하는도다 나도 이것을 미워하노라』고 말씀하셨다. 에베소 교회는 주님이 미워하시는 것, 즉 니골라당의 행위를 미워했다. 미덕들에 관한 한 이 교회는 선하고 순수하고 올바르고 정상이었다.

주님은 니골라당의 행위를 미워하신다. 만일 니골라당의 행위가 무엇인지 이해하고자 한다면 니(Nee) 형제님의 저서 「교회의 정통」을 읽어보라. 니골라당의 행위는 어떤 이들이 남들을 지배하기 위해 스스로 그들 위에 군림하는, 성도들 가운데의 계급 제도이다. 이것은 소위 성직자와 평신도가 생기게 한다. 에베소 교회에는 니골라당의 교리와 가르침이 없었다. 이것은 훗날에 발전하게 되었다. 그러나 니골라당의 행위와 활동이 있었다. 즉 거기에 어떤 유형의 성직자-평신도 계급제도가 있었다. 니골라당(nikolaitans)은 헬라어 단어 니콜라이타이(nikolaitai)와 동일한데 그 어간은 니콜라오스(nikolaos)로서 니코(niko)와 라오스(laos) 두 단어로 구성되었다. 니코(niko)란 「정복하다」 혹은 「다른 사람 위에」를 의미한다. 라오스(laos)는 「평범한 사람들」, 「세속인들」, 「평신도」를 의미한다. 그러므로 니콜라오스는 평범한 사람들을 정복하거나 평신도들 위로 올라가는 것을 의미한다. 그렇다면 니골라당이란 평범한 믿는이들보다 스스로 더 높다고 여기는 한 무리의 사람들을 언급하는 것이 틀림없다. 이것은 의심할 바 없이 가톨릭과 개신교에 의해 추종되고 확립된 계급제도이다. 주님은 이런 니골라당의 행위와 행동을 미워하시므로 우리도 반드시 주님이 미워하시는 것을 미워해야 한다.

하나님은 그분의 경륜 안에서 그분의 모든 백성들이 직접 그분을 섬기는 제사장들이 되기를 의도하셨다. 출애굽기 19장 6절에서 하나님은 이스라엘 자손들에게 「제사장 왕국」이 될 것을 명하셨다. 이것은 하나님이 그들 모두가 제사장들이 되기를 원하셨음을 뜻한다. 그러나 금송아지의 숭배로 인해(출 32:1-6) 그들은 제사장 직분을 상실했고 오직 레위 족속만이 하나님께 대한 그들의 신실함으로 인해 하나님께 대한 제사장들로서 온 이스라엘을 대신하도록 선택되었다(출 32:25-29, 신 33:8-10). 그러므로 하나님과 이스라엘 자손들 사이에 중재 계급이 생겼다. 이것이 유대교 안에서 강한 조직이 되었다. 신약에서 하나님은 모든 믿는이들을 그리스도 안에서 제사장들로 만드심으로 그분의 경륜에 따른 원래 의도대로 되돌아오셨다(1:6, 5:10, 벧전 2:5, 9). 그러나 초대 교회의 끝 무렵 1세기에서조차 하나님의 경륜을 손상시키려고 니골라당이 중재 계급으로 개입되었다. 교회사에 의하면 이것이 로마 천주 교회에 의해 채택되었고 개신 교회들에도 역시 보유된 하나의 제도가 되었다. 오늘날 로마 천주교회에는 사제 제도가 있고 국교회(國敎會)에는 성직자 제도가 있으며 독립 교회들에는 목사 제도가 있다. 이 모든 것들은 중간 계급들로서 모든 믿는이들의 보편적인 제사장 체계를 손상시킨다. 이처럼 두 가지 구분되는 계급들-성직자와 평신도-이 있다. 그러나 합당한 교회 생활 안에는 성직자도 평신도도 있어서는 안 된다. 모든 믿는이들이 하나님의 제사장들이어야 한다. 중재 계급은 하나님의 경륜 안에 있는 보편적인 제사장 체계를 파괴하기 때문에 주님은 그것을 미워하신다.

사도행전 6장 5절에서 일곱 집사들 중에 니콜라오스(헬라어)라고 이름하는 이가 한 명 있었다. 이 니골라오스가 니골라당의 첫 번째 인물이라는 것은 교회사 가운데서 찾아볼 수 없다.

Ⅲ. 교회 타락의 기원

비록 에베소 교회가 수많은 미덕들을 갖고 있었지만 그 처음 사랑을 떠났기 때문에 타락했다. 4절에서 주님은 『그러나 너를 책망할 것이 있으니 너의 처음 사랑을 버린 것이라』고 말씀하셨다. 「처음」이라는 헬라어 단어는 누가복음 15장 22절의 「가장 좋은」이라고 번역된 단어와 같은 것이다. 주님을 향한 우리의 처음 사랑은 그분에 대한 가장 좋은 사랑임에 틀림없다. 에베소 교회는 주님을 향한 가장 좋은 사랑을 떠났다.

그리스도의 몸인 교회(엡 1:23)는 생명의 문제이고 새 사람인 교회(엡 2:15)는 그리스도의 인격 문제이며 그리스도의 신부인 교회(요 3:29)는 사랑의 문제이다. 에베소인들에게 보낸 처음 서신은 다음과 같은 것들을 말해 준다. 즉 그리스도가 우리 마음 안에 그분의 집을 만드시고, 우리가 사랑 안에서 뿌리가 박히고 터가 굳어지게 됨으로 지식을 초월하는 그리스도의 사랑을 알고, 하나님의 모든 충만으로 충만 되도록 교회 생활을 위해 우리 속 사람 안으로 강건케 되어야 하며(엡 3:16-19), 주 예수를 사랑하는 모든 이에게 은혜가 함께하는 것은 교회 생활을 위해서라는 것(엡 6:24)을 말해 준다. 이제 에베소인들에게 보낸 두 번째 서신은 교회의 타락이 주님을 향한 처음 사랑을 떠나는 데서 시작됨을 계시한다. 다름 아닌 오직 사랑만이 우리를 주님과의 합당한 관계 안에서 보존시킬 수 있다. 에베소 교회는 좋은 행위들을 가졌고 주를 위해 수고했으며 고난을 견디었고 거짓 사도들을 시험했다. 그러나 그 교회는 주님을 향한 첫 사랑을 떠나고 말았다. 첫 사랑을 떠나는 것이 교회 안에 있는 다음 단계들의 모든 타락의 근원이다.

오늘날 지방 교회들 안에 있는 우리는 주님에 대한 첫 사랑을 상실할 수도 있다는 가능성에 대해 경고를 받아야만 한다. 우리는 주를 위해 일하고 수고하거나 교리적으로 순수하고 성경적으로 정확할지도 모른다. 그러나 주님에 대한 첫 사랑을 갖고 있지 않을지도 모른다. 어쩌면 우리는 지금 그분을 사랑하는 것만큼 장래에는 사랑하지 않을지 모른다. 이것을 조심하라. 주님에 대한 사랑을 잃는 것보다 약간의 일을 잃는 것이 훨씬 낫다. 그분에 대한 우리의 사랑은 반드시 처음 사랑이어야 한다. 우리 모두는 이렇게 말해야 한다. 『주여, 저는 당신을 사랑합니다. 저는 당신을 위해서 하는 일들을 사랑하지 않습니다. 저는 당신을 위해 소모하는 수고를 귀하게 여기지 않습니다. 주여, 저는 당신을 사랑합니다. 만일 당신을 위한 수고가 당신을 사랑하는 데 방해가 된다면 저는 수고하기를 멈추겠습니다.』 그 어느 것도 당신을 주님에 대한 사랑에서 분리시키지 못하게 하라. 우리는 반드시 처음 사랑을 유의해야 하며 주님을 항상 사랑해야 한다.

나는 다비(J. N. Darby)에 대한 짧은 일화 하나를 결코 잊을 수가 없다. 이 일화는 다비가 매우 연로했을 때 여행 중 밤을 지내기 위해 호텔에 묵었다고 한다. 잠자리에 들려고 할 때 그는 간단하게 기도했다. 『주 예수여, 저는 여전히 당신을 사랑합니다.』 연로한 성도가 이렇게 말하는 것은 귀한 것이다. 다비(J. N. Darby)는 젊었을 때부터 주님을 사랑하기 시작했다. 60여 년이 훨씬 지난 후에도 그는 여전히 그분을 사랑했다. 우리는 모두 날마다 이렇게 말해야 한다. 『주 예수여, 저는 여전히 당신을 사랑합니다. 주여, 저는 다른 모든 것에 있어서는 변할지 몰라도 당신을 사랑하는 데 있어서는 결코 변치 않겠습니다. 아니 그보다는 당신에 대한 제 사랑이 내내 증가되길 원합니다.』 나는 다비에 관한 이 일화를 이십여 년 전에 읽었다. 나는 그것이 수십 년에 걸쳐서 내게 가져다 준 도움을 어떻게 말할지 모르겠다.

우리는 항상 이렇게 말해야 한다. 『주 예수여, 저는 여전히 당신을 사랑합니다.』 일단 우리가 우리의 처음 사랑에서 떨어졌을 때 우리의 타락이 시작된다. 우리는 다른 모든 것—일과 수고와 기타 다른 것들—에서는 변함없지만 우리의 처음 사랑을 떠났기 때문에 타락한다. 결국 에베소 교회는 많은 일을 했지만 사랑은 보다 적었다. 오늘날 우리는 모두 보다 많은 사랑과 보다 적은 일을 원한다고 말해야 한다. 만일 우리가 어떤 일을 하고자 한다면 그것은 반드시 주님에 대한 우리의 사랑에서 나와야 한다. 사랑이 우리가 주님을 위해 하는 모든 것에 동기를 부여한다. 만일 우리가 그분을 사랑하기 때문에 어떤 것을 할 수 없다면, 우리는 그것을 하지 말아야 한다. 우리의 일은 다만 그분에 대한 우리의 사랑이 표현되는 것이어야 한다. 우리는 반드시 이러해야 한다. 그렇지 않으면 우리는 그분의 임재 안에서 보존되지 못할 것이다.

Ⅳ. 교회 타락의 결과

5절에서 우리는 교회 타락의 귀결을 본다. 『그러므로 어디서 떨어졌는지 생각해 보고 회개하여 처음 행위를 가지라 만일 그리하지 아니하고 회개치 아니하면 내가 네게 임하여 네 등대를 그 자리에서 옮기리라』. 교회 타락의 결과는 간증을 상실하는 것이다. 간증을 상실하는 것은 곧 등대를 옮기는 것이다. 만일 우리가 주님을 향한 처음 사랑을 떠나고 회개하지 않는다면 우리는 주님의 간증을 상실할 것이며 등대가 우리로부터 옮겨질 것이다. 여러 해 전에 형제회에게 있었던 간증은 매우 밝았다. 그러나 오늘날은 그렇지 못하다. 등대가 대부분의 형제회 모임으로부터 옮겨졌다는 것은 의심의 여지가 없다. 당신이 그들의 집회에 들어갈 때 어떠한 빛남도 느끼지 못한다. 거기에는 빛도, 간증도 없다. 우리는 반드시 조심해야 하며 항상 이런 결과를 피하도록 경계해야 한다. 우리는 등대들인 지방 교회들이고 또 예수의 간증이기 때문에 우리의 간증을 상실할 수 없다고 생각지 말라. 주님을 향한 우리의 첫 사랑을 상실하는 그날이 바로 우리가 간증을 잃게 되는 날이다. 바로 그날 등대가 옮겨지게 될 것이다.

Ⅴ. 그 영의 말씀하심

2장 7절 전반부는 『귀 있는 자는 그 영이 교회들에게 하시는 말씀을 들을지어다』라고 말한다. 2장과 3장에 있는 일곱 서신의 각 서두에서 말씀하시는 분은 주님이시다(2:1, 8, 12, 18, 3:1, 7, 14). 그러나 일곱 서신 모두의 끝에서 교회들에게 말씀하시는 분은 그 영이시다(2:7, 11, 17, 29, 3:6, 13, 22). 또다시 이것은 말씀하시는 그리스도가 그 영이심을 입증한다. 그리스도가 말씀하시는 것마다 그것은 그 영의 말씀하심이다. 아무도 이것에 대해 반론을 제기할 수 없다. 에베소 교회에 말씀하고 계셨던 분은 누구인가? 오른손에 사자(使者)들을 붙드시고 교회들 한 가운데서 걷고 계시는 그리스도 곧 인자이시다. 7절이 가리키듯이 말씀하시는 이는 결국 그 영이시다. 이것은 그리스도가 말씀하시는 영이심을 입증한다. 이것은 그 영이 주이시고 주가 그 영이심을 지적할 뿐만 아니라 또한 1장 4절에서 칠 배로 강화된 영에 의해 지적되듯이 교회가 타락한 어둠 속에서 그 영이 지극히 중요함을 강조하기도 한다. 그 동일한 강조점이 14장 13절과 22장 17절에서도 발견된다. 오늘날 그리스도가 말씀하시는 영이 아니라고 말하는 것은 어리석은 것이며 말씀하시는 영과 그리스도를 분리하는 것도 우스운 일이다. 그 둘은 하나이다.

만일 말씀하는 분은 오직 그리스도이며 말씀하시는 영은 없다고 한다면 그분은 결코 몇 가지 말씀을 우리 영 안으로 말씀하실 수 없을 것이며 또한 그분의 말씀하심은 그리 주관적이거나 감동적이지 못할 것이다. 그러나 우리의 체험이 증거하는 바와 같이 만일 우리가 이 서신들을 읽을 때 우리 영 안에서 그분께 열려 있다면 그 영은 즉시로 그리스도에 관한 그 무엇을 우리 안으로 말씀하실 것이다. 말씀하는 분은 객관적인 그리스도가 아닌 주관적인 영이시기 때문에 그분은 성경의 검고 흰 글자로 말씀하실 뿐 아니라 우리 영 안에서도 말씀하신다. 일단 우리가 그분의 말씀하심을 들으면 지울 수 없는 그 무엇이 우리 안으로 역사되어 아무 것도 그것을 제거할 수 없게 된다. 오늘날 우리의 그리스도는 말씀하시는 영이시다. 나는 이 사실을 기뻐하며 또 그것을 담대하게 선포한다.

A. 교회들에게

한편으로 일곱 서신은 각각 특정의 교회에게 보내는 주님의 말씀이다. 그러나 다른 한편으로 그것은 모든 교회들에게 보내는 그 영의 말씀이다. 각 교회는 자기에게 특별히 보내어진 서신뿐 아니라 다른 교회들에게 보낸 모든 서신들에도 주의를 기울여야 한다. 이것은 그 영 안에 있는 주님의 간증처럼 모든 교회들이 동일해야 함을 암시해 준다. 오늘날 그 영은 교회들에게 말씀하고 계시므로 우리는 그 영의 말씀하심을 들을 수 있도록 올바른 위치에 있기 위해 반드시 교회들 안에 있어야 한다. 달리 어떻게 그 영이 말씀하시는 것을 들을 수 있겠는가?

그 영은 종교나 교파, 혹은 추구하는 그리스도인 단체들에게 말씀하고 계시지 않고 교회들에게 말씀하고 계신다. 이 때문에 그 영의 말씀하심을 들을 수 있는 그리스도인들은 많지 않다. 그 영은 단 하나의 교회에게만 말씀하시는 것이 아니라 교회들에게 말씀하신다. 비록 어떤 가상의 교회들이 독특하기를 원한다 해도 우리는 독특하거나 특별한 교회가 되지 말아야 한다. 만일 우리가 그러하다면, 우리는 그 영의 말씀하심을 놓치게 될 것이다. 왜냐하면 그 영은 교회들에게 말씀하시기 때문이다. 일곱 서신들 중 어느 것에서도 그 영이 어떤 특별한 교회에게 말씀하지 않는다. 모든 교회들은 일반적이어야 하며 독특하지 말아야 한다. 과거 수년 동안 나는 많은 이들이 각 교회는 구별되어야 한다고 말하는 것을 들어 왔다. 이런 관념을 붙잡고 있는 이들은 각 교회는 그 지방의 독특성을 가져야 한다고 말한다. 비록 이 사상이 매력적으로 들린다 해도 사실상 그것은 아주 불쾌한 것이다. 당신의 지방 교회를 독특하게 만드는 것은 스스로를 다른 모든 교회들로부터 분리시키는 것이다. 만일 당신이 이렇게 한다면 당신은 그 영의 말씀하심과는 관계가 끊어지게 된다. 어느 것이 더 좋은가? 독특한 것인가 아니면 일반적인 것인가? 비록 당신이 일반적인 것이 더 좋다고 말한다 할지라도 사실상 누구나 독특하기를 좋아한다. 당신은 마음속으로 당신의 지방에 있는 교회가 독특하기를 원한다. 그럼에도 불구하고 지방 교회들 안에서는 독특해지려고 애쓰지 말라. 그 영은 어떠한 독특한 교회에게 말하는 것이 아니라 교회들에게 말씀하시기 때문에 우리 모두는 반드시 일반적이어야 한다. 우리가 교회 안에 그리고 교회들 가운데 있을 때 비로소 우리는 그 영의 말씀하심을 듣기 위한 올바른 위치와 올바른 각도를 갖게 된다.

B. 듣기 위해서는 합당한 귀가 요구됨

영적인 일에서 보는 것은 듣는 것에 달려 있다. 이 책의 저자는 먼저 음성을 들었고(1:10) 그런 다음 이상을 보았다(1:12). 만일 우리 귀가 막혀서 들을 수 없다면 우리는 볼 수 없다(사 6:9-10). 유대인들은 주의 말씀을 듣지 않으려고 했다. 그래서 그들은 주님이 하시는 것을 볼 수 없었다(마 13:15, 행 28:27). 주님은 우리가 그분의 경륜에 따라 어떤 것들을 볼 수 있도록 우리의 귀를 열어서 그분의 음성을 듣게 하기를 항상 원하신다(욥 33:14-16, 사 50:4-5, 출 21:6). 막힌 귀는 할례 받아야 한다(렘 6:10, 행 7:51). 죄인의 귀는 구속하는 피로 깨끗케 되고 그 영으로 기름 발라져야 한다(레 14:14, 17, 28). 이 책에서 그 영이 교회들에게 말씀하실 때 우리 모두에게는 그 영의 말씀하심을 들을 수 있는, 열려 있고 할례 받고 정결케 되고 기름 발라진 귀가 필요하다.

설사 우리의 각도와 위치가 올바르다 해도 여전히 듣기 위한 합당한 귀를 갖지 않을 수 있다. 1장은 보는 것을 강조하고 2장, 3장은 듣는 것을 강조한다. 우리는 보고 듣는 것이 모두 필요하다. 우리의 신체 감각 중에서 어느 것이 보다 중요한가? 보는 것인가 아니면 듣는 것인가? 가령 당신이 시력이나 청력을 상실하는 것 중에 선택권이 있다 하자. 당신은 무엇을 택하겠는가? 우리는 보는 것이 듣는 것보다 더 중요하다고 말할는지 모른다. 그러나 듣는 것이 보는 것보다 더 깊다. 그러므로 우리는 주님께 『주여, 저는 보고 듣는 것 둘 다 필요합니다. 제게 긍휼을 베푸소서. 주여, 제게 볼 수 있는 눈과 들을 수 있는 귀를 허락하소서.』라고 말해야 한다. 우리는 반드시 보고 들을 수 있어야 한다고 그분께 말씀드리면서 주님과 씨름해야 할 것이다.

듣는 것은 보는 것보다 더 친근하다. 우리의 가장 가까운 친구들은 우리에게 친근히 말할 것이다. 만일 당신이 청각 기관을 상실한다면 당신의 사랑하는 자와 함께 이 친근함을 누릴 수 없으리라. 1장에서 요한은 보았고 2장, 3장에서 그는 들었다. 우리는 교회 생활을 보아야 하고 또한 교회 생활의 친근한 내용들을 들어야 한다. 교회를 보는 것과 교회 생활의 친근한 내용들을 듣는 것은 각각 별개이다. 비록 우리 중 많은 이들이 교회를 보았지만 교회 생활의 친근한 내용들은 들어보지 못했다. 그러므로 우리에게는 듣는 귀가 필요하다. 『귀 있는 자는 그 영이 교회들에게 하시는 말씀을 들을지어다』.

Ⅵ. 이기는 자들에게 주는 약속—생명의 나무를 먹음

이제 우리는 이기는 자들에게 주는 약속에 이르렀다. 『이기는 그에게는 내가 하나님의 낙원에 있는 생명나무를 주어 먹게 하리라』(7절). 이 일곱 서신에서 이긴다는 것은 교회들의 타락한 상황을 이긴다는 뜻이다. 이 서신에서 그것은 주님을 향한 처음 사랑을 회복하고 니골라당 곧 주님이 미워하시는 계급제도의 일들을 미워하는 것을 뜻한다.

2장 7절에서 주님은 이기는 그에게 생명나무를 주어 먹게 할 것이라고 말씀하셨다. 종교는 늘 가르치지만 주님은 먹을 것을 공급하신다(요 6:35). 사도 바울도 믿는이들을 먹임으로써 그와 같은 일을 했다(고전 3:2). 합당한 교회 생활과 교회 생활의 회복을 위해서, 즉 그리스도인 생활에서의 합당한 성장을 위해서 우리에게 필요한 것은 단지 교훈들을 지성(知性)으로 이해하는 데 그치는 것이 아니라 생명의 떡이신 주님을 우리 영 안에서 먹는 것이다(요 6:57). 성경 말씀조차도 단지 우리 생각을 가르치기 위한 교리로 간주되어서는 안되며, 우리 영을 양육하기 위한 양식으로 여겨져야 한다(마 4:4, 히 5:12-14). 여기 본 서신에서 주님은 이기는 자들에게 「생명나무를 먹도록」 주리라고 약속하신다. 이것은 하나님이 명하신 먹는 문제에 관한 창세기 2장 8절과 9절 그리고 16절까지 거슬러 올라간다. 버가모 교회에 보내는 편지에서 주님은 이기는 자들에게 「감추인 만나」를 먹게 하리라고 약속하신다(2:17). 그것은 광야에서 이스라엘 자손들이 먹은 만나를 언급한다(출 16:14-16, 31). 그리고 라오디게아 교회에 보내는 편지에서 주님은 그분께 문을 여는 자와 더불어 정찬을 먹으리라고 약속하신다(3:20). 정찬을 먹는 것은 단지 한 가지 음식만 먹는 것이 아니라 식사의 풍성함을 먹는 것이다. 이것은 이스라엘 자손들이 가나안 좋은 땅의 풍성한 소산물을 먹는 것을 언급한다(수 5:10-12). 이것은 하나님의 백성들이, 하나님에 의해 명해지고 생명나무와 만나와 좋은 땅의 소산물로 예표되는 바와 같이 합당한 양식을 먹기를 주님이 갈망하신다는 것을 언급하는데, 그 모든 것들은 우리에게 양식되시는 그리스도의 각종 방면들에 대한 예표들이다. 교회의 타락은 하나님의 백성들로 하여금 그리스도를 그들의 양식으로 먹는 데서부터 지식을 위한 교리의 가르침으로 벗어나게 한다. 교회의 타락 안에는 발람의 교훈(2:14)과 니골라당의 교훈(2:15)과 이세벨의 교훈(2:20)과 사탄의 깊은 것에 대한 교훈(2:24)이 있다. 이제 주님은 이런 서신들 안에서 그분 자신을 우리의 생명 공급으로 합당하게 먹는 것을 회복하시려고 오신다. 우리는 그분을 비단 생명나무와 감추인 만나로 먹을 뿐 아니라 그분의 풍성이 충만한 식사로도 먹어야 한다.

여기서 나무(tree)라는 단어는 베드로전서 2장 24절에서처럼 헬라어로 목재(wood)를 말하는 것으로서 나무(tree)를 나타내는 평상적인 단어가 아니다. 성경에서 「생명나무」는 언제나 우리의 음식을 위한(창 2:9, 3:22, 24, 계 22:2, 14, 19) 하나님의 모든 풍성의 체현이신 그리스도(골 2:9)를 가리킨다. 여기서 그것은 십자가에 못 박히시고(일정 분량의 목재인 나무에 암시되어 있음—벧전 2:24) 부활하시어〔하나님의 생명(Zoe)에 암시되어 있음—요 11:25〕 오늘날 교회 안에 계신 그리스도를 가리키는데, 그 완성은 새 예루살렘이 될 것이며, 그곳에서 십자가에 못 박히시고 부활하신 그리스도가 영원토록 하나님의 구속받은 모든 백성들이 누리기 위한 생명나무가 될 것이다(22:2, 14).

사람이 생명나무를 먹어야 하는 것은 원래 하나님의 의도였다(창 2:9, 16). 타락 때문에 생명나무가 사람에게 닫혀졌다(창 3:22-24). 그리스도의 구속으로 말미암아 사람에게 생명이 되시는 그리스도 안에 계신 하나님 자신이신 생명나무를 접촉할 수 있는 길이 다시 열려졌다(히 10:19-20). 그러나 교회의 타락 안에서 그리스도 안에 있는 믿는이들을 생명나무이신 그분을 먹는 데서 벗어나게 하려고 종교가 그 지식을 가지고 기어 들어왔다. 그러므로 주님은 이기는 자들에게 보상으로서 하나님의 낙원에 있는 생명나무이신 그분 자신을 먹게 하실 것이라고 약속하신다. 이것은 그들로 하여금 종교의 지식을 떠나 그분을 누리는 데로 돌아오게 하려는 자극제이다. 주님의 이러한 약속은 교회를 그분의 경륜에 따라 원래 하나님의 의도로 회복시킨다. 주께서 이기는 자들이 행하길 원하시는 것은 온 교회가 하나님의 경륜 안에서 해야 하는 것이다. 그러나 교회의 타락 때문에 주님은 하나님의 경륜을 완수하는 데 있어서 교회를 대신할 이기는 자들을 부르러 오신다.

생명나무를 먹는 것은 사람에 대한 하나님의 원래 의도였을 뿐 아니라 하나님의 구속의 영원한 결과이기도 할 것이다. 그분의 구속받은 모든 백성들은 모든 신성한 풍성을 지닌 그리스도이신 생명나무를 그들의 분깃으로 영원토록 누릴 것이다(22:2, 14, 19). 종교의 빗나감과 교회의 타락으로 인해 주님은 그분의 지혜로 하나님의 경륜을 완수하기 위해 그분의 믿는이들로 하여금 종교의 벗어나게 하는 교훈의 지식을 이기고 또 오늘날 교회 안에서 생명공급이신 그분 자신을 누리는 데로 돌아올 수 있도록 장차 올 왕국 안에서의 그분에 대한 누림을 그들을 격려하기 위한 보상으로 정하셨다.

A. 하나님의 낙원 안에 있음

이미 보았듯이 에베소 교회의 이기는 자들에게 준 약속은 생명나무를 먹게 하는 것이다. 그 생명나무는 하나님의 낙원 안에 있다. 만일 우리가 성경을 안다면 2장 7절에 있는 하나님의 낙원은 에덴 동산이 아니라 장차 올 새 예루살렘임을 깨달을 것이다. 누가복음 23장 43절에 있는 낙원은 즐겁고 안식이 넘치는 곳으로서 아브라함과 죽은 모든 성도들이 거기에 있다(눅 16:23-26). 그러나 이미 지적했듯이 이 구절에 있는 「하나님의 낙원」은 새 예루살렘(3:12, 21:2, 10, 22:1-2, 14, 19)으로서 오늘날 그것을 미리 맛보는 것이 교회이다. 아담은 에덴 동산에 있었고, 아브라함과 죽은 모든 성도들은 낙원 안에 있다. 우리는 또 다른 낙원 곧 새 예루살렘에 있는 하나님의 낙원 안으로 들어가기를 고대하고 있다. 우리가 이것을 기다리고 있는 동안 우리는 오늘날 새 예루살렘의 축소판—교회 생활—을 갖고 있다. 교회 안에서 우리는 주 예수님을 생명나무로 누린다. 우리는 십자가에 못 박히고 부활하신 그리스도를 우리 영 안에서 생명나무 곧 양식 공급으로서, 그리고 교회 안에서 오늘날 미리 맛봄으로서 누린다. 이렇게 미리 맛봄을 누리는 것은 우리로 하여금 영원히 새 예루살렘 안에서 생명나무이시며 생명의 영양 공급이신 십자가에 못 박히고 부활하신 그리스도를 완전히 맛보도록 이끌 것이다. 에베소의 이기는 자들에게 주어진 생명나무를 먹게 하리라는 약속은 그들이 오늘날 교회 생활 안에서 그리스도를 먹으리라는 것과 영원히 새 예루살렘 안에서 그분을 생명나무로 먹으리라는 것을 가리킨다. 우리의 체험이 이것을 확증해 준다.

엄밀히 말해서 이 구절에서 『하나님의 낙원에 있는 … 생명나무를 먹으리라』는 것은 장차 올 천년 왕국 안에서 새 예루살렘에 있는 우리의 생명 공급이신 그리스도를 특별하게 누리는 것을 언급한다. 왜냐하면 이것은 주님이 그분의 이기는 자들에게 정하신 보상의 약속이기 때문이다. 새 하늘과 새 땅에서 새 예루살렘에 있는 생명나무이신 그리스도를 누리는 것은 하나님의 모든 구속받은 백성들에 대한 공통적인 분깃(몫)인 반면에 장래 올 천년 왕국 안에서 새 예루살렘에 있는 생명나무이신 그분을 특별하게 누리는 것은 오직 이기는 믿는이들에게만 해당되는 보상이다. 만일 우리가 오늘날 교회 안에서 생명나무이신 그리스도를 누리기 위해 교회의 타락함 가운데 있는 모든 벗어나게 하는 것들을 이긴다면 우리는 보상을 받게 될 것이다. 만일 그렇지 않다면 비록 우리가 영원히 새 하늘과 새 땅에서 새 예루살렘에 있는 생명나무이신 그분을 여전히 누리긴 하겠지만, 장차 올 왕국 안에서의 이러한 특별한 누림은 잃게 될 것이다. 각 일곱 서신 끝에 있는 보상에 관한 주님의 모든 약속과 손실에 관한 그분의 모든 예고는 장차 올 왕국 안에서 그분이 믿는이들을 다루실 것임을 언급한다. 이런 약속들은 영원한 운명—즉 영원 구원이나 영원 멸망—과는 아무 상관없다.

B. 태초로 돌아감

생명나무를 먹는 이 문제는 우리를 태초(beginning)로 돌아가게 한다(창 2:9, 16). 왜냐하면 태초에 생명나무가 있었기 때문이다. 생명나무는 항상 우리를 오로지 하나님 자신만 계신 곳인 태초로 되돌아가게 한다. 거기에는 아무런 일도, 수고도, 견딤도, 다른 아무 것도 없고 오직 하나님 자신만 있을 뿐이다. 교회 생활 안에서 우리는 거듭거듭 태초로 돌아가서 다른 것은 모두 잊어버리고 생명나무이신 하나님 자신을 누려야 할 필요가 있다.

C. 그리스도를 생명 공급으로 누림

우리가 생명나무가 있는 태초로 돌아갈 때 우리는 그리스도를 생명 공급으로 누린다. 생명나무를 먹는 것, 즉 그리스도를 생명 공급으로 누리는 것은 교회 생활에서 가장 기본적인 일이 되어야 한다. 교회 생활의 내용은 그리스도에 대한 누림에 달려 있다. 우리가 그분을 누릴수록 그 내용은 더 풍성하게 될 것이다. 그런데 그리스도를 누리는 것은 우리에게 처음 사랑으로 그분을 사랑할 것을 요구한다. 만일 우리가 주님을 향한 처음 사랑을 떠난다면 우리는 그리스도에 대한 누림을 잃게 되고 예수의 간증을 상실하게 될 것이다. 또한 등대가 우리에게서 옮겨질 것이다. 주님을 사랑하는 것과 주님을 누리는 것과 주님의 간증이 되는 것은 함께 나아간다.

만일 우리가 태초로 돌아가고자 한다면 우리는 모든 것을 잊어버리고 단순히 그리스도를 생명 공급으로 누려야 한다. 이를 위해서 우리는 모든 것들보다, 그리고 그분을 위한 우리의 일과 그분을 위해 우리가 가진 모든 것보다 그분을 반드시 사랑해야 한다. 단순히 그분을 사랑함으로써 우리는 태초로 돌아갈 것이며 그곳에서 우리는 생명나무 안에 있는 우리의 생명 공급이신 하나님 자신 이외에는 아무 것도 주의하지 않을 것이다. 이것이 교회 생활을 유지하고 교회 생활 안에서 보존되는 합당한 길이다. 여기서 우리는 가장 좋은 사랑과 우리의 생명 공급인 생명나무와 빛나는 빛을 가진 등대를 갖는다. 얼마나 놀라운가! 그분을 사랑하면 할수록 더욱더 우리는 그분을 먹고 그분을 생명나무로 누릴 수 있는 권리를 갖게 된다. 그런 다음 이것의 결과로서 그분의 간증의 빛은 밝게 빛날 것이다.

계시록 11

서머나 교회—부활 생명과 생명의 면류관

주님은 그분의 목적을 이루시기 위한 교회들을 선정하시는 데 있어서 주권적이셨다. 그분은 소아시아의 일곱 도시—에베소, 서머나, 버가모, 두아디라, 사데, 빌라델비아, 라오디게아—를 택하셨다. 헬라어에 의하면 각 도시의 이름은 매우 의미심장하며 그 영적 의미와도 정확히 부합된다. 이미 지적했듯이 에베소란 바람직하다는 뜻이며, 에베소 교회가 주님께 귀했으며 또 그분의 눈에 바람직했음을 가리킨다. 서머나는 헬라어로 몰약(myrrh)을 뜻한다. 몰약은 비유법에서 고난 당함을 상징하는 향품이다. 예표론에서 몰약은 그리스도의 달콤한 고난을 상징한다. 이와 같이 서머나 교회는 고난받는 교회였으며 1세기 후반부터 4세기 초반까지 로마 제국의 박해 아래 있던 교회를 예시(豫示)한다. 이 박해받은 교회는 그리스도의 달콤함과 향기 안에서 고난을 겪었다. 달리 말해서 이 교회는 예수의 환난 안에 있었으며 그분의 고난의 교통 안에 있었다. 서머나 교회는 그리스도 자신이 겪으셨던 것처럼 고난을 겪었으며 그분의 고난의 연속이었다. 골로새서 1장 24절에서 바울은 『그리스도의 남은 고난을 그의 몸 된 교회를 위하여 내 육체에 채우노라』고 말했다. 바울은 그리스도의 고난을 완성하고 있었다. 비록 아무도 그리스도의 구속을 이룰 수는 없지만 그분의 고난은 반드시 그분을 뒤따르는 모든 자들에 의해서 개인적으로나 단체적으로 완성되어야 한다. 서머나 교회에서 우리는 예수의 고난이 단체적으로 계속되는 것을 본다. 이 교회는 예수의 고난의 연속이었기 때문에 진실로 예수의 간증이었다.

Ⅰ. 말씀하시는 분

A. 처음이요 마지막이심

이제 우리는 서머나 교회에 말씀하시는 분을 살펴보자. 8절에서 주님은 『처음이요 마지막이요 죽었다가 다시 살아나신 이가 말씀하시기를』이라고 말씀하신다. 주님은 고난받는 이 교회에게 자신이 처음이요 마지막이라고 말씀하셨다. 이것은 그분이 아무리 큰 고난을 통과하셨다 해도 그 고난이 그분을 끝내거나 해를 입힐 수 없었음을 뜻한다. 그분은 처음이셨고 결국 마지막이셨다. 교회는 고난을 당할 때 주님이 처음과 마지막이시요 영구히 존재하는 분이시요, 불변하는 분이심을 알아야만 한다. 환경이 어떠하더라도 그분은 여전하시다. 아무 것도 그분을 앞설 수 없고 아무 것도 그분 이후에 존재하지 못한다. 만유가 그분의 통제의 한계 내에 있다.

주님이 서머나 교회에게 자신이 처음이요 마지막이라고 말씀하셨을 때 그분은 교회가 승리해야 함을 지적하고 계셨다. 교회는 어떤 유형의 고난에 의해서도 좌절되어서는 안 된다. 교회는 반드시 모든 고난을 통과하고 그 끝에 이르러야 한다. 왜냐하면 교회의 생명과 머리이신 주님이 처음과 마지막이시기 때문이다.

B. 죽었다가 다시 살아나신 분

이 구절에서 주님은 또 자신이 「죽었다가 다시 살아나신 분」이라고 말씀하셨다. 「다시 살아나신」이란 부활을 뜻한다. 주님은 죽음을 겪으시고 다시 살아나셨다. 그분은 사망 안으로 들어가셨지만 사망이 그분을 잡아둘 수 없었다(행 2:24). 왜냐하면 그분은 부활이시기 때문이다(요 11:25). 고난받는 교회 역시 모든 류의 고난을 견딜 수 있도록 그분을 그러한 분으로 알아야 할 필요가 있다. 박해가 아무리 심하다 하더라도 교회는 여전히 살아 있을 것이다. 왜냐하면 교회 속에 있는 그리스도의 부활 생명이 사망을 능히 견딜 수 있기 때문이다. 고난이나 박해가 할 수 있는 것은 기껏해야 우리를 죽이는 것뿐이다. 박해로 인한 죽음 다음에는 부활이 있다. 그러므로 주님은 고난받는 교회에게 이렇게 말씀하시는 것 같다. 『네가 반드시 알아야 할 것은 나는 죽음에 이르도록 핍박을 받은 자라는 것이다. 그러나 죽음은 끝이 아니었다. 그것은 부활로 이르는 출입문이었다. 내가 죽음 안으로 들어갔을 때 나는 부활의 입구 안으로 들어왔었다. 박해 때문에 두려워하지 말고 죽게 되리라는 예상 때문에 무서워하지 말라. 너는 죽음을 환영하고 기뻐해야 한다. 왜냐하면 일단 네가 죽음 안으로 들어가면 너 또한 부활의 입구에 있게 될 것이기 때문이다. 기억하라. 나는 죽었다가 다시 산 자이다.』 우리가 필요로 하는 것은 바로 주님이다. 그분의 자격은 정확히 우리의 필요에 들어맞는다. 주님은 고난받는 교회에게 처음과 시작이실 뿐 아니라 마지막과 끝이시기도 하다. 당신은 박해를 겪고 있을 때마다 일어서서 선포해야 한다. 『할렐루야, 나는 끝으로, 마지막으로 가고 있다. 나는 지금 막 부활의 문 안으로 들어가려는 참이다.』

Ⅱ. 교회의 고난

A. 환난

9절에서 주님은 서머나 교회에게 말씀하셨다. 『내가 네 환난을 아노니』. 이 서신의 내용은 다름 아닌 환난과 고난과 박해이다. 환난은 교회에 대한 생명의 시험이다. 교회가 그리스도의 부활 생명을 체험하고 누리는 정도는 오직 환난에 의해서만 시험해 볼 수 있다. 더욱이 환난은 그리스도의 부활 생명의 풍성을 가져온다. 교회가 환난을 당하게 허락하시는 주님의 목적은 그분의 부활 생명이 사망을 이긴다는 것을 간증하기 위한 것일 뿐 아니라 교회로 하여금 그분의 생명의 풍성 안으로 들어갈 수 있게 하려는 것이기도 하다. 그러므로 환난은 교회에게 귀중한 것이다.

B. 궁핍(실상은 부요함)

주님은 『내가 네 환난과 궁핍을 아노니 실상은 네가 부요한 자니라』고 말씀하신다. 주님은 이 고난받는 교회를 가치 있게 평가하셨다. 그 고난받는 교회는 물질에 있어서는 가난했으나 주님 안에서는 그분의 생명의 풍성으로 부요했다. 그래서 주님은 이렇게 말씀하시는 것 같았다. 『너는 환난과 궁핍을 겪고 있지만 실은 부요하다. 너는 물질적으로는 궁핍하지만 영적으로는 부요하다. 너는 땅에 속한 것들에서는 궁핍하지만 하늘에 속한 것들에서는 부요하다.』 박해 당하는 것은 우리를 그리스도의 풍성 안으로 이끄는 수단이다. 우리가 박해 당하고 궁핍을 겪을수록 더욱더 우리는 그리스도 안에서 부요해진다.

C. 사탄의 회에 속한 믿지 않는 유대인들의 비방

또 9절에서 주님은 『자칭 유대인이라 부르는 자들의 비방도 아노니 실상은 유대인이 아니요 사단의 회라』고 말씀하셨다. 이 서신에 의하면 박해가 종교로부터 곧 사단의 회에 속한 믿지 않는 유대인들로부터 왔다. 고난받는 교회를 향한 유대교도들의 비방은 그 교회를 악하게 비난하는 것이었다. 그 유대교도들은 육신 안에서는 유대인이지만 영적으로는 유대인이 아니었다(롬 2:28-29). 그저 육신 안에서 아브라함의 씨가 되는 것만으로는 그들을 유대인으로 만들지 못했다. 『육신의 자녀가 하나님의 자녀가 아니라』(롬 9:7-8). 그러므로 주님은 그들이 『자칭 유대인이라 하지만 실상은 유대인이 아니요』라고 말씀하셨다. 이런 유대교도들은 레위 족속의 제사장 체계와 제사 의식과 물질적인 성전—이것들은 모두 현재 그리스도에 의해 완성되고 대치된 예표들이다—등으로 구성된 유대교 제도를 수호해야 한다고 완고하게 주장했다. 하나님의 경륜 안에 있는 새 언약 아래의 교회가 그들의 종교적 실행에 전혀 참여하지 않으므로 유대교도들은 그 교회를 맹렬하게 비난했다. 원칙면에서 종교적인 사람들이, 영 안에서와 생명 안에서 주님을 추구하고 따르며 어떤 종교제도나 실행을 주의하지 않는 주의 회복 안에 있는 교회들을 비방한다는 점에서 그것은 오늘날에도 동일하다.

주님은 그들이 자칭 유대인이라고 부르지만 실은 「사단의 회당(a synagogue of Satan)」이라고 말씀하셨다. 「사단의 회」라는 이 용어는 무서운 말이다. 회당이라는 말은 유대인들이 주로 그들의 성경, 즉 구약을 연구함으로써 하나님을 경배하던 곳이다. 그러나 그들의 전통적이고 종교적인 관념에 집착하려는 그들의 완고함 때문에 그들은 하나님의 목적을 이루는 하나님의 생명의 길을 반대함에 있어서 사단과 하나 되었다. 회당은 사탄의 조작하고 책략을 꾸미는 손아래 있다. 왜냐하면 사탄은 그 당시 회당의 배후에 있는 권세였기 때문이다. 회당은 주 예수님을 박해했고(마 12:9-14, 눅 4:28-29, 요 9:22), 사도들(행 6:9, 13:43, 45-46, 50, 14:1-2, 19, 17:1, 5-6)과 교회들(계 3:9)을 박해했다. 그러므로 주님은 그들을 「사단의 회당」이라고 부르셨다. 그분이 땅 위에 계셨을 때에도, 마태복음 12장 25절부터 29절까지와 요한복음 8장 44절에서 암시하듯이 그분은 회당을 사탄에 속한 것으로 여기셨다. 겉으로 볼 때 그들은 하나님을 경배하고 있었지만, 실상은 하나님을 대적하고 있었다. 그들은 하나님의 참된 경배자들을 핍박하고 죽였지만, 스스로 하나님을 섬기는 것이라고 여겼다(요 16:2). 주님이 땅 위에 계셨을 때 그 당시 유대인들은 주 예수님을 돌로 쳐 죽일 권한이 없었기 때문에 그분을 직접 다룰 수 없었다. 그 대신 그들은 그분에게 사형 선고를 내리고 십자가에 못 박는 데 있어서 로마 정부를 이용했다. 같은 원칙으로 유대인 회당은 로마 정부를 선동하여 고난받는 교회를 핍박하게 했다. 그때 이후로 전세기에 걸쳐서 종교인들은 그들의 발자취를 따라 영과 생명 안에서 주님을 참되게 추구하고 뒤따르는 이들을 핍박했지만 여전히 그들은 스스로 하나님의 이익을 옹호하고 있다고 여겼다. 종교는 교회를 손상시키려고 항상 정치를 이용했다. 종교는 주님을 사랑하는 자들에게 육체적인 해를 입힐 능력이 없지만, 교회를 손상시키려고 정치와 정부를 이용한다. 로마 천주교와 개신교도 유대교와 마찬가지로 모두 이 부류 안으로 떨어졌으며, 하나님의 경륜을 손상시키는 사탄의 도구인 그의 조직이 되고 말았다.

D. 마귀에 의해 투옥됨

10절에서 주님은 『네가 장차 받을 고난을 두려워 말라 볼지어다 마귀가 장차 너희 가운데서 몇 사람을 옥에 던져 시험을 받게 하리니』라고 말한다. 9절은 사탄을 언급하고 10절은 마귀를 언급하고 있다. 사탄은 헬라어로 대적자를 뜻한다. 그는 밖으로부터의 하나님의 원수일 뿐만 아니라, 안으로부터의 그분의 대적자이기도 하다. 마귀라고 번역된 헬라어 단어 「디아볼로스(diabolos)」는 참소자, 비방하는 자를 뜻한다(12:9-10). 사탄 곧 하나님의 대적자인 마귀는 하나님 앞에서 우리를 참소하며 사람 앞에서 우리를 비방한다. 교회가 겪은 핍박은 사탄 곧 대적자에 의해 사주받은 유대인들의 종교적 회당으로부터 시작되었다. 성도들을 옥에 넣는 것은 마귀 곧 비방자로 말미암아 사용된 로마 정부에 의해 절정에 달했다. 고난받는 교회의 투옥은 마귀적인 정권과 사탄과 종교와의 협력에 의한 것이었다.

E. 온전하지만 짧은 환난

10절에서 또한 주님은 그들이 열흘 동안 환난을 받을 것이라고 말씀하셨다. 십(10)은 하나님의 요구를 온전히 나타내는 십계명과 열 부분이 온전한 제물을 구성한다는 것을 보여 주는 제물의 십일조 등과 같이 완전(충만)을 의미하는 숫자이다. 성경에서 십 일은 온전하지만 짧은 기간을 상징한다(창 24:55, 렘 42:7, 단 1:12-13). 그러므로 그것은 고난받는 교회의 환난이 온전하지만 짧다는 것을 상징한다. 아무리 핍박이 길어 보여도 하나님 눈에는 짧다. 그것은 천 일이나 백 일이 아니라 단지 십 일이다. 주님을 찬양하자! 이 고난은 다만 잠시 받는 고난일 따름이다.

십 일(十日)은 하나의 표적으로서 1세기 후반 시이저 네로로부터 시작하여 4세기 초반 콘스탄틴 대제를 끝으로 교회가 로마 황제들 아래서 고난을 겪었던 열 기간(ten periods) 동안의 핍박을 예언적으로 가리키고 있다. 마귀, 사탄에게 사주되어 교회를 멸하고 제하려고 안간힘을 쓴 로마 시이저들을 통한 핍박이 아무리 극심했을지라도 그들은 교회를 끝내거나 정복할 수 없었다. 「죽었다가 다시 사신 분」인 살아 계신 그리스도의 교회가 핍박들을 승리하고 견더내고 파괴되지 않는 부활 생명에 의해 무성하게 번성하였다는 것을 역사가 보여 주고 있다.

Ⅲ. 부활 생명–죽음에 이르기까지 능히 견딜 수 있음

10절에서 주님은 또 『네가 죽기까지 충성하라 그리하면 내가 생명의 면류관을 네게 주리라』고 말씀하셨다. 이 서신에서 우리는 부활 생명이 교회 안에 있다는 몇 가지 암시를 본다. 주님이 6절에서 자기가 죽었다가 다시 살았다고 말씀하시면서 자신의 자격을 계시했을 때 그분은 자신의 부활 생명이 교회 안에 있음을 지적해 주고 계셨다. 주님은 이렇게 말씀하시는 듯했다. 『나는 부활인 자로서 네 안에서 살고 있다. 너는 안에 부활 생명을 갖고 있으므로 네가 실패할 이유도 없고 변명의 여지도 없다. 너는 핍박으로 인해 패배 당할 필요가 없다. 그보다 너는 반드시 나의 부활 생명으로써 이 핍박을 승리하며 겪어야 한다.』 이 부활 생명으로 인해 교회는 심지어 죽음에 이르기까지 환난을 당할 수 있다. 교회는 항상 놀랍고 영광스러운 승리의 순교자가 될 자격이 있다. 우리 모두는 안에 부활 생명을 가졌기 때문에 승리의 순교자가 될 수 있는 자격이 있다.

Ⅳ. 그 영의 말씀하심

고난받는 교회에게 보내는 이 서신 안에 있는 주님의 말씀까지도 모든 교회들에게 하시는 그 영의 말씀하심이다. 이것은 모든 교회들이 동일한 고난을 체험한다는 것을 가리킨다. 사실상 모든 교회들 안에는 같은 류의 핍박을 겪은 몇몇 성도들이 있어 왔다. 그들은 모두 고난받는 이 교회에 하시는 그 영의 말씀하심을 들어야만 했다. 거듭되는 그 영의 말씀하심을 통한 이 서신에 있는 주님의 말씀은 여러 세대에 걸쳐 주님을 위해 핍박받았던 모든 성도들을 위한 것이었다.

Ⅴ. 이기는 자에게 주는 약속

A. 생명의 면류관

10절에서 우리는 이기는 자에게 주는 약속–생명의 면류관–을 본다. 마침내 생명은 면류관이 될 것이다. 그것은 승리의 순교자들의 영광이 될 것이다. 신약의 용법에서 면류관이란 늘 구원에 부가된 상을 가리킨다(3:11, 약 1:12, 딤후 4:8, 벧전 5:4, 고전 9:25). 핍박을 이기는 데 있어서 죽음에 이르기까지 충성된 자들에게 주는 상인 생명의 면류관은 부활 생명의 능력인 이기는 힘을 가리킨다(빌 3:10). 또한 그것은 이러한 이기는 자들이 「죽은 자들 가운데서부터 뛰어난 부활(the out-resurrection)」, 즉 특출한 부활을 획득했음을 상징하기도 한다(빌 3:11).

B. 둘째 사망의 해를 받지 않음

11절에서 주님은 『이기는 자는 둘째 사망의 해를 결코 받지 아니하리라』고 말씀하신다. 이 서신에서 이긴다는 것은 죽음에 이르기까지 충성함으로써 핍박을 이긴다는 뜻이다. 이 서신의 이기는 자에게 주는 약속은 적극적인 면—생명의 면류관을 받음—과 소극적인 면—둘째 사망의 해를 받지 않음—을 둘 다 가지고 있다.

11절은 계시록 주해자들에게 큰 난제였다. 타락과 죄가 들어옴으로 인해 모든 사람은 반드시 한 번은 죽어야 한다(히 9:27). 그러나 이 첫 번째 죽음은 최종 결산(해결)이 아니다. 모든 죽은 자들은—주 예수님을 믿음으로 생명책에 기록된 자들을 제외하고—천년 왕국 끝 무렵에, 즉 옛 하늘과 옛 땅의 마지막 때에 부활하여 크고 흰 보좌의 심판을 통과할 것이다. 이 심판의 결과 그들은 불 못 안으로 던져질 것인데, 그것이 최종 결산인 둘째 사망이다(계 20:11-15). 둘째 사망은 사람의 죽음과 부활 후에 하나님이 사람을 다루시는 것이다. 이기는 자들은 핍박 아래서 죽음에 이르기까지 그들의 충성을 통해 죽음을 이겼고 하나님에 의해 다뤄질 것이 더 남아 있지 않으므로 그들은 생명의 면류관으로 보상받게 될 것이며 부활 후의 죽음 곧 둘째 사망에 의해 더 이상 손상되거나 「해를 받지」 않을 것이다.

거의 모든 그리스도인 교사들이 여기에서 문제를 갖고 있는데, 그들은 믿는이들이 부활한 후에는 그들에게 요구되는 더 이상의 결산이 없을 것이라고 생각한다. 나는 질문을 하나 던지고 싶다. 만일 당신이 오늘 죽는다면 당신은 주님이 더 이상 다루실 것이 아무 것도 없다고 말할 수 있겠는가? 아마 당신은 이렇게 말할 수 없을 것이다. 이것은 만일 당신이 오늘 죽는다면 주님이 더 다루셔야 할 것이 여전히 있음을 의미한다. 이것은 당신이 멸망하리라는 뜻이 아니다. 그럼에도 불구하고 이러한 더 이상의 다루심은 적극적인 것이 아닐 것이다. 그것은 정녕코 소극적인 것이리라. 모든 소극적인 것은 다 사망으로부터 나온다. 이와 같이 만일 당신이 더 이상의 소극적인 다루심을 받아야 한다면 그것은 당신이 여전히 사망에 의해 해를 받게될 수 있음을 뜻한다. 이것은 당신이 멸망하게 된다는 뜻이 아니라 무엇인가를 겪어야 함을 가리킨다. 우리는 주님의 말씀을 들어야 한다. 만일 우리가 핍박을 이긴다면 적극적인 면에서 우리는 생명의 면류관을 받게 될 것이고 소극적인 면에서는 둘째 사망의 해를 받지 않을 것이다.

우리 모두는 이기는 자들이 되어야 한다. 만일 당신이 이 시대에 이기는 자가 아니라면 다음 시대에 둘째 사망의 해를 받을 것이다. 둘째 사망의 해를 받는 것이 무엇을 뜻하는지 분명하게 말하기란 누구에게도 어렵다. 그럼에도 불구하고 한 가지는 분명하다. 즉 만일 당신이 핍박을 이기지 못한다면 무엇인가가 당신에게 해를 입힐 것이다. 다시 말하건대 이것은 당신이 멸망한다거나 파멸할 것이라는 뜻이 아니다. 그렇지 않다. 구원받은 자는 모두 영원히 구원받을 것이다. 요한복음 10장 28절과 29절은 구원받은 사람은 아무도 다시 멸망할 수 없음을 보여 준다. 그러나 우리가 부활한 후에는 주님으로부터 어느 정도의 다루심을 받을 것이다. 부활 후에는 모든 것이 잘 될 것이라고 가르치는 전통적인 신학을 붙잡지 말라. 믿지 않는 자들은 부활 후에 그들의 영원한 운명에 관해서 하나님께 다루심을 받을 것이다. 같은 원리로 우리가 부활한 후에도 여전히 주님으로부터 다루심이 있을 것이다. 그것은 모두 우리가 오늘날 어떻게 살고 행하는가에 달려 있다. 만일 우리가 승리 안에서 살고 행한다면 이것은 우리가 죽음을 이겼음과 주님께 더 다루심을 받아야 할 것이 아무 것도 없음을 가리킬 것이다.

우리는 반드시 주님의 분명한 말씀을 취해야 한다. 만일 구원받은 뒤에 실패한다면 다시 잃고 멸망할 것이라는 가르침을 받아들이지 말

라. 이것은 참이 아니다. 또 다른 극단은 당신이 구원받은 뒤에는 주님과 아무 문제도 가질 수 없다고 말하는 가르침이다. 그러나 영원히 구원받은 사람도 여전히 그분께 다루심을 받을 필요가 있을 것이다. 이것이 완전한 복음이다. 완전한 복음은 온 신약으로서 단지 요한복음 3장 16절만이 아니다. 여기 계시록 2장 11절 안에 우리는 모든 핍박을 이겨야 한다고 말하는 완전한 복음의 일부가 있다. 만일 당신이 이기지 않는다면 당신은 생명의 면류관을 받지 못할 것이다. 그 대신 당신은 둘째 사망의 해를 받을 것이다. 만일 당신이 속에 있는 부활생명으로써 환난과 핍박을 이긴다면 당신은 적극적으로 생명의 면류관을 받을 것이며 소극적으로는 둘째 사망의 해를 입지 않을 것이다. 이것이 그분의 분명한 말씀으로 된 주님의 분명한 약속이므로 우리 모두는 반드시 그것을 취해야 한다. 우리가 그것을 이해하든지 못하든지 우리는 모두 주님의 말씀을 받아들여야 한다. 만일 당신이 요한복음 3장 16절을 믿는다면 계시록 2장 11절도 믿어야 한다. 둘 다 주님의 말씀이다. 다시 말해서 이것이 완전한 복음이다.

이 문제는 오랫동안 베일에 가려져 왔으며 감히 그것에 손을 대는 그리스도인은 거의 없었다. 그들은 그것을 이해할 수 없었으므로 그들의 실행은 언제나 그것을 소홀히 했고 무시해왔다. 그러나 주님은 그분의 말씀을 결코 무시하지 않을 것이다. 그분은 자신이 말씀하시는 것은 무엇이든지 철저하게 따를 것이다. 그러므로 생명의 면류관을 받고 둘째 사망의 해를 입지 않도록 환난과 고난과 핍박을 이겨야 한다는 것에 경고를 받으라. 만일 우리가 이런 식으로 이긴다면 우리에게는 장래에 주님이 더 다루셔야 할 것이 아무 것도 남아 있지 않게 될 것이다.

계시록 12

버가모 교회—변화를 위해 먹음

이 메시지에서 우리는 세 번째 교회—버가모 교회—에 이르렀다(2:12-17). 이미 지적했듯이 일곱 도시 각각의 이름은 매우 의미심장하다. 헬라어로 버가모는 연합을 암시하는 「결혼」과 「축성된 탑」을 뜻한다. 버가모 교회는 하나의 표적으로서 세상과 연합한 결혼 안으로 들어가고 또한 겨자씨 비유에서 주님이 예언한 큰 나무에 해당되는, 축성된 고층 탑이 된 교회를 예시(豫示)한다(마 13:31-32). 사탄이 처음 3세기 동안 로마 제국의 핍박을 통해 교회를 파괴하려는 것이 실패하자 그는 전략을 변경시켰다. 4세기 초반 그는 콘스탄틴으로 하여금 교회를 국교로 받아들이게 함으로써 교회를 부패시키려고 꾀하였다. 콘스탄틴의 장려와 정치적 영향으로 말미암아 수많은 믿지 않는 자들이 「교회」 안으로 침례 받았고 따라서 그 「교회」는 엄청나게 커졌다. 교회는 정결한 신부로서 그리스도의 배필이므로 교회가 세상과 연합한 것은 하나님 눈에 영적 간음으로 여겨졌다.

Ⅰ. 말씀하시는 분—좌우에 날선 검을 가진 분

12절은 『좌우에 날선 검을 가진 이가 말씀하시기를』이라고 말한다. 이 서신에서 말씀하는 영이신 주님은 자신이 좌우에 날선 검을 가진 자라고 선포하신다. 그러한 세상적인 교회는 그분의 날카로운 말씀으로 주의 심판을 받기에만 적합하다.

Ⅱ. 세상과 결혼한 교회

첫 번째 교회에 보낸 서신에서 주님은 에베소 교회에게 회개하여 처음 사랑을 회복하라고 충고하신다. 우리는 그분의 충고가 받아들여졌음을 믿어야 한다. 왜냐하면 두 번째 교회인 서머나 교회는 주를 진실로 사랑했고 핍박을 받았으며 고난받는 교회가 되었기 때문이다. 역사의 사실에 의하면 로마 제국이 교회를 손상시키려고 진력했을 때 교회는 수많은 고난을 받았다. 마침내 원수 사탄은 핍박이 그리 효과가 없음을 깨달았다. 그러므로 간교한 자인 그는 그의 전략을 교회를 핍박하는 데서 교회를 환영하는 것으로 변경했다. 4세기 초반 콘스탄틴 대제는 기독교를 받아들여 국교를 만들었다. 그때로부터 기독교는 계속 로마 국교 형태가 되었다. 이렇게 로마 제국이 교회를 환영한 것은 교회를 해쳤다. 왜냐하면 그것 때문에 교회가 세상적으로 되었기 때문이다. 우리 모두가 아는 바와 같이 교회는 세상에서 부르심을 받아 나왔으며 세상으로부터 하나님께로 분별되었다. 그러나 로마 제국에 의해 환영됨으로써 교회는 세상으로 되돌아갔고 하나님 보시기에 심지어 세상과 결혼했다. 하나님은 이런 유형의 세상적인 연합을 영적 간음으로 여기신다.

이런 결혼 때문에 교회는 순결성을 잃고 세상적으로 되었다. 교회가 세상과의 연합 안으로 들어갔기 때문에 많은 세상적인 것들이 교회 안으로 들어왔다. 세상적인 것들은 우상숭배와 관계 있는데, 이는 세상적인 것은 언제나 우상 숭배와 결합되기 때문이다. 버가모 교회는 먼저 세상적으로 되었고 그런 다음에 우상 숭배를 하게 되었다. 사탄은 교회를 세상과 우상들로 적셨다. 그 결과 교회는 하나님이 의도했던 바와는 절대적으로 달라지게 되었다. 하나님은 세상 밖에 있고 세상과는 아무 상관없는 교회를 갈망하신다. 교회는 반드시 금등대 곧 삼일 하나님의 순수한 표현이어야 하고 또 세상과는 아무 관련도 없어야 한다. 그러나 로마 제국이 교회를 세상적인 종교로 만든 이후로 교회는 완전히 더럽고 세상적이고 우상 숭배하는 것이 되었다.

A. 사탄이 거하는 곳

13절에서 주님은 버가모 교회에 대해 말씀하시기를 『네가 어디에 거하는 것을 내가 아노니 거기는 사단의 왕좌가 있는 곳이라』고 하셨다. 사탄의 거처는 세상이다. 교회가 세상과의 연합 안으로 들어갔고 세속적으로 되었기 때문에 지방 교회는 사탄이 거하는 곳인 세상 안에 거한다.

B. 사탄의 왕좌가 있는 곳

또한 버가모 교회는 사탄의 왕좌가 있는 곳에 거한다. 이것 역시 세상을 언급한다. 세상은 사탄의 거처일 뿐 아니라 그가 다스리는 영역이기도 하다. 이제 교회는 세상과 하나일 뿐 아니라 심지어 사탄과 하나가 되었다. 이것은 너무 끔찍하다! 오늘날 세상적인 기독교는 여전히 세상과의 연합 안에 있으며 여전히 사탄의 사상들과 관념들과 이론들과 실행들로 침투되고 있다. 우리는 이것의 심각성을 반드시 보아야 한다.

원수 사탄은 간교하다. 그가 환영하는 것은 핍박하는 것보다 더 심각하다. 사탄은 먼저 핍박을 일으키고 그 다음 이것이 실패하면 그의 책략을 바꿔서 그 대신 우리를 환영한다. 우리는 바로 이것을 과거에 본 적이 있다. 먼저 종교는 우리를 핍박한다. 그런 다음 전략을 바꾸어 우리를 종교와의 타협 속으로 유혹하려고 애쓴다. 이것이 사탄의 교활함이다. 만일 우리가 그것에 의해 올무에 걸린다면 우리는 결국 세상적으로 되어서 사탄과 연합할 뿐 아니라 그와 하나 되기까지 한다. 주님은 우리가 이른바 기독교의 참 상황을 보고 또 교회가 어디에 있어야 하며 어떠해야 하는지를 볼 수 있도록 일곱 서신을 계시록에 포함시키셨다. 교회는 세상 밖의 순수한 금등대여야 한다. 교회는 반드시 세상과 아무 상관이 없어야 하며, 사탄의 악하고 간교한 침투에 일보도 양보하지 말아야 한다. 교회는 항상 이것에 대항하여 서 있어야 한다.

버가모라는 단어의 두 가지 의미—결혼과 축성된 탑—는 마태복음에 있는 두 비유—큰 나무의 비유(마 13:31-32)와 누룩의 비유(마 13:33)—와 부합된다. 큰 나무의 비유에서는 아주 작은 겨자씨가 한 그루의 나무가 되었다. 이것은 의심할 것 없이 거대한 기독교를 상징한다. 왜냐하면 기독교는 확실히 커다란 나무가 되었기 때문이다. 누룩의 비유에서 우리는 고운 가루 서 말속에 누룩을 넣는 한 여자를 본다. 누룩은 온갖 죄 있고 세상적이고 사탄적이고 마귀적인 것들을 상징한다. 이 모든 사악한 것들이 고운 가루 속에 넣어졌다. 성경에서 고운 가루는 하나님의 백성들을 위한 양식인 그리스도를 상징하는 소제에서 사용된다. 큰 나무는 높은 탑과 일치되며 누룩을 가진 여자는 세상과 결혼한 변절한 교회와 일치된다. 이 문제에 있어서 그 성경적 의미는 우리 모두에게 매우 분명해야 한다. 하나님 눈에는 기독교가 소름끼치는 혼합물을 산출하려고 세상적이고 마귀적이고 사탄적이고 악마적인 것들을 그리스도에 속한 좋은 것들에 혼합시키는 큰 음녀 곧 악한 여자로 보인다. 우리는 절대적으로 이 큰 나무를 포기해야 하고 이 높은 탑에서 빠져 나와야 하며, 이 악한 제도 밖으로 나와 하나님께로 분별되어, 교회는 세상적인 것이나 우상 숭배나 사탄의 침투와는 아무 상관이 없는 순수한 금등대이어야 한다는 그분의 원래 의도로 돌아와야 한다. 우리는 사탄이 거하는 곳, 즉 사탄이 그의 왕좌에 앉아 있는 곳에 있지 않다. 그렇다. 교회 안에는 사탄을 위한 여지가 없다. 여기에는 사탄이 뭔가를 할 수 있는 여지가 전혀 없다.

처음 세 서신에서 우리는 세 교회들—바람직한 교회, 박해받는 교회, 세상적인 교회—을 본다. 우리는 물론 바람직한 교회와 핍박받는 교회이길 원하지만, 세상적인 교회가 되는 것은 반드시 거절해야 한다. 우리는 세상적인 어느 것도 거부해야 한다. 조심하라! 원수가 당신을 핍박한 다음에는 그의 전략을 바꿀 것이다. 핍박 대신에 환영이 있을 것이다. 이런 환영을 좋은 것이라고 여기지 말라. 오히려 당신은 전갈에게 쏘이는 것보다 환영받게 되는 것을 더 무서워해야 한다. 핍박과 반대와 공격을 당하는 것은 우리에게 좋은 것이다. 그러나 사람들이 우리에게 따스한 환영의 손길을 내밀 때 그것이 가장 위험한 때이다. 당신이 공격당하고 핍박을 겪고 있을 때 용기를 잃지 말라. 왜냐하면 그것은 당신이 올바른 궤도 위에 있고 또 주님의 발자취를 따르는 데서 벗어나지 않았다는 강한 표시이다. 그러나 따스한 환영은 주의하라. 따스한 환영을 받는 것보다 핍박을 당하는 편이 훨씬 낫다. 버가모 교회에 보내는 편지는 우리가 어떤 길이나 어떤 점이나 어떤 면에서도 세상과 연합하지 말아야 함을 가르쳐 준다. 우리는 세상과 전혀 상관이 없어야 한다. 지난 50여 년 동안 따스한 환영의 손길이 우리에게 꽤 여러 번 내밀어졌다. 그러나 우리가 그것을 매번 거절했음을 하나님께 감사드린다. 그 결과 우리는 여러 해에 걸쳐서 핍박받음으로써 보존되어 왔다. 우리는 결코 좋은 명성을 얻어 본 적이 없다. 왜냐하면 만일 당신이 사탄과의 연합 안으로 들어가지 않는다면 그는 당신에게 좋은 명성을 허락하지 않기 때문이다. 주의 회복 안에 있는 우리들이 끊임없이 전쟁에 참여하고 계속적으로 공격을 받는 것은 이 때문이다. 전쟁은 내내 벌어지고 있다. 주의 회복은 평범한 그리스도인의 일을 수행하고 있지 않다. 그렇다. 이 간증은 곧 전쟁이다.

Ⅲ. 안디바의 간증

이 간증은 안디바에게 있었다. 13절에서 주님은 『네가 내 이름을 굳게 잡아서 내 충성된 증인 안디바가 너희 가운데 곧 사탄의 거하는 곳에서 죽임을 당할 때에도 나를 믿는 신앙을 저버리지 아니하였도다』라고 말씀하신다. 헬라어에서 안디바란 이름은 「모든 것을 반대하는」을 뜻한다. 주님의 이 신실한 증인은 세상적인 교회가 끌어들이고 실행했던 모든 것을 반대하여 섰다. 그러므로 그는 주님의 순교자가 되었다. 헬라어로 순교자라는 말은 증인과 같은 단어이다. 반대 증인인 안디바는 예수의 간증에서 벗어난 어느 것에도 반대하는 반대 간증을 했다. 그의 생존시 버가모 교회가 여전히 주님의 이름을 붙들고 합당한 그리스도인의 신앙을 저버리지 않은 것은 이 반대 간증으로 말미암은 것임에 틀림없다. 안디바는 세상적인 교회에 반대하여 싸우는 데 앞장섰으며 오늘날 우리가 세상적인 교회를 반대하여 싸울 수 있는 길을 개척했다. 세상적인 교회가 어떠하든, 무엇을 가졌든, 무엇을 행하든, 안디바는 그에 반대하여 싸웠다.

A. 주의 이름을 굳게 붙잡음

13절에서 주님은 『네가 내 이름을 굳게 잡아서』라고 말씀하신다. 주의 이름은 그분의 인격을 나타내며 그 인격은 그 이름의 실제이다. 버가모 교회는 주의 이름 곧 그분의 인격의 실제를 여전히 굳게 붙잡고 있었다. 세상적인 교회의 빗나가는 경향은 주의 인격의 실제를 포기하려고 한다. 그러나 주의 회복 안에서 우리는 반드시 이에 대항하여 싸워야 하는데, 이는 교회가 주의 이름 곧 주의 인격의 실제를 영원토록 굳게 붙들기 위함이다.

B. 주의 신앙을 저버리지 않음

또한 주님은 『네가 나의 신앙을 저버리지 아니하였도다』라고 말씀하셨다. 주님에 대한 신앙은 우리가 믿어야 하는 그분의 인격과 역사에 속한 모든 것을 나타낸다. 그것은 우리 속에서 믿는 주관적인 신앙이 아니라 우리가 믿어야 할 것들에 대한 객관적인 신앙이다. 교회가 세상과의 연합 안으로 들어갔기 때문에 교회는 주의 이름을 무시하고 합당한 그리스도인의 신앙을 저버리기 시작했다.

C. 죽기까지 신실함

안디바는 그의 반대 간증에 있어서 신실했으며 심지어 죽음에 이르기까지 그러했다. 교회가 세상적인 것에 반대하는 그의 간증 때문에 그는 죽임을 당하여 순교자가 되었다. 세상적인 교회에 반대하여 간증하기 위해서는 순교의 영이 필요하다. 우리는 죽기까지 교회가 세상적인 것을 반대함으로써 주의 간증에 신실해야 한다.

우리가 보았듯이 안디바는 반대 증인이요 반대 간증이었다. 오늘날 주의 회복 안에 있는 우리도 역시 반대 간증이다. 개신교의 기독교가 1830년 중국으로 전파된 이래로 약간의 예외를 제외하고는 다소 세상적이었다. 1922년을 시작으로 주님은 지방 교회들의 간증을 일으키셨다. 이 간증은 주의 회복을 위한 탁월한 역할을 수행했다. 비록 많은 그리스도인들이 회복을 반대했지만 그럼에도 불구하고 그들은 그에 의해 긍정적으로 영향을 받았으며, 그 결과 그들은 많은 면에서 바뀌었다. 그들은 주의 회복의 길을 가려고 하지는 않았으나 그 영향력을 통절히 느꼈고 우리의 가르침으로부터 많은 것을 취했다. 만일 당신이 1922년과 1936년 사이에 중국에 있었던 선교사들에게 확인해 본다면, 그들은 주의 회복이 기독교에 지대한 영향을 주었다고 말해 줄 것이다. 나는 기독교 안에서 태어나서 자랐지만 교통(fellowship)이란 단어를 들어 본 적이 없었다. 그러나 주의 회복으로 인해 거의 모든 교파들이 이 단어를 쓰기 시작했다. 전에는 그들이 게시판에 「예배 시간」이라는 단어를 썼다. 그러나 우리의 영향으로 그들은 그 단어를 「집회 시간」이라고 변경했다. 「예배 시간」과 「집회 시간」 사이에는 큰 차이가 있다. 주의 회복의 영향하에서 지난 40여 년 동안 극동에 있는 기독교는 더욱 근본주의적으로 되었고 성경으로 되돌아갔다. 그들은 심지어 우리 책들을 그들의 가르침과 설교의 자료로 사용하기도 한다. 그러나 그들 중 어떤 이들은 우리에게서 배웠다고 용감히 시인하지 않는다. 그들은 그 가르침들은 취하면서도 주의 회복의 길을 반대하고 우리의 간증을 비난한다. 그럼에도 불구하고 주님은 무엇인가를 얻으셨다. 내가 듣기로는 대북에서 외부인들이 언제나 우리의 서점에서 많은 수의 책을 구입한다는 것이다.

어떤 선교사가 대만에 관해 보고를 하고 있었는데, 그때 그는 그 섬에 대한 우리의 일에 관해 질문을 받고 대답하기를, 관유(灌油)안에 있는 죽은 파리 한 마리를 제외하고는 좋은 일이라고 말했다. 당신은 「죽은 파리」가 무엇이었는지 아는가? 그것은 교회 입장(立場)이었다. 그의 관념에 따르면 만일 우리가 교회 입장을 내려놓는다면 우리의 관유가 정결케 될 것이라는 것이었다. 그러나 그는 우리가 교회 입장을 내려놓는 것이 우리 생명을 내려놓는 것임을 알지 못했다.

3년 전 대북을 방문하는 중에 나는 높은 사회적 지위에 있는 그리스도인을 만난 적이 있다. 한 설교자가 그에게 말하기를, 자기들은 왜 그렇게 많은 새로운 빛이 교회들 안에 항상 있는지 이해할 수 없다고 말했다고 한다. 그 이유는 그 영이 교회들에게 말씀하고 계시기 때문이다. 그 빛은 거리에나 바깥 마당에 있는 것이 아니라 거룩한 곳, 즉 교회 안에 있다. 이것이 바로 우리가 늘 주님에게서 신선한 것을 받는 이유이다.

우리는 여기서 모든 그리스도인들을 위해 있다. 13년 전 나는 사람의 영과 교회의 실행과 연합(mingling)에 관해 로스앤젤리스의 형제들과 이야기를 나누고 있었다. 나는 말하기를, 『형제들이여, 어느 일정 기간만 기다려 보십시오. 그러면 외부인들이 이런 용어들을 쓰기 시작하는 것을 보게 될 것입니다.』라고 했다. 이것은 어김없이 일어났었다. 우리가 전하고 가르쳐 오고 있는 것들 중 어떤 것들이 다른 이들에 의해서 취해진 바 되었다. 한면으로 그들은 우리를 반대하고 다른 한면으로 그들은 우리의 자료들을 은밀하게 사용한다. 나는 공개적으로는 우리를 반대하지만 사람들을 「하나님의 경륜」이라는 책으로 가르치는 어떤 설교자를 알고 있다.

텍사스의 타일러(Tyler)를 방문하는 동안 나는 변화에 관한 일련의 메시지를 전했다. 그 참석자들 중 한 명은 남미에서 유명한 설교자였는데 모든 메시지를 필기했다. 특별집회 끝 무렵에 그는 우리의 「흐름(Stream)」 지(誌)에서 몇 가지 기사를 사용할 수 있게 허락해 달라고 부탁했다. 나는 이것을 허락해 주었다. 몇 달 후 타일러에 돌아왔는데 어떤 형제가 인사를 하면서 『여기에 위트니스 리께서 쓴 책이 있습니다.』라고 말했다. 내가 그 책을 보았을 때 나는 위트니스 리라는 이름을 보지 못했다. 오히려 나는 우리 특별 집회에 참석해서 모든 메시지를 필기했던 그 설교자의 이름만 보았다. 그는 다른 곳에 가서 그 메시지들을 전했고 그런 다음 그것들을 책으로 출판했다. 도대체 우리는 이것에 관해 무어라고 말해야 하는가? 하나님의 백성들이 도움을 받는 한 우리는 그것을 주의하지 않는다. 그러나 우리는 여기서 이런 도움을 위해 서 있지 않다. 우리는 예수의 간증을 위해 서 있다. 우리는 오늘날의 안디바가 되어야 한다.

Ⅳ. 발람의 교훈

14절에서 주님은, 『그러나 네게 두어 가지 책망할 것이 있으니 거기 네게 발람의 교훈을 지키는 자들이 있도다 발람이 발락을 가르쳐 이스라엘의 아들들 앞에 올무를 놓아 우상의 제물을 먹게 하였고 또 행음하게 하였느니라』고 말씀하신다. 이 서신들에서 주님은 하나님의 경륜에 따라 우리가 그분을 생명나무(2:7)로, 감추인 만나(2:17)로, 가나안 땅의 풍성한 산물(3:20)로 먹기를 갈망하신다. 그러나 세상적인 교회는 생명에서 단지 교리로 돌아섰고, 그럼으로써 믿는이들로 하여금 그리스도를 하나님의 목적 완수를 위한 생명 공급으로 누리는 데서 벗어나게 했다. 그리스도를 누리는 것은 교회를 건축하지만 반면에 교훈들은 종교를 낳는다.

이 구절은 「발람의 교훈」을 언급한다. 발람은 하나님의 백성을 넘어지게 했던 이방인 선지자였다. 삯을 위해서(벧후 2:15, 유 11) 그는 하나님의 백성들에게 행음과 우상 숭배를 가져왔다(민 25:1-3, 31:16). 세상적인 교회들 안에서 어떤 자들은 그와 같은 것을 가르치기 시작했다. 오늘날 천주교와 마찬가지로 개신교에서도 그와 동일한 교훈이 성행하고 있다. 우상 숭배는 늘 행음을 초래한다(민 35:1-3, 행 15:29). 세상적인 교회가 주님의 이름과 인격을 등한히 했을 때 그 교회는 음행을 초래하는 우상 숭배로 돌아섰다.

오늘날 기독교계 안에서 봉급을 받는 설교자들 중 많은 이들이 사람들에게 그리스도를 그들의 생명 공급으로 취하라고 가르치지 않는다. 오히려 그들은 간교하게 사람들에게 우상의 제물을 먹으라고, 즉 악하고 마귀적이고 귀신적인 것들을 취하라고 가르친다. 이런 교훈들은 사람들로 하여금 그리스도의 인격으로부터 빗나가게 하여 영적 음행으로 인도한다. 그리스도는 교회에게 유일한 남편이셔야 하고, 모든 성도들에게 유일한 신랑이셔야 한다. 그러나 오늘날 기독교 안의 수많은 교훈들은 사람들로 하여금 마귀적인 것들을 받아들이게 하고 그리스도 이외의 것들과 관계를 갖도록 한다. 실로 이것이야말로 우상의 제물을 먹는 것이요 음행을 범하는 것이다.

주의 이름을 부인하고 주님에 대한 신앙을 부인한다는 것은 무슨 뜻인가? 우리가 이미 본 바와 마찬가지로 여기서 신앙이란 믿는 능력을 말하는 주관적인 믿음이 아니라 우리가 믿어야 하는 항목들을 말하는 객관적인 믿음을 나타낸다. 주님에 대한 믿음은 그분이 구속역사에서 우리를 위해 행하신 것, 그분의 죽음과 부활, 구원받기 위해 우리가 믿어야 하는 모든 사항들을 포함한다. 이런 것들이 우리의 신앙을 구성한다. 그 이름은 주님의 인격을 나타낸다. 우리는 주님의 이름도, 그분에 대한 신앙도 부인하지 말아야 한다. 우리는 반드시 항상 그분의 이름을 붙잡고 그분을 믿어야 한다.

어렸을 때 나는 몇 명의 발람들이 있었던 중국 장로 교회에서 침례를 받았다. 어느 특정한 일요일 아침에 이러한 발람들 중 한 명이 위생 교육에 대해 강의를 했는데 특별히 파리 잡는 방법에 대해 말했다. 그 후에 어떤 사람이 교회 건물 안에 어떤 특정한 대상물을 세워서 회중 안에 있는 모든 사람으로 그것에 절하도록 할 것을 제안했다. 우리 중 몇 명이 이것을 반대했을 때 그 발람은『설사 예수 그리스도가 무덤에서 일어나 이 대상물에 절하지 말라고 내게 말한다 해도 나는 여전히 그렇게 하겠다.』고 말했다. 이 발언으로 그는 주 예수님의 부활을 믿지 않는다는 것을 밝혔다. 이것은 주님의 인격을 부인하고 그분을 믿는 신앙을 부인하는 일례(一例)이다. 만일 당신이 역사를 읽어보고 오늘날의 기독교를 연구해 본다면 당신은 이와 같은 많은 일들을 발견할 것이다. 수많은 소위 교회들 안에 현대주의가 성행하고 있다. 현대주의자들은 예수님이 하나님이라는 것과 그분이 처녀에게서 나셨다는 것과 우리의 구속을 위해 십자가 위에서 죽으셨다는 것 등을 믿지 않는다. 발람의 교훈은 늘 사람들로 하여금 세상적인 것들과의 연합 안으로 들어가게 한다. 이것이 우상의 제물을 먹는 것이요 영적 음행을 범하는 것이다.

Ⅴ. 니골라당의 교훈

15절에서 주님은,『이와 같이 네게도 니골라당의 교훈을 붙잡는 자들이 있도다』라고 말씀하신다. 세상적이고 타락한 교회는 발람의 교훈을 붙잡을 뿐 아니라 니골라당의 교훈도 붙잡는다. 발람의 교훈은 믿는이들을 그리스도의 인격으로부터 우상 숭배로, 그리스도에 대한 누림으로부터 영적 음행으로 벗어나게 하며, 반면에 니골라당의 교훈은 그리스도의 몸의 지체들인 믿는이들의 기능을 파괴함으로써 주님의 몸이 그분을 표현하는 데 있어서 무력하게 한다. 전자의 교훈은 머리를 무시하고 후자의 교훈은 몸을 파괴한다. 이것은 모든 종교적인 교훈들 안에 있는 원수의 간교함이다.

에베소 교회에서는 오직 니골라당의 행위가 발견될 뿐이지만 (2:6), 반면에 버가모 교회에서는 그들의 행위가 교훈으로 진보되었다. 먼저 그들은 초기의 교회에서 계급제도를 「실행했으며」 이제는 그것을 타락한 교회에서 「가르쳤다」. 오늘날 천주교와 개신교 모두에서 니골라당의 계급제도가 실행과 교훈 양면에서 성행하고 있다. 니골라당의 계급제도는 몸의 지체들의 기능을 죽이고 유기체 대신 조직을 건축하기 때문에 주님은 그것을 미워하신다. 오늘날 기독교의 상황을 고찰해 보라. 거기에는 유기체가 없고 오히려 강한 조직이 있을 뿐이다. 이 계급제도는 악하고 사탄적이어서 주님은 그것을 미워하신다. 교회의 봉사를 안배할 때 우리는 조직을 건축하지 않도록 유의해야 한다. 만일 우리가 합당한 교회 생활을 갖고자 한다면 우리는 반드시 모든 지체들의 기능을 발전시키고 몸이 유기체로 건축될 수 있도록 그들을 격려하여 생명을 따라 산 방식으로 기능을 발휘하도록 해야 한다. 이 이상이 교회 생활을 지배해야 하며 우리는 결코 그로부터 벗어나서 방황하지 말아야 한다. 그러나 만일 우리가 조금이라도 부주의한다면 우리는 유기체를 떠나서 조직으로 되돌아갈 것이다. 항상 깨어서 어떤 유형의 조직의 형성이라도 반대하라. 몸의 온 지체들이 기능을 발휘할 기회를 가질 수 있도록 우리는 반드시 유기체로 돌아가야 한다.

Ⅵ. 주님의 임하심과 싸우심

16절에서 주님은 『그러므로 회개하라 그리하지 아니하면 내가 속히 임하여 내 입의 검으로 그들과 싸우리라』고 말씀하신다. 여기서 주님은 자기가 속히 와서 이 세상적인 교회의 어떤 자들에 대항하여 입의 검으로 싸우리라고 말씀하신다. 이것은 주님의 재림을 언급하는 것이 아니라 주님이 그분의 입에서 나오는 살육하는 말씀으로 타락한 교회에 있는 니골라당의 교사들과 싸우려고 오시는 것을 언급한다. 버가모 교회로 상징된 세상적인 교회는 두아디라 교회로 상징된 로마 카톨릭 교회를 낳고, 이 타락한 교회가 가져 온 세상적인 것과 악한 것은 주님이 완전히 심판을 집행하시려고 다시 오실 때까지 로마 카톨릭 교회 안에서 계속될 것이다.

Ⅶ. 그 영의 말씀하심

타락하고 세상적인 교회는 그 영의 말씀하심에 대한 커다란 필요를 갖고 있다. 그 교회는 성경을 죽은 문자들로 갖고 있지만 그 영의 말씀하심은 결여되어 있다. 그 영의 말씀하심 없이 단지 성경 지식만으로는 죽은 기독교에게 필요한 것을 공급할 수 없다. 교회의 타락 안에 있는 그 죽어 있음은 반드시 주님의 입에서 나오는 예리한 검에 의해 심판되어야 한다. 세상적인 교회에는 주 영에 의한 산 말씀을 가지고 예리하게 말하는 것이 필요하다.

Ⅷ. 이기는 자에게 주는 약속

17절에서 주님은 『이기는 그에게는 내가 감추었던 만나를 주고 또 흰 돌을 줄 터인데 그 위에 새 이름을 기록한 것이 있으니 그것을 받는 자 외에는 그 이름을 알 사람이 없느니라』고 말씀하신다. 여기서 이긴다는 것은 특별히 교회의 세상과의 연합, 우상 숭배와 음행의 교훈, 계급 제도의 교훈을 이긴다는 뜻이다.

A. 감추인 만나를 먹음

주님은 이기는 자에게 감추인 만나를 주리라고 약속하신다. 첫 번째 교회에게 준 약속은 생명나무를 먹는 것에 관한 것이었고 이 교회에게 준 약속은 감추인 만나를 먹는 것에 관한 것이다. 교회가 세상적으로 될수록 소수의 사람들이 일어나서 간증하고 주님과의 친밀한 교통을 유지해야 할 필요성이 더 커진다. 그러한 자들은 주님을 감추인 만나로 누릴 특권을 갖게 될 것이다. 만나는 하나님의 백성들로 하여금 그분의 길을 갈 수 있게 하는 하늘에 속한 양식이신 그리스도의 예표이다. 그 만나 중 일부는 언약궤 안에 감취어 있는 금항아리 안에 보존되어 있었다(출 16:32-34, 히 9:4). 공개된 만나는 주님의 백성들이 공개적으로 누리기 위한 것이며, 감추인 그리스도를 상징하는 감추인 만나는 세상적인 교회의 타락을 이기는 그분의 이기는 추구하는 자들을 위해 마련된 특별한 분깃이다. 교회가 세상의 길을 가는 동안 이런 이기는 자들은 지성소에 있는 하나님의 임재 안에 거하기 위해 앞으로 나아가는데, 그곳에서 그들은 매일의 공급을 위해 특별한 분깃이신 감추인 그리스도를 누린다. 이 약속은 오늘날 합당한 교회 생활 안에서 이뤄지며, 장차 오는 왕국 안에서 완전히 이뤄질 것이다. 만일 우리가 오늘날 주님을 추구하고, 세상적인 교회의 타락을 이기고, 주님의 특별한 분깃을 누린다면, 감추인 만나이신 그분은 장차 오는 왕국에서 우리에게 보상이 되실 것이다. 만일 우리가 오늘날 교회 생활 안에서 우리의 특별한 분깃인 그분을 놓친다면, 정녕코 우리는 오는 왕국 안에서 보상인 그분에 대한 누림을 잃을 것이다. 감추인 만나는 금항아리 속에 넣어져 있었다. 금은 하나님의 신성한 본성을 상징한다. 따라서 감추인 만나를 금항아리에 두는 것은 감추인 그리스도가 신성한 본성 안에 숨겨져 있음을 상징한다. 공개된 만나는 하나님의 모든 백성들을 위한 것이지만 감추인 만나는 주님과 친근한 사람들, 곧 그들과 하나님 사이에 있는 모든 벽과 세상을 버린 사람들을 위한 것이다. 그들은 하나님의 임재의 친밀함 안으로 들어오며 여기 이 신성한 친밀함 안에서 그들은 하나님의 신성한 본성 안에 있는 감추인 만나를 누린다. 이것은 심오하다. 그것은 외적인 것이 아니요 절대적으로 내적이다. 그것은 매우 내적인 것이므로 감추인 만나를 먹는 이들은 사실상 감추인 그리스도를 누리면서 신성한 본성 안에 있다.

감추인 만나를 어떻게 먹을 수 있는가? 이것은 절대로 세상 밖에 있는 그 무엇이다. 세상적인 교회가 세상과의 연합 안으로 하락해가고 있는 동안 우리는 애굽에서 광야로, 광야에서 좋은 땅으로, 좋은 땅에서 성막으로, 바깥마당에서 성소로, 성소에서 지성소로 올라가고 있다. 지성소 안으로 들어간 후에도 우리는 여전히 언약궤 안으로 뛰어들어 금항아리를 접촉하고 거기에서 감추인 만나이신 그리스도를 누려야 한다. 교회가 세상적으로 될수록 더욱더 우리는 지성소 안으로 들어가 감추인 만나를 먹어야 한다. 만나는 금항아리 속에 있고, 금항아리는 언약궤 안에 있으며, 언약궤는 지성소 안에 있다. 이것으로 미루어 보아 우리는 그것이 얼마나 내적인가를 볼 수 있다. 만일 우리가 그것을 누리고자 한다면 하나님의 임재의 깊은 친밀함 안에 거해야 한다. 우리는 세상적이거나 벗어나게 하는 것이 아무 것도 없는 곳이요 우리와 하나님 사이에 친밀한 교통이 있는 곳인 그분의 신성한 본성 안에 있어야 한다. 여기에서 우리는 감추인 만나이신 그리스도를 누린다. 우리 중 어떤 이들은 감추인 그리스도에 대한 이런 체험을 갖고 있었다. 우리는 이렇게 말했다. 『주여, 저는 세상을 주의하지 않습니다. 저는 오직 당신, 주님만을 주의할 뿐 어떤 인간 관계나 우정을 주의하지 않습니다. 주님, 저는 모든 유대 관계를 기꺼이 버리겠습니다. 주여, 지금 저는 철저하게 자유롭습니다. 저는 제 존재의 깊은 속에서부터 당신을 사랑합니다.』 우리가 이렇게 주님께 말할 때 즉시 금항아리 안에 곧 신성한 본성의 친밀함 안에 있게 되며 감추인 그리스도에 참여한다. 오, 우리는 그러한 그리스도를 반드시 먹어야 한다.

감추인 만나를 먹는 이런 약속은 또한 예언이기도 하다. 천년 왕국에서 얼마의 이기는 자들은 그들의 누림을 위해 그리스도의 특별한 분깃을 갖게 될 것이다. 그 특별한 분깃은 여기서 감추인 만나로 약속된 것이다. 그러나 원칙적으로 오늘날에도 우리는 그처럼 친밀하고 감추인 방식으로 그리스도를 누릴 수 있다. 우리는 단지 공개적인 만나만을 누리는 사람들이 이해할 수 없는 방식으로 그리스도를 누린다.

B. 새 이름을 기록한 흰 돌을 받음

주님은 또 이기는 자에게 약속하셨다. 『내가 흰 돌을 줄 터인데 그 위에 새 이름을 기록한 것이 있으니 그것을 받는 자 외에는 그 이름을 알 사람이 없느니라』. 감추인 만나이신 그리스도를 누림은 변화를 산출한다. 어떻게 우리는 이렇게 말할 수 있는가? 왜냐하면 감추인 만나를 언급한 후에 주님이 흰 돌을 말씀하시기 때문이다. 성경에서 돌은 하나님의 건축을 위한 재료를 상징한다. 사람은 돌로 만들어진 것이 아니라 흙으로 만들어졌다(창 2:7). 어떤 의미에서 사람은 단지 흙에 불과하다. 그러므로 로마서 9장은 사람이 단순히 진흙 그릇(토기)임을 계시한다. 그러나 주님이 처음 시몬 베드로를 만났을 때 그분은 즉시 그의 이름을 시몬에서 「돌」을 뜻하는 게바로 바꾸셨다(요 1:42). 창세기 28장에 있는 야곱의 꿈을 회상해 보자. 그 꿈에서 깨어났을 때 그는 베개로 사용했던 돌을 세웠고 그것을 하나님의 집이라고 불렀다. 고린도전서 3장에서 바울은 보석들이 교회 건축을 위해 사용된다고 지적하고 있으며, 계시록 21장에서 우리는 보석들이 새 예루살렘에 있는 재료들임을 본다. 이 모든 구절들을 함께 종합해 볼 때 우리는 돌이 변화된 사람을 상징한다는 것을 보게 된다. 우리는 2장 17절 같은 구절을 그 자체만으로는 이해할 수 없다. 우리는 그것을 온 성경의 문맥 안에서 고찰해 보아야 한다. 주님은 이기는 자에게 감추인 만나를 먹게 하고 흰 돌을 주겠다고 약속하신다. 이것은 만일 우리가 감추인 만나를 먹는다면 흰 돌들로 변화된다는 것을 가리킨다.

우리의 천연적인 존재 안에서 우리는 돌이 아니라 진흙이다. 우리는 거듭남을 통해 신성한 본성을 가진 신성한 생명을 받았기 때문에 우리는 생명 공급이신 그리스도를 누림으로써 돌들로, 심지어는 보석들로 변화될 수 있다(고후 3:18). 감추인 만나이신 예수를 먹음으로써 우리는 하나님의 건축을 위한 흰 돌들로 변화될 것이다. 만일 우리가 세상적인 교회를 좇지 않고 합당한 교회 생활 안에서 주님을 누린다면 우리는 하나님의 건축을 위한 돌들로 변화될 것이다. 흰 색이 지적하듯이 이 돌들은 하나님에 의해 의롭게 되고 인정될 것이며, 반면에 세상적인 교회는 그분에 의해 정죄되고 거절될 것이다. 계시록에서 흰 색은 인정(認定)을 나타낸다. 우리가 돌로 변화될 때 우리는 주님에 의해 인정될 것이다. 이것은 그분을 매우 기쁘게 할 것이다. 흰 돌은 하나님의 건축을 위한 것이다. 하나님의 건축 곧 교회의 건축은 우리의 변화에 달려 있으며, 우리의 변화는 생명공급이신 그리스도를 누리는 데서 비롯된다.

주님은 「그 돌 위에」 『새 이름을 기록한 것이 있으니 그것을 받는 자 외에는 그 이름을 알 사람이 없느니라』고 말씀하셨다. 이름은 사람을 표시하며, 여기서 새 이름은 변화된 사람의 표시이다. 변화된 모든 믿는이들은 「흰 돌」로서 「그것을 받는 자 외에는 그 이름을 알 사람이 없는 새 이름」을 지니고 있다. 그러한 「새 이름」은 변화되고 있는 사람의 체험에 대한 해석이다. 그러므로 오직 그 사람만이 그 이름의 의미를 알 수 있다. 어떤 형제는 여전히 진흙 투성이 일지도 모른다. 그럼에도 불구하고 그는 주님을 사랑하고 세상을 버렸으며 모든 장애물을 포기했다. 그래서 주님은 그에게 『나는 네가 감추인 만나를 먹게 하겠다.』고 말씀하셨다. 이 형제가 감추인 만나를 먹을수록 더욱더 그는 흰 돌로 변화된다. 이 형제가 감추인 만나이신 주 예수님을 먹을 때 그는 어떤 체험들을 갖게 될 것이고 주님은 그 위에 새 이름을 기록하실 것이다. 이 새 이름은 단순히 이 형제가 어떠한가에 대한 새로운 표시이다. 이 새 이름은 그의 체험에 따른 그 형제의 어떠함에 근거하므로 다른 이들은 그것이 무엇인지 알 수 없다.

계시록 2장 17절은 주님이 우리에게 하신 말씀이다. 그것을 객관적으로 취급하지 말고 당신의 일대기(一代記)로 여기라. 어떤 의미에서 우리는 버가모 교회 시대에서 살고 있다. 왜냐하면 이른바 교회가 세상적으로 되었기 때문이다. 그러나 반대 증인인 우리는 여기서 주님의 회복을 위해 싸우고 있다. 그러므로 주님은 17절에서 우리에게 이 말씀을 주신다. 우리 모두는 그것을 이해하고 이렇게 말해야 한다. 『아멘, 주여, 이 약속을 감사합니다. 저는 감추인 만나이신 당신을 먹겠습니다. 이렇게 먹는 것이 나를 진흙에서 돌로 변화시킬 것입니다. 그것은 당신을 기쁘시게 할 것이며 당신에게 인정될 것이며, 당신이 거하실 처소의 건축을 위해 당신에게 사용될 것입니다. 주여, 저는 당신의 약속에 동의합니다. 지금부터 저는 당신을 은밀한 방식으로 먹고 당신의 건축을 위한 흰 돌로 변화될 것입니다.』 이것은 주님이 주신 놀라운 약속이 아닌가? 그렇다. 교회가 세상적으로 되었을지라도 주님은 우리로 하나님의 건축을 위한 흰 돌이 되게 하실 것을 약속하셨다.

계시록 13

두아디라 교회—권위와 새벽 별

이 메시지에서 우리는 네 번째 교회인 두아디라 교회(2:18-29), 곧 변절한 교회에 이르렀다. 두아디라는 헬라어로 「향기로운 제물」, 혹은 「그침 없는 제물」을 뜻한다. 두아디라 교회는 하나의 표적으로서 6세기 후반에 보편적인 교황제도를 확립함으로써 변절한 교회로 완전히 굳어버린 로마 가톨릭 교회를 예시(豫示)한다. 이 변절한 교회는 그 그침 없는 미사 전례(典禮)에서 나타난 것처럼 제물들로 가득하다.

Ⅰ. 말씀하시는 분

A. 하나님의 아들

18절은 『그 눈이 불꽃같고 그의 발이 빛나는 놋과 같은 하나님의 아들이 말씀하시기를』이라고 말한다. 변절한 가톨릭 교회는 그리스도가 마리아의 아들이라고 강하게 역설한다. 그래서 주님은 여기에서 가톨릭 교회의 변절에 대항하시면서 자신이 하나님의 아들이라고 말한다.

B. 그 눈이 불꽃같고 그의 발이 빛나는 놋과 같음

세상적인 교회인 버가모 교회를 다루실 때 주님은 그분 자신을 좌우에 날선 검을 가지신 분이라고 언급한다. 이 변절한 교회 곧 두아디라 교회를 다루실 때 그분은 자신을 「불꽃같은 눈과 빛나는 놋과 같은 발」을 가진 분이라고 언급한다. 세상적인 교회는 그분의 세게 내리치고 죽이는 말씀을 필요로 하지만, 반면에 변절한 교회는 그분의 살피는 눈과 짓밟는 발로 심판하는 것이 필요하다. 주님의 눈은 속 부분들과 마음을 감찰하고, 그분의 발은 모든 사람들을 그 행위대로 심판하시고 갚아 주신다(2:23).

Ⅱ. 두아디라 교회의 미덕들

19절에서 주님은 『내가 네 일들과 사랑과 믿음과 봉사와 인내를 아노니 네 나중 행위가 처음 것보다 많도다』라고 말씀하신다. 변절한 가톨릭 교회는 많은 일들과 봉사들을 갖고 있다. 그의 일들은 과거보다 근래에 더 많다.

Ⅲ. 여자 이세벨

두아디라 교회에 보낸 서신에 있는 중점들 중의 하나는 이세벨이라는 여자에 관한 것이다. 주님은 20절에서 그녀를 언급하시는데 그곳에서 그분은 『그러나 네게 책망할 일이 있노라 자칭 여 선지자라 하는 여자 이세벨을 네가 용납함이니 그가 내 종들을 가르쳐 꾀어 행음하게 하고 우상의 제물을 먹게 하는도다』라고 말씀하신다. 앞으로 보겠지만 여기서의 여자는 누룩(악하고 이단적이고 이교적인 것들을 상징함)을 고운 가루(하나님과 사람을 만족케 하기 위한 소제이신 그리스도를 상징함)안에 넣은, 마태복음 13장 33절에서 주님이 예언한 바로 그 여자이다. 이 여자는 또한 계시록 17장의 큰 음녀로서 가증한 것들을 신성한 것들에 혼합시킨다. 아합의 이교도 부인인 이세벨은 이 변절한 교회의 예표이다. 변절한 교회는 영적으로나 육적으로나 모든 형태의 음행과 우상 숭배로 가득 차 있다.

A. 스스로 여 선지자라고 부름

여기서 주님은 변절한 교회가 자칭 여 선지자라고 지적하신다. 선지자는 하나님의 권위를 부여받아 하나님을 위해(대신하여) 말한다. 변절한 카톨릭 교회는 하나님을 위해 말하도록 하나님께 권위를 부여받은 것 마냥 가장한다. 그 교회는 사람들에게 하나님보다 자기 말을 더 들으라고 요구한다.

B. 주의 종들을 행음하게 하고 우상의 제물을 먹도록 가르치고 인도함

버가모 교회에는 발람의 교훈과 니골라당의 교훈이 있었고 그러한 것들이 이 변절한 교회 안에서 계속되었다. 더욱이 가톨릭 교회는 자기 사람들로 하여금 하나님의 거룩한 말씀보다 자기의 말을 듣게 만들고 가르친다. 그의 추종자들은 모두 그의 이단적이고 종교적인 교훈으로 마취되어 주님이 에베소와 버가모 교회들에게 약속하신 생명나무와 감추인 만나에서 지적하신 바에 따라 그들의 생명과 생명공급이신 그리스도를 주의하지 않는다(2:7-17).

마태복음 13장 33절은 『또 비유로 말씀하시되 천국은 마치 여자가 가루 서 말속에 갖다 넣어 전부 부풀게 한 누룩과 같으니라』고 말한다. 건전한 성경 교사들은 계시록 2장의 이세벨이 의심할 바 없이 마태복음 13장 33절에서 주님이 예언한 그 여자라는 데에 동의한다. 이 두 여자들은 사실상 하나이다. 계시록 17장에 있는 큰 음녀 역시 동일한 여자이다. 따라서 마태복음 13장의 여자는 계시록 2장에 있는 이세벨이고, 이세벨은 계시록 17장에 있는 큰 바벨론이라고 불리우는 큰 음녀가 된다. 만일 그녀가 그 음녀가 아니라면 도대체 누구인가? 구약의 이세벨은 계시록 2장에 있는 「여자 이세벨」의 예표이다. 주님은 두아디라 교회에게 말씀하실 때 오늘날의 이세벨이 있음을 말씀하셨다. 역사에 의하면 이 오늘날의 이세벨은 의심할 바 없이 변절한 교회인 로마 가톨릭 교회이다. 이세벨의 이름을 사용할 때 주님은 우리에게 아합의 아내 이세벨이 행했던 바를 상기시켜 주고 계셨다. 그녀는 이교도 배경의 출신이고 이교적인 것들을 그분의 백성들에 의한 하나님께 대한 경배 안으로 가져 왔다. 이것이 두아디라에 보내는 서신 안에 있는 중요하고 가장 중심적인 요점이다. 배교한 교회의 행위의 원칙은 이교적인 것들을 그분의 백성들에 의한 하나님께 대한 경배에 혼합시키는 것이다. 그 교회는 하나님의 백성들이 그분을 경배하도록 돕지만 하나님의 방법대로 하지 않고 그 자신의 이교적인 방법대로 경배하게 한다. 변절한 교회가 시작된 이후로 늘 그 교회는 이교주의를 흡수해 들여왔다. 어디에 가든지 그 교회는 우상 숭배와 관련된 것들을 동화(同化)시킨다.

이 변절한 교회의 행위 중에서 가장 주목할 만한 본보기 한 가지는 이른바 크리스마스(Christmas)이다. 우리는 그리스도(Christ)를 원하지만 마스(mas)는 필요 없다. 이른바 크리스마스날인 12월 25일은 원래 고대 유럽인들이 태양을 숭배하던 날이었다. 그들은 12월 25일이 태양의 생일이라고 말했다. 그 변절한 교회가 유럽으로 퍼졌을 때 수천 명의 불신자들을 받아들였기 때문에 이 고대 관습이 동화된 것이다. 이런 불신자들은 여전히 그들의 신의 생일을 경축하길 원했다. 그러므로 그 변절한 교회는 그들을 수용하기 위해서 12월 25일을 그리스도의 탄생일로 선포했다. 「두 개의 바벨론」이란 책은 변절한 교회 안으로 유입된 악하고 마귀적이고 이교적인 것들의 기원을 드러내고 있다. 만일 우리가 이 그림을 소극적인 측면에서 본다면 우리는 적극적인 측면에서 어떠해야 하는가를 알게 될 것이다.

성경의 맨 처음부터 하나님의 의도는 그분의 백성에게 생명 공급으로 먹이는 것이었다. 그래서 동산 안에 생명 공급인 생명나무가 있었다. 사람이 타락한 후에도 하나님은 그분의 구속에서 그분의 백성을 먹이는 이러한 사상을 포기하지 않으셨다. 그분이 유월절을 제정하셨을 때 하나님은 그분의 백성들에게 문설주에 어린 양의 피를 뿌리고 그 피의 덮개 아래서 어린 양의 고기를 먹으라고 명하셨다. 이스라엘 자손들이 애굽에서 구출된 후 광야에서 여행하고 있을 때 하나님은 그들에게 하늘에 속한 만나를 그들의 생명 공급으로 주셨다(출 16:14-15). 결국 이스라엘 자손들은 가나안의 좋은 땅으로 들어갔다. 그들이 그 땅으로 들어간 바로 그 날에 만나는 그쳤고 그들은 그 땅의 풍성한 산물을 먹기 시작했다(수 5:12). 신약은 이 모든 것들이 우리의 구속자이실 뿐 아니라 우리의 생명 공급이시기도 한 그리스도의 예표임을 확증해 준다. 어린 양이신 그리스도는 두 요소—구속을 위한 피와 먹이기 위한 고기—를 갖고 계시다. 요한복음 6장에서 주 예수님은 자신이 바로 하나님의 백성들이 먹고 살아야 하는 하늘에 속한 만나라고 계시한다. 우리는 그 땅의 풍성한 소산물이 그리스도의 풍성을 상징한다는 것을 알고 있다. 그리스도는 우리의 어린 양과 우리의 만나이실 뿐 아니라 우리의 좋은 땅이시기도 하다. 어린 양으로서의 그분은 고기를 갖고 있고 좋은 땅으로서의 그분은 우리의 생명 공급을 위해 모든 풍성을 갖고 계신다. 구약에서는 또한 좋은 땅의 산물에서 나온 제물들이 있었다. 다섯 가지 주요 제물들 중에서 두 번째가 하나님의 백성들을 먹이기 위한 것인 소제이다. 모든 섬기는 제사장들은 이 소제를 먹고 살았다. 이것은 그리스도가 하나님의 제사장들을 위한 생명 공급이심을 상징한다. 하나님을 섬기는 모든 자들은 그리스도를 먹고 살아야 한다.

비록 이것이 거룩한 말씀 안에서 분명하지만 대부분의 그리스도인들은 그것을 놓쳤다. 나는 기독교 안에 있을 때 그리스도를 먹는 법에 대해 말해 주는 메시지를 한 번도 들어 본 적이 없다. 그럼에도 불구하고 거룩한 말씀 안에 있는 중점은 그리스도가 우리의 생명 공급이라는 것과 우리는 반드시 그분을 먹어야 한다는 것이다(요 6:57). 마태복음 13장 33절에서 주님은 자신이 고운 가루이심을 지적하신다. 이 구절에서 밀가루 혹은 고운 가루에 대한 그분의 말씀은 주로 고운 가루로 구성된 소제를 언급한다. 그러므로 고운 가루는 우리의 생명 공급이신 그리스도에 대한 온전하고도 완전한 예표이다. 소제이신 그리스도는 그분의 인성 안에서 우리의 양식을 위한 고운 가루이시다. 마태복음 13장에서 주 예수님은 악한 여자가 이 고운 가루 속에 누룩을 넣으리라고 예언하셨다. 이것이 바로 변절한 교회가 행했던 바요, 그 교회는 이교적인 것들을 취하여 그리스도의 고운 가루 안에 넣음으로써 악한 혼합물을 형성시켰다. 이것을 볼 때 변절한 교회는 매우 악하고 간교하다.

변절한 교회에 있는 어떤 이들은 『당신은 우리가 참된 것을 갖고 있다고 생각하지 않습니까? 당신은 우리가 하나님과 그리스도와 성경을 갖고 있다고 생각하지 않나요?』라고 말할지 모른다. 그렇다. 그러나 그것은 순수하지 않으며 하나의 혼합물일 뿐이다. 변절한 교회는 고운 가루를 갖고 있긴 하되 그 가루 속에는 누룩이 들어있다. 마닐라에 있었을 때 나는 한 카톨릭 성당을 방문한 적이 있다. 이 성당 입구에 마리아 상이 있었다. 그 마리아 상의 한쪽 손이 거의 다 닳아졌음을 보고

서 나는 무슨 일이냐고 사람들에게 물어 보았다. 그들은 대답하기를, 그 성당에 처음 들어가는 사람마다 마리아 상의 손을 만지는데, 여러 해 동안 이렇게 해서 그 손이 닳아져 버렸다는 것이다. 내가 그들에게 그 입상(立像)의 필요성에 대해 묻자 그들은 『만일 사람들이 입상들을 갖지 않는다면 그들은 당신이 성경에 관해 말할 때 무슨 말을 하고 있는지 이해할 수 없을 것입니다. 그들은 붙잡아 줄 견고한 그 무엇이 필요합니다.』라고 말했다. 이것이 그들이 예수의 상과 마리아 상을 갖는 데 대한 변명이다. 얼마나 교묘한가! 그것은 예수님이나 마리아가 아니라 우상인 것이다. 겉으로 보기에 그들은 예수님을 경배하지만 실은 돌 형상을 경배하는 것이다. 이것이 원수의 간교함이다. 이제 우리는 변절한 교회의 악을 볼 수 있다. 즉 그 교회는 이교적인 것들을 흡수해서 그것들을 고운 가루에 넣는다. 이것은 얼마나 사악한 것인지!

이 악한 혼합물로 인해 변절한 교회 안에는 우상 숭배가 많이 있다. 주님은 이세벨이 사람들로 행음하게 하고 우상의 제물을 먹도록 가르친다고 말씀하셨다. 이세벨은 자기 백성들이 우상을 경배하도록 가르친다. 로마 카톨릭 교회 안에서는 우상 숭배가 가르쳐지고 있다. 마닐라에서 나는 많은 사람들이 양초 가게에서 양초를 구입하여 벽면에 있는 형상들과 우상들 앞에 놓는 것을 보았다. 우상 숭배가 있는 곳마다 또한 음행도 있다. 이세벨은 이교주의와 우상 숭배를 가져왔을 뿐 아니라 음행도 가져 왔다. 이것은 가증스러운 것이요 우리는 그것을 용납할 수 없다. 그것은 교리적인 논쟁의 문제가 아니라 우상 숭배와 음행의 문제이다.

1937년 중국 북부를 여행하고 있을 때, 나는 귀신에게 사로잡힌 경우를 목도한 일이 있다. 어떤 그리스도인 자매가 사로잡혔었다. 그것에 대한 이유를 질문 받았을 때 나는 원칙 면에서 볼 때 죄나 혹은 그 자매 집 안에 있는 어떤 우상이나 형상이,귀신이 그녀를 사로잡을 수 있는 근거를 주는 것이라고 대답했다. 나는 그녀의 집에는 우상이나 형상이 전혀 없다고 들었다. 그럼에도 불구하고 귀신이 계속 와서 그녀를 괴롭혔던 것이다. 나는 그녀에게, 어떤 죄 있는 것에도 연루되지 않았다면 틀림없이 집에 어떤 유형의 우상이나 형상이 있을 테니 그것을 철저하게 찾아보라고 말했다. 결국 나는 그녀의 집 벽에 이른바 예수님의 초상화가 있음을 알고 그것을 태워버리라고 말했다. 그녀가 그 초상화를 불태운 순간부터 그 귀신은 떠나갔다. 이것에서도 우리는 원수의 간교함을 볼 수 있다.

C. 그녀의 음행을 회개하고자 아니함

21절에서 주 예수님은 『또 내가 그녀에게 회개할 기회를 주었으되 그의 음행을 회개코자 아니하는도다』라고 말씀하셨다. 이것이 변절한 가톨릭 교회에 해당됨을 역사가 증명한다. 바로 오늘날까지도 그녀는 그 악한 행위들을 회개하지 않으려고 한다.

D. 침상에서 병을 앓음

또한 주님은 『내가 그녀를 침상에 던질 터이요』라고 말씀하셨다. 침상은 정상적으로는 수면과 휴식을 위해 사용되지만 비정상적으로는 와병(臥病)을 위해 사용된다. 주님은 여기에서 변절한 교회가 불치의 병에 걸려 있으며 또 마지막 심판 때까지 계속 그렇게 남아 있을 것임을 지적하신다. 이세벨의 행악들이 그녀를 병들게 했으며 그녀는 조금도 건강하지 못하다. 변절한 교회 전체가 병든 상태에 있다. 그녀의 상태를 보라. 어떤 것들은 하늘에 속해 있고 다른 것들은 땅에 속해 있다. 어떤 것들은 하나님께 속해 있고, 더 많은 것들이 사탄에 속해 있다. 어떤 것들은 거룩하지만 다른 것들은 세속적이고 통속적이고 세상적이다. 이 누룩은 비단 변절한 교회 안에 있을 뿐 아니라, 소위 개혁 교회 안에도 퍼졌다. 이세벨은 마귀적이고 사탄적이고 악마 같으며 심지어는 지옥과도 같다. 우리 눈이 열려 가톨릭 교회 안에 있는 마귀적이고 악마적인 것들을 본다는 것은 작은 일이 아니다. 우리는 이 변절한 교회가 얼마나 개탄할 정도인지 이루 상상할 수도 없다.

E. 그녀의 사랑하는 자들이 큰 환난을 겪음

22절에서 주님은 이세벨을 침상에 던질 뿐 아니라 『그녀로 더불어 간음하는 자들도 만일 그의 행위를 회개치 아니하면 큰 환난 가운데 던지리라』고 말씀하셨다. 여기의 큰 환난은 7장 14절의 것과 다르며 또 마태복음 24장 21절에 있는 것과도 다르다. 7장 14절의 큰 환난은 교회가 수세기간에 걸쳐서 받는 핍박이다. 마태복음 24장 21절에 있는 큰 환난은 땅의 모든 거민들에게 임할 그 시대의 마지막 3년 반 동안의 큰 환난이다. 그러나 여기에서 큰 환난은 주님이 변절한 교회로 하여금 받게 하실 고통인데, 아마도 이 시대 끝에 적그리스도가 그 교회를 공격함으로써 일어날 것이다.

F. 그녀의 자녀들을 사망으로 죽임

23절에서 주님은 『또 내가 사망으로 그녀의 자녀를 죽이리니』라고 말씀하셨다. 이것은 하나님이 이 시대 끝에 적그리스도와 그의 추종자들을 통해서 로마 천주교를 파괴하시는 것을 언급하는 것이리라. 만일 계시록을 주의 깊게 읽는다면 우리는 이 시대 끝에 적그리스도가 천주교를 손상시킬 것임을 보게 된다. 적그리스도는 모든 종교에 대항하여 반역할 것이며 그 자신을 하나님으로 세우고(살후 2:4), 유대인들과 천주교인들이 그들의 하나님을 섬기는 것을 금하고 사람들을 강요하여 자기를 섬기게 할 것이다. 그때에 그는 유대인들을 핍박하고 천주교에 있는 많은 이들을 죽일 것이다.

Ⅳ. 사탄의 깊은 것들

24절은 『그러나 두아디라에 남아 있어(이 교훈을 받지 아니하고 소위 사탄의 깊은 것들을 알지 못하는 너희에게 말하노니) 내가 다른 짐으로 너희에게 지울 것이 없노라』고 말한다. 「깊은 것들」이란 에베소서 3장 18절의 깊이들을 뜻한다. 그것은 비유적으로 비밀스런 것들을 나타낸다. 로마 천주교는 많은 비밀들이나 깊은 교리들을 갖고 있다. 고난받는 교회에 대해서는 사탄의 회당이 있었고(2:9), 세상적인 교회에는 사탄의 왕좌가 있었으며(2:13), 변절한 교회 속에는 「사탄의 깊은 것들」이 있다. 회당의 종교, 사탄의 왕좌 밑에 있는 세상, 사탄에 속한 비밀들의 철학들은 모두 교회를 손상시키고 부패시키려고 사탄이 사용하는 것들이다.

우리가 보았듯이 교회는 사탄의 회당으로부터 핍박을 받았으며, 마침내 교회는 세상적으로 되어 사탄이 거하며 그의 왕좌가 있는 곳에 거하고 있다. 이 모두가 원수의 간교함이다. 그것은 모두 사탄에게서 발원(發源)된다. 그러나 여기 네 번째 교회에는 이보다 더 심각한 것이 있다. 그것은 단지 사탄의 회당, 사탄이 거하는 곳, 혹은 사탄의 왕좌가 있는 곳의 문제에 지나는 것이 아니다. 이제 사탄은 교회 안으로 들어왔으며, 그 자신으로 교회를 적셔지게 했다. 변절한 교회에는 사탄의 깊은 것들 곧 사탄의 비밀스런 교훈들이 있다. 이것이 사탄적인 철학이다. 변절한 교회는 사탄에 속한 비밀들을 가르친다. 이것은 사탄의 깊숙한 사상 곧 사탄의 관념이 변절한 교회에 침투했음을 가리킨다. 결국 이 교회는 사탄의 체현이 된다. 합당한 교회는 그리스도의 몸이지만, 변절한 교회는 사탄의 체현이다. 그리스도는 교회 안에 내주하시지만, 사탄은 간교한 방법으로 변절한 교회에 내주한다. 사탄은 언제나 간교한 방법으로 행동한다. 그가 처음 사람에게 왔을 때 그는 아름다운 뱀의 모습으로 왔다. 그러나 그것은 단지 뱀에 불과한 것이 아니라 사탄이었다. 사탄은 늘 좋은 모습을 취한다. 사탄이 「교회」를 그의 모습으로 입을 수 있으리라고는 아무도 상상할 수 없으리라. 그러나 두아디라 교회에 보내는 서신에서 우리는 이것이 오늘날 기독교계의 참 상황임을 본다. 기독교계는 사탄의 도구가 되었다. 비록 그 안에 그리스도의 이름이 있다해도 실상 그 속에는 사탄 자신이 있다. 우리 모두는 반드시 이것을 보아야 한다.

사탄의 깊은 것들은 사탄적인 철학으로서 간교한 것이다. 변절한 교회 안에는 수많은 소위 비밀들이 있다. 이 악한 교회가 가르친 비밀들은 모두 사탄적인 철학들이다. 그들의 철학 중 하나는, 만일 당신이 어떤 것들을 성경 진리들 안에 첨가하지 않는다면 사람들이 그것을 받아들이기가 어렵게 된다는 것이다. 지혜로우신 주님은 이것을 빵을 먹기 쉽게 만들기 위해 고운 가루 속에 넣는 누룩에 비유하셨다. 변절한 교회는 말하기를, 만일 사람들이 크리스마스를 갖지 않는다면 그들이 그리스도의 출생에 관한 진리를 받아들이기가 어려울 것이라고 말한다. 그 「마스(mass)」는 고운 가루에 더해진 누룩이다. 이것은 간교하며 사악하다.

만일 당신이 이 악한 여자가 사탄의 체현이라고 말하는 것이 너무 심하다고 생각한다면 나는 당신에게 계시록 17장 4절과 5절을 살펴보라고 청하겠다. 4절은 『또 그 여자는 자주빛과 진홍빛 옷을 입고 금과 보석과 진주로 꾸미고 손에 금잔을 가졌는데 가증한 것들과 그녀의 음행의 부정한 것들이 가득하더라』고 말한다. 이 악한 여자는 멋있는 외양을 갖고 있다. 그녀는 금과 보석들과 진주 곧 새 예루살렘이 건축된 바로 그 재료들로 치장(도금)했다. 새 예루살렘은 이 세 가지 재료들로 견고하게 건축된 반면에 이 악한 여자는 단지 그것들로 치장했을 뿐이다. 치장(도금)한다는 것은 거짓 모습으로 꾸미고, 피상적으로 매력 있게 되고, 악한 것을 감추어 호감을 주거나 보이기 위한 겉모양을 갖는 것이다. 그녀의 외양은 겉으로는 매력적이지만 속으로는 매우 흉칙하다. 또한 이 여자는 가증한 것들과 음행의 더러운 것들이 가득 찬 금잔을 갖고 있다. 예표론에서 금은 신성한 본성을 상징한다. 외관상 이 악한 여자는 하나님께 속한 것들을 붙잡고 있지만, 사실은 내적으로 가증한 것들이 가득하다. 성경에서 가증한 것은 주로 두 가지—우상 숭배와 음행—를 가리킨다. 이 두 가지 것은 하나님 눈에 가증한 것이다. 겉으로 볼 때 이 여자는 금과 진주와 보석들로 치장하고 금잔을 갖고 있으므로 매우 매력적이다. 만일 당신에게 통찰력이 없다면 당신은 그녀에게 속을 것이다. 그러나 우리는 그녀를 꿰뚫어 보는 통찰력을 가져야 한다. 이 여자가 내적으로 어떠한지를 볼 때 우리는 그녀가 가증한 것들과 더러움으로 충만해 있음을 깨닫게 된다.

17장 5절은 『또 그 이마에 이름이 기록되었으니 비밀이라, 큰 바벨론이라, 땅의 음녀들과 가증한 것들의 어미라』고 말한다. 주님은 사람들의 마음들을 감찰하시며 그들 속에 무엇이 들어있는지 알고 계신다. 그분은 투시력을 갖고 계시므로 이 악한 여자의 내부를 보신다. 주님은 그녀를 「음녀들의 어미」라고 부르는데, 그것은 그녀가 모든 영적 음행의 근원임을 의미한다. 그러므로 그녀가 사탄의 체현이라고 말하는 것은 정당하다. 우리에게는 그녀의 외적 모양을 꿰뚫어 볼 투시력이 필요하다. 이것이 우리가 좌우에 날선 검 곧 성경의 말씀을 가져야 하는 이유이다.

우리는 그분의 주권적인 은혜에 대해서 주님께 감사한다. 그분의 은혜는 주권적이기 때문에 그분은 우리를 어떤 환경에서도 구원하실 수 있다. 변절한 천주교의 악한 환경 안에서조차도 많은 이들이 구원받았다. 천주교가 성경을 전하지 않는다고는 누구도 말할 수 없다. 중국에서 많은 이교도 중국인들이 천주교의 가르침으로 말미암아 하나님의 이름과 예수님의 이름과 성경의 몇 구절들을 배웠다. 그러나 악한 일은 이것인데, 즉 사람들이 이 변절한 교회에 의해 도움받은 뒤에 그들은 참된 방식으로 주님을 계속적으로 아는 것에서 좌절된다는 것이다. 천주교 안에 있을 때 주님의 주권적인 은혜로 구원받은 어떤 이들은 자연스럽게 그 악한 것을 사랑했다. 그들 중 많은 이들은 『만일 이것이 악하다면, 도대체 어떻게 해서 내가 그를 통해 구원받을 수 있었는가?』라고 말하곤 한다. 그러므로 과거의 수많은 천주교인들이 교회 생활 안으로 들어왔지만, 그들 중 어떤 이들은 깊은 속에서 여전히 이 악한 여자를 동정할지도 모른다. 그들은 주님이 미워하시는 만큼 그녀를 미워하지 않는다. 두아디라 교회에 보낸 서신을 재차 읽기 바란다. 주님은 그 악한 여자가 사탄 곧 악한 자로 철저하게 적셔졌기 때문에 이세벨을 조금도 동정하지 않으신다. 사탄이 그 사악한 여자의 모든 섬유질(신경과 근육) 안에 있다.

우리는 이 변절한 교회와 아무런 상관도 없어야 한다. 그것은 그리스도의 몸이 아니다. 그것은 하나님의 교회가 아니요 사탄의 체현이다. 그것은 간교하고 악하다. 만일 변절한 교회에 관해서 더욱 많이 보고자 한다면 니(Nee) 형제님의 저서 「교회의 정통」을 읽어보라. 주님과 그분의 회복을 위한 마음을 가진 자는 모두 이 변절한 교회를 철저히 알아야 한다. 일단 우리가 그녀를 안 다음에는 그녀에 관련된 그 무엇도 귀히 여기지 않을 것이다. 오히려 우리는 그녀가 큰 음녀요 큰 바벨론이라는 것과 우리는 그녀를 버려야 한다는 것을 선포해야 한다.

앞으로 보겠지만, 계시록은 이 큰 음녀가 몇 명의 딸을 갖고 있음을 지적해 준다. 우리는 변절한 교회에 관해서 철저하게 비춤을 받아야 한다. 일단 우리가 비춤을 받는다면 우리는 교회에 관한 한 우리가 어디에 있어야 하는지 알게 될 것이다. 우리는 주의 회복 안에 있다. 우리는 그리스도의 몸 곧 하나님의 교회 안에 있으며 악한 여자요 음녀이며 큰 바벨론인 이세벨과 아무 상관도 없다. 그리고 우리는 그녀의 딸들과도 아무 상관없다.

이 서신에서 주님은 그분이 이세벨을 심판하시리라는 것을 지적한다. 17장 16절에서 우리는 큰 환난 동안 주님이 적그리스도로 하여금 이 변절한 교회를 죽이고 손상시키도록 허락하실 것이라는 말을 듣는다. 그때에 종교적인 바벨론은 무너지게 될 것이다. 그러나 그때 이전에는 이 변절한 교회가 예언에 따라 계속될 것이다. 25절은 변절한 천주교가 주님이 다시 오실 때까지 계속 잔존하게 될 것임을 지적한다.

Ⅴ. 이기는 자들-두아디라의 남은 자들

26절에서 주님은 『이기는 자와 끝까지 나의 일들을 지키는 그에게 만국을 다스리는 권세를 주리니』라고 말한다. 여기서 이기는 것은 천주교를 이기는 것이다. 이기는 자들 곧 두아디라의 남은 자들은 이세벨의 교훈을 갖지 않고(24절), 사탄의 깊은 것들을 모르며, 그분이 오실 때까지 주의 간증을 꼭 붙들고 있으며(25절), 끝까지 주님의 일들을 지킨다(26절). 26절의 「나의 일들」이란 그분의 십자가에 못 박히심, 부활, 중재 등등과 같이 주님이 성취하셨고 또 행하고 계시는 것들을 언급하는데, 그것은 사탄의 영향하에 있는 변절한 교회의 일들과는 대조를 이룬다.

Ⅵ. 이기는 자에게 주는 약속

A. 만국을 다스리는 권세를 받음

26절에서 주님은 이기는 자에게 만국을 다스리는 권세를 주겠다고 말씀하신다. 이것은 이기는 자들에게 주는 상으로서 천년 왕국 안에서 그리스도와 함께 만국을 다스리는 것이다(20:4, 6). 주님의 이 약속은, 타락한 기독교를 이기라는 그분의 부르심에 응하지 않는 이들은 천년 왕국의 다스림에 참여하지 못하리라는 것을 강하게 암시한다.

B. 주님이 아버지께 받은 것과 같이 철장으로 만국을 목양(牧養)함

27절에서 주님은 이기는 자에게 말씀하신다. 『그가 철장을 가지고 그들을 목양(牧養)하여 질그릇을 깨뜨리는 것과 같이 하리라 나도 내 아버지께 받은 것이 그러하니라』. 천년 왕국에서 다스리는 자는 목자이다. 시편 2편 9절에서 하나님은 그리스도에게 만국을 다스릴 권세를 주셨다. 여기에서 그리스도는 그분의 이기는 자들에게 그와 동일한 권세를 주신다.

C. 새벽별을 가짐

마지막으로 주님은 28절에서 이기는 자에게 약속을 주시면서 말씀하신다. 『내가 그에게 새벽별을 주리라』. 그리스도가 처음 나타나셨을 때 유대 종교인들이 아닌 현인(賢人)들(동방 박사들)이 그분의 별을 보았다(마 2:2, 9-10). 그분이 두 번째 나타나실 때 그분은 그분의 오심을 깨어 기다리는 그분의 이기는 자들에게 새벽별이 되실 것이다. 다른 모든 사람들에게는 그분이 다만 태양으로 나타나실 것이다(말 4:2).

Ⅶ. 그 영의 말씀하심

다시 한번 주님은 29절에서 『귀 있는 자는 그 영이 교회들에게 하시는 말씀을 들을지어다』라고 말씀하신다. 사람들에게 하나님보다 자기 말을 더 들으라고 요구하는 변절한 교회 안에 있는 모든 사람들에게는 그 영의 말씀하심이 한층 더 필요하다. 만일 누구든지 그 영의 말씀하심을 듣는다면 그는 주님의 살아 있는 말씀을 듣고 변절한 교회가 가르친 모든 변절된 사항들을 부인할 것이며 주님의 만족을 위한 이기는 자가 될 것이다.

처음 세 서신의 마지막에서는 각각 듣는 귀가 먼저 언급되고 그런 후에, 이기는 자에 대한 부르심이 언급된다. 나머지 네 서신의 각각의 끝에서는 그 순서가 뒤바뀐다. 이것은 일곱 교회들 중 처음 셋이 하나의 군(群)이요 나머지 넷이 또 하나의 군(群)임을 입증한다. 성경에서 칠이란 수는 육 일에 하루를 더하면 한 주(週)가 되듯이 여섯 더하기 하나로 구성되거나, 혹은 이 두 장에서 일곱 교회가 셋으로 된 한 군(群)과 넷으로 된 또 다른 군(群)으로 나뉘어 지듯이 셋 더하기 넷으로 구성된다. 여섯 더하기 하나는 하나님의 창조에 관한 것이요, 반면에 셋 더하기 넷은 하나님의 새 창조인 교회에 관한 것이다. 만물이 육 일만에 창조되었으므로 육이란 수는 창조, 특히 제 육일에 창조된 사람을 상징한다. 그리고 제 칠일은 하나님의 안식의 하루로서 육 일 동안의 결론이므로 일(1)이란 수는 유일한 창조주를 상징한다. 그래서 여섯 더하기 하나는 만물이 그분의 목적 완수를 위해서 하나님을 위해 창조되었음을 의미한다. 유일하신 창조주 하나님은 삼이란 수가 상징하듯이 삼일(Triune)이시다. 창조는 하나님 앞에 있는 네 생물들에 의해 대표되므로(4:6-9) 넷이란 수는 피조물들, 특히 사람을 상징한다. 따라서 셋 더하기 넷은 하나님이 그분의 피조물인 사람에 더해짐으로 그분의 목적이 성취되어진다는 것을 뜻한다. 교회는 피조물일 뿐 아니라 그 안으로 분배된 창조주 삼일 하나님과 함께하는 피조물이기도 하다. 교회는 실제의 수 일곱인데, 실제의 셋인 삼일 하나님이 실제의 넷인 피조된 사람에 더해진 것이다. 그러므로 일곱이란 수는 하나님의 움직이심이 완성된 것을 나타내는 것으로, 처음에는 옛 창조에서요 그 다음에는 새 창조인 교회 안에서이다.

계시록 14

사데 교회-흰 옷과 주님이 시인한 이름

계시록 2장, 3장에 있는 일곱 교회의 상황과 상태가 교회 역사의 단계들과 일치되는 것은 참으로 주님의 주권에 의한 것이다. 1세기로부터 현재에 이르기까지 교회의 역사는 다음 일곱 단계로 구분된다. 최초의 단계, 고난받는 단계, 세상적인 단계, 변절(배교)한 단계, 개혁 단계, 회복된 교회의 단계, 회복된 교회의 타락 단계 등이 그것이다. 이 메시지에서 우리는 개혁의 교회인 사데 교회를 살펴보기로 한다(3:1-6).

사데는 헬라어로 「나머지 것들」, 「남은 자」, 「회복(복구)」을 의미한다. 사데 교회는 하나의 표적으로서 종교 개혁 시대로부터 그리스도가 두 번째 오실 때까지의 개신교를 예시(豫示)한다. 종교 개혁은 타락한 두아디라 교회로 상징된 변절한 로마 카톨릭 교회에 대한 하나님의 반응이었다. 그것은 소수의 믿는이들, 즉 남은 자들에 의해 성취되었다. 따라서 그것은 남은 자들에 의한 회복이었다.

Ⅰ. 말씀하시는 분-하나님의 일곱 영과 일곱 별을 가진 분임

3장 1절에서 주님은 『하나님의 일곱 영과 일곱 별을 가진 이가 말씀하시기를』이라고 말씀하신다. 하나님의 일곱 영은 교회가 강하게 살아 있기 위한 것이요, 일곱 별은 그 교회가 강하게 빛나기 위한 것이다. 에베소 교회에게는 그리스도가 일곱 별을 붙잡고 일곱 등대 한 가운데를 거니시는 분이다. 초대 교회는 그리스도의 돌보심이 필요했으며, 그 인도자들은 그분의 보호하시는 은혜가 필요했다. 서머나 교회에게 그분은 죽었다가 다시 사신 분이다. 그 고난받는 교회에게는 그리스도의 부활 생명이 필요했다. 버가모 교회에게 그리스도는 좌우에 날선 검을 가진 분이다. 타락되고 세상적인 교회는 그분의 심판하시고 살육하는 검이 필요했다. 두아디라 교회에게 그분은 불꽃같은 눈과 빛나는 놋 같은 발을 가진 분이다. 변절한 교회에게는 그분이 살피시고 심판하는 것이 필요했다. 이제 사데 교회에게 그분은 하나님의 일곱 영과 일곱 별을 가진 분이다. 죽어 있는 개혁 교회는 하나님의 칠 배로 강화된 영과 빛나는 인도자들이 필요하다.

만일 우리가 오늘날 개신교의 기독교 상황을 점검해 본다면 우리는 개신교의 기독교에 일곱 영이 결여되어 있음을 볼 것이다. 그들의 죽어 있음은 일곱 영의 부족에 기인한다. 그들의 조직 때문에 그들에게는 또한 빛나는 별들이 필요하다. 이것이 그들에게 필요한 모든 것—강화된 영과 빛나는 별들—이다. 그러나 그들은 일곱 영을 주목하지 않는다. 일곱 영은 그 영이신 그리스도가 완전하게 강화된 실제화이다. 이것은 이른바 오순절 운동이나 초자연적 은사주의 운동의 문제가 아니라 칠 배로 강화된 영의 내주하심에 관한 문제이다. 이것이야말로 오늘날 죽어 있는 개신교에게 필요한 것이다. 또한 그것은 지위나 조직이 아닌 빛나는 별들을 필요로 한다. 그들을 인도하는 자들은 반드시 빛나는 자들이어야 한다.

Ⅱ. (사데)교회의 상태

A. 살아 있다는 이름은 가졌으나 실은 죽어 있음

주님은 사데 교회의 사자(使者)에게 『내가 네 행위를 아노니 네가 살아 있다는 이름은 가졌으나 죽은 자로다 너는 일깨워 그 남은바 죽어 가는 것을 굳게 하라 나는 네 행위가 하나님 앞에서 온전케 된 것을 찾지 못하였으니』. 이 두 구절은 소위 개신 교회에 대한 온전한 그림을 제시한다. 개혁된 기독교는 살아 있는 것으로 여겨 왔지만, 주님은 그 교회가 죽어 있다고 말씀한다. 그러므로 그 교회에게는 죽은 상태 안에서 살아 있는 영들과 빛나는 별들이 필요하다.

B. 죽어 가는 나머지 것들

2절에서 주님은 『죽어 가는 나머지 것들을 굳게 하라』고 말씀하신다. 「남은 것들」이란 믿음에 의한 칭의와 공개된 성경과 같이 잃었다가 종교개혁에 의해 회복된 것들이다. 비록 이런 것들이 회복되었지만 그것들은 「죽어 가는 중이었다」. 그러므로 개신교는 그것들을 살아 있도록 보존하기 위해 부흥들을 필요로 한다. 이것이 바로 개신 교회들의 실 상황이다.

C. 온전케 된 일이 전혀 없음

주님은 또한 『나는 네 일들이 하나님 앞에서 온전케 된 것을 찾지 못하였으니』라고 말씀하셨다. 종교 개혁에서 시작된 어느 것도 온전케 된 적이 없다. 그러므로 빌라델비아 교회가 완성을 위해 필요했다. 하나님 보시기에는 이른바 개혁된 교회들 안에는 온전한 일들이 전혀 없다. 믿음으로 의롭게 됨이 그들 가운데서 온전케 되었다고 생각지 말라. 만일 당신이 내적인 시야를 가졌다면 마르틴 루터에 의해 회복된 믿음에 의한 칭의는 다소 얕은 것임을 볼 것이다. 왜냐하면 루터는 칭의를 거의 생명의 방식으로 만지지 않았고, 주로 교리적으로 피상적으로만 만졌을 뿐이기 때문이다. 우리는 이 위대한 하나님의 종으로 인해 주님께 감사드리지만, 그는 온전하지 않았다. 그의 손아래서 행해진 어떤 일도 온전케 되지 않았다. 루터 당시에 회복된 것들은 죽어 왔으며 지금도 여전히 죽어 가고 있다. 이 때문에 수많은 개신 교회들이 빈번한 부흥회들을 갖는다.

다섯 번째 교회에 관한 중점은 그 교회가 죽어 있고 또 죽어 가고 있다는 것이다. 그 교회는 살아 있다는 이름은 갖고 있지만, 실은 죽어 있다. 우리 중 많은 이들이 구원받았을 때 꽤 살아 있었음을 간증할 수 있다. 그러나 분파적인 교회 안으로 들어간 후에 우리는 냉장고 안으로 넣어졌고 몇 개월 후 차갑게 식어져서 죽었다. 개혁된 교회들은 죽어 있는 상태이다. 나는 이른바 개신 교회 안에서 자랐으므로 그곳에 생명이 결코 없음을 알고 있다. 거의 모든 면에서 그 교회는 사망으로 가득하다.

Ⅲ. 주님의 꾸짖음

3절에서 주님은 『네가 어떻게 받았으며 어떻게 들었는지 생각하고 지키어 회개하라』고 말씀하신다. 이 구절과 2절 모두에서 주님은 사데 교회에게 일깨어 죽어 가는 나머지 것들을 굳게 하고 받고 들은 것을 지키며 회개하라고 꾸짖으신다.

Ⅳ. 주님의 오심

3절에서 주님은 또한 『만일 일깨지 아니하면 내가 도적같이 이르리니 어느 시에 네게 임할는지 네가 결코 알지 못하리라』고 말씀하신다. 도둑은 알려지지 않은 시간에 귀한 물건들을 훔쳐가려고 온다. 개혁된 개신 교회들은 죽어 있으므로 그들은 그분이 그분을 추구하는 이들에게 비밀스럽게 나타나실 때 도둑처럼 오시는 것을 깨닫지 못할 것이다. 그러므로 깨어 있을 필요가 있는 것이다.

주님의 재림에 관한 신약의 계시는 우리의 천연적인 이해에 따른 것이 아니다. 우리의 천연적인 사고 방식에 따르면 주님은 갑자기 하늘 보좌로부터 땅으로 내려오실 것이다. 이런 사고(思考)는 성경학도들에게 많은 어려움을 야기했으므로 우리는 그것을 버려야 한다. 성경에서 발견되는 어떤 것을 이해할 때 우리는 우리의 사고(思考)에 신뢰를 두지 말아야 하며, 결코 우리의 천연적인 관념을 적용하지 말아야 한다. 이런 이유로 우리는 하나님의 말씀을 대할 때 투명하고 새롭게 된 생각을 가져야 한다. 우리는 우리 관념으로 착색된 안경을 벗어버리고 순수한 말씀을 대해야 한다. 주님의 재림은 하나의 과정이다. 그분의 재림은 보좌로부터 시작될 것이며 그분이 아마겟돈에서 전쟁을 하려고 내려오실 때까지 하나의 과정을 통과하실 것이다. 이미 지적했듯이 주님은 보좌로부터 많은 일들을 수행하실 공중으로 내려오실 것이다. 그 일들은 대다수 성도들의 휴거, 심판대에서의 심판, 어린 양의 혼인 등이다. 공중에서 이 모든 것들이 성취되고 나서 주님은 땅으로 내려오실 것이다. 사내 아이(12장)와 첫 열매들(14장)을 포함하는 초기의 이기는 자들의 휴거는 주님이 재림하는 과정의 출발

점에서 발생한다. 달리 말해서 그들이 휴거될 때 주님이 다시 오시는 과정이 시작된다.

3장 3절과 마태복음 24장 43절에서 우리는 주께서 도둑처럼 오시리라는 말을 듣는다. 초기의 이기는 자들인 믿는이들 중 몇몇이 갑자기 들림 받을 것이다. 아무도 주의 재림의 과정이 시작되는 때와 초기 이기는 자들의 휴거의 때를 모른다. 그 때가 이르면 당신이 스스로를 준비할 시간의 여유가 없을 것이다. 당신은 그때가 오기 전에 철저하게 준비해야 한다. 그러므로 우리는 반드시 예비되고 준비되고 깨어 있어야 한다.

Ⅴ. 이기는 자들—사데에 있는 소수의 이름들

A. 그들의 옷을 사망으로 더럽히지 않았음

4절에서 주님은, 『그러나 사데에 그 옷을 더럽히지 아니한 소수의 이름들이 네게 있어』라고 말씀하신다. 성경에서 「옷」은 우리의 행함과 생활에서의 어떠함이다. 옷을 더럽힌다는 것은 특히 죽은 것으로 때 묻히는 것을 뜻한다. 사망은 하나님 앞에서 죄보다 더 더럽히는 것이다(레 11:24-25, 민 6:6, 7, 9). 이 구절에서 더러움은 사망의 속성에 속한 것이다. 사데의 더러움은 죄의 더러움이 아니라 사망의 더러움이었다. 사망은 죄보다 더욱 더러운 것이다. 구약에 의하면 만일 누가 죄를 지으면 그는 단순히 속죄제물을 드림으로써 사함을 받을 수 있었다(레 4:27-31). 그러나 누가 사람의 시체를 만지면 칠 일을 기다려야만 정결함을 받을 수 있었다(민 19:11, 16). 이것은 사망의 더러움이 죄의 더러움보다 더 심각한 것임을 가리킨다. 오늘날 그리스도인들은 사망에 대한 의식이 없다. 만일 당신이 라스베가스에 가서 카지노에서 도박을 한다면 당신은 범죄 했음을 느낄 것이다. 그러나 만일 당신이 죽은 방식으로 집회에 온다면 당신은 그것의 심각성을 느끼지 못할지도 모른다. 그러나 하나님 보시기에 이 사망의 상황은 라스베가스의 카지노에서 도박하는 것보다 더 심각한 것이다. 비록 그리스도인들이 죄를 정죄하지만, 그들은 죽어있음을 정죄하지 않는다.

사람들은 집회에서 시체들처럼 앉아 있고 거기에 잘못이 있음을 아무것도 보지 못한다. 나는 죽은 어느 것에도 접근하기를 좋아하지 않는다. 어느 날 나의 어머니가 돌아가셨다. 비록 우리 모두가 어머니를 사랑했지만, 우리 중 아무도 밤새도록 그녀의 사체(死體)곁에서 감히 머무르려고 하지 않았다. 만일 당신의 사랑스런 아내가 당신을 위해 무엇을 하는 동안에 더럽게 되었다면 아마 당신은 그녀를 전보다 더 사랑할 것이다. 그러나 만일 그녀가 죽는다면 당신은 그녀의 사체 옆에 있기를 원치 않을 것이다. 주님은 사망을 미워하신다. 그러나 개혁교회 안에 있는 대부분의 그리스도인들은 사망에 대한 이런 관념을 갖고 있지 않다. 그들은 『분파적인 교회에 무슨 잘못이 있느냐?』고 말할지도 모른다. 그들은 비단 틀렸을 뿐 아니라 사망으로 가득하다. 설사 영안실에 있는 시체들에게 아무런 잘못이 없다 해도, 그들은 사망으로 충만하다. 사망이 가장 큰 문제이다. 그것은 얼마나 추한지! 그것은 하나님께 악취를 풍기므로 그분은 그것을 용납하실 수 없다.

지방 교회들 안에서 우리 모두는 반드시 사망을 미워해야 한다. 나는 교회들 안에 있는 사람들이 죽어 있는 것을 보는 것보다는 잘못되어 있는 것을 보는 게 낫다. 나는 형제 자매들에게 왜 집회 가운데서 기능을 발휘하지 않느냐고 여러 번 물어보았다. 흔히 그들의 대답은 이러했다. 『나는 실수하는 것이 두렵습니다.』 이에 대해서 나는 『당신이 실수를 많이 할수록 더 좋습니다. 살아 있는 아이들은 많은 실수를 합니다. 그러나 무덤 속에 있는 죽은 아이들은 전혀 실수하지 않습니다.』라고 응답했다. 만일 당신이 아무 것도 하지 않은 채 집회 가운데 앉아 있다면 당신은 결단코 잘못될 수 없다. 그러나 비록 당신이 옳다 해도 그것은 죽은 옳음일 따름이다. 나는 차라리 올바르게 죽어 있는 것보다 틀리더라도 살아 있고 싶다. 나는 실수할지 모르지만, 내가 얼마나 생생한지 누구나 알 것이다. 당신은 어떤 것을 더 좋아하는가? 죽어 있는 옳음인가 아니면 살아 있는 틀림인가?

B. 흰 옷을 입고 주와 함께 다님

주님은 그들의 옷을 더럽히지 않은 사람들을 언급하면서 말씀하시기를, 『그들은 흰 옷을 입고 나와 함께 다니리니 이는 그들이 합당하기 때문이라』고 말씀하신다(4절). 흰색은 순결을 상징할 뿐 아니라 인정받음을 상징하기도 한다. 여기에서 흰 옷이란 사망으로 더럽혀지지 않고 주님에게 인정받게 될 행함과 삶을 상징한다. 그것은 특히 장차 올 왕국에서 주와 함께 행하기 위한 자격의 조건이다.

Ⅵ. 이기는 자에게 주는 약속

만일 당신이 계시록 2장과 3장의 문맥을 읽는다면 당신은 이 일곱 서신에서 매번 하나의 약속을 주시는 것을 보게 될 것인데, 엄밀히 말해서 그 약속은 장차 올 왕국을 언급하는 것이다. 그것은 영원이나 영원한 운명을 말하는 것이 결코 아니다. 그보다 그것은 장차 올 왕국 안에서의 우리의 장래를 언급하는 것이다. 이것이 이 일곱 서신 안에 있는 모든 약속들을 이해하는 데 있어서 기본적이고도 지배적인 원칙이다. 4절에서 주님은 살아 있는 자들 곧 그들의 옷을 더럽히지 않은 이들이 흰 옷을 입고 그분과 함께 다닐 것이라고 말씀하신다. 언제 이런 일이 일어나는가? 그것은 천년 동안 계속될 그리스도의 혼인날에 이뤄질 것이다. 흰 옷을 입고 주와 함께 다닌다는 것은 그 천년 동안 그분과 함께 다닌다는 뜻이다. 원칙에 있어서 이것은 또한 오늘날 우리가 주님과 더불어 행하는 것에도 적용되어야 한다.

5절에서 주님은 『이기는 자는 이와 같이 흰 옷을 입을 것이요 내가 그 이름을 생명책에서 반드시 흐리지 아니하고 그 이름을 내 아버지 앞과 그의 천사들 앞에서 시인하리라』고 말씀하신다. 여기서 이긴다는 것은 개신 교회들의 죽어 있음을 이기는 것, 즉 죽은 개신교를 이기는 것을 뜻한다. 5절 전체가 이기는 자들에게 주는 주님의 약속이다. 그것은 그분이 다시 오신 후 천년 왕국에서 성취될 것이다.

A. 흰 옷을 입고 주와 함께 다님

먼저 주님은 이기는 자에게 그가 「흰 옷을 입게 될 것」이라고 약속하신다. 이 약속에서 「흰 옷을 입는」 것은 천년 왕국 안에서 이기는 자들에게 주는 상일 것이다. 그들이 이 시대에 어떻게 행하느냐가 장차 올 시대 안에서 그들에게 주는 상이 될 것이다. 모든 그리스도인에게는 두 가지 옷이 필요하다. 첫 번째는 객관적으로 우리의 의(義)이신 그리스도를 상징하는 구원의 옷이다. 누가복음 15장에서 탕자가 집에 돌아왔을 때 그 아버지는 그를 위해 가장 좋은 옷을 마련했었다. 아버지가 행한 맨 처음 일은 그 가장 좋은 옷을 아들에게 입히는 것이었다. 그 옷을 입음으로 탕자는 아버지의 면전에서 의롭다 함을 받았다. 그는 가련한 거지였으므로 더 이상 아버지와 함께 있을 자격이 없었다. 그러나 일단 그가 그 옷을 입은 뒤에는 의롭다 함을 받고 인정되었다. 이것은 그가 그리스도 안에서 의롭다 함을 받고 또 그리스도가 그를 의롭게 하는 덮개가 되었음을 의미한다. 그는 의(義)이신 그리스도에 의해 덮여졌다. 이와 같이 칭의의 옷은 구원을 위한 것이다. 그러나 이외에도 우리는 우리로 주님께 인정받게 하고 주님을 기쁘게 해 드리게 하는 또 하나의 옷이 필요하다. 19장 8절에 있는 「빛나고 순수한 세마포」가 이 두 번째 옷을 나타낸다. 예표론에 따르자면, 시편 45편에 있는 왕후는 두 가지 옷을 갖고 있는데 하나는 구원을 위한 것이고 또 다른 하나는 그녀가 왕의 다스림에 있어서 왕과 함께 있기 위한 것이다. 구원받은 후에 우리는 성숙해야 하며 또 모든 방해물과 벗어나게 하는 것들을 이겨야 한다. 우리는 경주를 해서 목표에 도달해야만 한다. 우리가 경주를 하고 있는 중에 우리로 목표에 이르지 못하게 방해하는 많은 것들이 있다. 우리는 이 모든 방해물들을 이겨야 한다. 그렇다. 우리는 구원받았고 의롭다 함을 받았고 우리의 구원을 위한 첫 번째 옷을 갖고 있다. 그러나 우리는 계속 전진하여 성숙에 이르러야 하고 우리의 목적지에 도달해야 한다. 만일 우리가 그렇게 한다면 우리는 보상을 받게 될 것이다. 이것은 우리의 객관적인 의(義)이신 그리스도에 대한 문제가 아니요, 그리스도를 우리의 주관적인 의(義)로 체험하는 문제이다. 우리의 객관적인 의이신 그리스도는 우리 위에 입혀졌으며, 반면에 우리의 주관적인 의이신 그리스도는 우리로부터 나온다. 우리는 반드시 우리의 두 번째 옷이신 그리스도를 살아내야만 한다. 이 옷은 보상을 위한 것이다. 5절에서 언급된 흰 옷은 이 두 번째 옷을 말한다. 우리가 이 두 번째 옷을 가질 때 우리는 주님을 기쁘게 해 드리며 따라서 보상을 받게 될 것이다.

B. 생명의 책에서 지워지지 않을 이름

주님은 이기는 자에게 그분께서 『그의 이름을 생명책에서 반드시 흐리지 아니할 것』을 약속하셨다. 우리는 이 구절을 그 자체만으로는 이해할 수 없다. 이렇게 하는 것은 위험스럽다. 이와 같은 구절을 이해하기 위해서 우리는 온 성경에 의해 안전하게 보호받아야 할 필요가 있다. 「생명의 책에서 이름이 지워진다」는 것은 그 이름이 이미 생명책에 기록되어 있음을 가리킨다. 「생명책」이란 하나님이 그들을 위해 미리 예비하신 축복에 참예한 사람들의 이름을 적어놓은 신성한 기록이다. 하나님에 의해 선택받고 이런 축복들에 참예하도록 예정된 모든 성도들의 이름이 이 책에 기록되어 있다(눅 10:20). 이 축복들은 세 단계–교회, 천년 왕국, 영세(永世)–안에 있다. 교회의 단계 안에 있는 축복들은 죄 사함, 구속, 거듭남, 영원한 생명, 신성한 본성 등과 같은 것으로 모두가 초기의 분깃들이다. 생명책에 그 이름이 기록되어 있는 하나님께 선택된 모든 이들은 이러한 초기의 분깃들에 참예함으로 그들의 영적 삶을 시작한다. 만일 그들이 하나님의 공급하시는 은혜에 협력한다면, 그들은 교회 시대에 생명이 성숙할 것이며, 이러한 조기 성숙은 주님이 다시 오실 때 주께서 그들에게 보상으로 주실 상을 조성할 것이다. 그 상은 천년 왕국 안으로 들어가는 관문이 될 것이며, 그분께 선택된 이들이 교회 시대에 그분과 함께 전진하도록 하나님이 자극제(격려제)로 예비하신 주의 기쁨과 안식(마 25:21, 23, 히 4:9-11)과 만국 위에 왕노릇 함(계 2:26-27, 20:4, 6) 등과 같은 그 단계의 신성한 축복들에 참여하는 것이 될 것이다. 그러나 그분께 선택된 많은 이들이 그분의 죄 사함과 구속과 영원한 생명과 신성한 본성 등을 받은 후에 그분의 은혜와 협력하지 않고 그분과 함께 전진하려고 하지 않는다. 따라서 그들은 교회 시대에 생명이 성숙하지 못하므로 주님이 다시 오실 때 천년 왕국 안으로 들어가서, 하나의 상(賞)인 그 시대의 신성한 축복들에 참여하지 못할 것이다. 그러므로 천년 왕국 동안에 그들의 이름은 생명책에서 지워질 것이다. 천년 왕국 동안 주님께 징계를 받아서 성숙하게 생명이 자란 후에라야 그들은 영세 단계의 신성한 축복들, 즉 하나님의 영원한 임재와 함께한 영원한 섬김, 영원한 왕노릇(계 22:3-5), 새 예루살렘, 생명나무(22:14), 생명수(22:17) 등과 같은 것에 참여할 것이다. 그런 다음에 그들의 이름은 생명책에 다시 기록될 것이다. 이것은 그 이름이 생명책에 기록되어 있고 또 교회 단계에서 신성한 축복에 참여하게 된 하나님께 선택된 모든 자들이 「결코 영원히 멸망하지 않을 것」(요 10:28)임을 의미한다. 즉 그들은 영세의 신성한 축복들을 결단코 잃지 않을 것이다. 그러나 교회 시대에서 주님과 협력하지 않은 어떤 이들은 천년 왕국 동안 주님께 경륜적으로 징계를 받을 것이며 그 단계에서의 신성한 축복들을 놓칠 것이다.

우리는 천년 왕국 동안 우리 이름이 생명책에서 지워지게 될지도 모른다는 위험에 직면해 있다. 만일 당신이 패배하여 주의 은혜로 이기는 자가 되는 것을 거절한다면 그분이 천년 동안 왕노릇하시는 동안 당신의 이름은 생명책 안에 있지 않을 것이다. 이것은 당신이 부르심을 받았지만 택하심 받지 않았음을 뜻한다. 17장 14절에서 우리가 볼 수 있는 것은 그분이 다시 오실 때 모든 성도들이 휴거된 후 주님이 택하심을 이루시리라는 것이다. 이 선발(택하심)은 우리가 그리스도인의 생활을 어떻게 영위했는가에 따라 좌우될 것이다. 만일 우리가 패배하면서 살았다면 정녕코 주님은 우리를 선발하지 않으실 것이다. 그러나 우리가 승리하면서 살았다면 우리는 선발될 것이며 우리의 이름은 천년 동안 거기에 있을 것이다. 이것은 학교를 졸업하는 것과 유사하다. 비록 모든 학생의 이름이 학적부에 있을지라도, 오직 소수의 이름만이 상을 받게 될 명단에 있게 될 것이다. 믿는이의 이름을 생명책에서 지우는 것은 그가 영원토록 멸망하리라는 뜻이 아니다. 단지 그것은 장차 올 왕국의 천년 동안 그의 이름이 거기에 있지 않으리라는 의미이다. 이것은 그가 천년 왕국에서 그의 장자상속권을 상실하여 하나님이 본래 그분께 선택된 모든 이들에게 주시고자 한 것에 참여할 권리를 갖지 못하게 되리라는 것을 뜻한다.

하나님의 본래 의도는 그분이 선택한 모든 자들이 오늘날 그리스도를 극도로 누림으로 장차 올 시대에서도 역시 그들로 그리스도를 누릴 권리를 갖게 하려는 것이다. 그러나 많은 이들이 현재 이렇게 하지 않으려 하므로 왕국이 도래할 때 그들은 그들의 장자상속권을 상실할 것이다. 오직 하나님의 원래 의도와 협력한 사람들만이 그리스도를 그들의 특별한 분깃으로 누리면서 왕국 안에 있게 될 것이다. 그때에 그들의 이름은 생명책에 있게 될 것이지만, 다른 많은 이들의 이름은 거기에 없게 될 것이다. 이 이상을 본 그리스도인들이 많지 않기 때문에 그들은 이 문제에 관한 구절들을 이해할 수 없다.

하나님의 의도는 우리의 누림을 위해 그리스도를 우리 안으로 역사하는 것이다. 교회 시대는 이것이 성취되는 때이다. 그러나 이 문제에 있어서 우리가 하나님과 협력하느냐의 여부는 우리에게 달려있다. 많은 이들이 하나님과 협력하지 않기 때문에 하나님은 그분의 지혜로 장차 올 왕국 안에서 그리스도에 대한 누림을 하나의 보상으로 정하실 것을 결정하셨다. 이 보상은 오늘날 우리로 하나님과 협력하고 그리스도를 누리도록 격려하는 자극제이다. 만일 우리가 협력하지 않는다면 우리는 왕국 시대를 놓칠 것이다. 생명책은 그리스도에 대한 누림에 참여하는 모든 이름들을 기록한 것이다. 교회 시대 동안에는 우리 모두의 이름이 거기에 있다. 그러나 왕국 시대에서는 게으른 자들의 이름이 이 책에서 지워질 것이다. 천년 왕국 후에 그들의 이름이 다시 생명책 안으로 넣어질 것이다 그분의 구원 안에 있는 하나님의 축복이 세 시대—교회 시대, 왕국 시대, 영세 시대—로 되어 있다는 것은 보기에도 좋다. 우리가 왕국 안에서 그리스도에 대한 완전한 누림에 참여할 것인지의 여부는 오늘날 우리가 교회 생활 안에서 그리스도를 기꺼이 누리느냐에 좌우된다. 오늘날 기회를 놓치지 말라. 만일 우리가 오늘날 그리스도를 누린다면 우리는 장차 도래할 왕국에서 보상을 받게 될 것이다. 장차 올 왕국에서 그리스도에 대한 특별한 누림을 놓치는 사람들은 하나님께 다루심을 받게 될 것인데, 이는 그들로 그리스도에 대한 완전한 누림 안으로 들어가게 하려는 것이다. 그러므로 마침내 우리 모두가 이 두 시대—교회 시대와 왕국 시대—를 통과하게 된 때에 우리 모두는 그리스도에 대한 누림 안에서 익게 될 것이며 영원 시대 안으로 들어갈 것이다.

C. 아버지와 천사들 앞에서 주님에 의해 시인되는 이름

만일 우리가 이기는 자들이라면, 주님은 우리의 이름을 생명책에서 지우지 않을 것이다. 오히려 그분은 아버지와 그분의 천사들 앞에서 우리 이름을 시인하실 것이다. 이것은 기꺼이 이기는 자들이 되려고 하지 않는 믿는이들의 이름이 생명책에서 지워지므로 그들의 이름이 아버지와 그분의 천사들 앞에서 주님에 의해 시인되지 않을 것임을 가리킨다.

Ⅶ. 그 영의 말씀하심

죽은 개신 교회에는 살아 있는 영의 말씀하심이 필요하다. 죽은 문자의 지식이 결단코 강화된 영의 말씀하심을 대신할 수 없다. 의문은 죽이는 것이다(고후 3:6). 생명을 주는 것은 그 영이다(요 6:63). 죽은 개신교 안에 있는 모든 이들은 반드시 그 영의 말씀하심에 귀를 기울여야 한다.

계시록 15

빌라델비아 교회—대환난 전의 휴거와 하나님의 성전의 기둥

이 메시지에서 우리는 회복 안의 교회인 빌라델비아 교회에 이르렀다(3:7-13). 빌라델비아(Philadelphia)란 헬라어로 형제 사랑을 뜻한다. 빌라델비아 교회는 하나의 표적으로서 19세기 초 영국에서 주님께 세우심을 받은 형제들에 의해 이루어진 합당한 교회 생활을 예시(豫示)한다. 마치 사데 교회로 예시된 개혁 교회가 두아디라 교회로 예시된 변절한 천주교에 대한 반응이었듯이, 형제 사랑의 교회는 죽은 개혁 교회에 대한 반응이다. 이 반응은 주님이 다시 오실 때까지 변절한 천주교와 타락한 개신교 모두에 대한 반간증(anti-testimony)으로 계속 남을 것이다.

Ⅰ. 말씀하시는 분

A. 거룩한 분, 진실한 분

7절은 『거룩한 분, 진실한 분이 말씀하시기를』이라고 말한다. 형제 사랑의 교회에 대해 주님은 「거룩한 분, 진실한 분」이요, 회복된 교회는 그분에 의해서 그리고 그분과 더불어 세상으로부터 분별되어 거룩해질 수 있으며 하나님께 진실하고 신실할 수 있다.

B. 다윗의 열쇠를 가지신 분

회복된 교회에 대해 주님은 또한 「다윗의 열쇠」(7절), 곧 열고 닫을 권세가 있는 왕국의 열쇠를 가지신 분이기도 하다. 「다윗의 열쇠」라는 말의 의미를 아는 사람은 많지 않다. 창세기 1장에 따르면 하나님이 사람을 지으셨을 때 그분은 사람에게 온 피조물들을 다스릴 통치권을 주셨다. 이것은 하나님의 의도 안에서 사람이 땅 위에서 하나님을 대표하는 권세가 됨을 가리킨다. 그러나 타락으로 인해 사람은 이 권세를 상실하여 그것을 결코 완전히 회복하지 못했다. 아담과 아벨과 에노스와 에녹과 노아의 생애 안에서 우리는 이 권세를 보지 못한다. 또한 아브라함과 이삭과 야곱의 생애 안에서도 그것을 볼 수 없다. 우리는 하나님께 선택된 백성인 이스라엘 자손들이 좋은 땅에 들어가서 성전을 지을 때까지는 이 권세를 보지 못한다. 외관상으로는 성전이 솔로몬에 의해 지어졌지만, 사실은 다윗에 의해 지어진 것이다. 왜냐하면 다윗은 성전 건축의 배후에 있었기 때문이다. 창세기 1장 26절에서 계시된 것을 기억하라. 하나님은 사람이 그분을 표현하고 그분의 통치권을 가지고 그분을 대표할 수 있도록 사람을 그분 자신의 형상으로 지으셨다. 성전은 하나님의 형상과 관계 있다. 왜냐하면 하나님의 집인 성전은 그분의 표현이기 때문이다. 성전은 도시(성) 안에 지어졌다. 성전은 하나님의 표현을 상징하고, 성(城)은 하나님의 통치권을 상징한다. 창세기 1장에 계시된 그 형상과 통치권은 적어도 어느 정도는 성전과 성(城)에서 이뤄진다. 성전에서 우리는 그분의 표현을 위한 하나님의 임재를 갖고, 성(城)에서 우리는 하나님의 통치권을 갖는다. 하나님의 왕은 땅을 다스리므로 그분을 대표하면서 성 안에 있다.

이것은 다윗의 열쇠가 무엇인지 이해하기 위해 필요한 배경이다. 다윗이 쥐고 있던 열쇠는 하나님의 전체 통치권에 대한 열쇠이다. 하나님의 통치권은 온 우주, 특히 인류를 포함한다. 이 통치권은 왕국을 위해 전쟁을 치르고 성전을 위해 준비물들을 마련했던 사람에 의해 소유된 열쇠를 갖고 있다. 이 사람의 이름은 다윗이다. 다윗은 땅 위에 하나님의 왕국을 세우는 데 있어서 하나님을 대표했다. 따라서 그는 우주 안에서 하나님의 통치권의 열쇠를 갖고 있다. 그러나 다윗은 하나의 예표일 뿐 실제는 아니었다. 참 다윗은 그리스도 곧 더 큰 다윗이다. 그분이 바로 하나님의 성전, 곧 교회를 지으시고 하나님의 왕국을 세웠던 분이다. 그러므로 오늘날 집이요 왕국인 교회 안에서 우리는 하나님의 표현과 대표를 갖는다. 더 큰 다윗이신 그리스도는 하나님의 집 곧 참 성전을 건축하셨으며 또한 하나님이 왕국 곧 그분이 하나님을 대표하기 위해 전권(全權)을 행사하는 통치 영역을 세우셨다. 이처럼 그분은 다윗의 열쇠를 쥐고 계신다. 다윗의 열쇠는 하나님을 위해 온 우주를 열 수 있도록 하나님을 대표하는 그 무엇이다. 이것이 그리스도께서 쥐고 있는 다윗의 열쇠이다 이 용어는 그리스도가 하나님의 경륜의 중심이심을 상징한다. 그분은 하나님을 표현하고 대표하는 분이시요, 하나님의 지배 영역 안에서 모든 것을 열 수 있는 열쇠를 쥐고 있는 분이다.

C. 열고 닫는 분

또 7절은 그리스도가 『열면 닫을 사람이 없고 닫으면 열 사람이 없는 분』이라고 말한다. 우주적인 열쇠 곧 하나님의 경륜의 열쇠가 그분의 손 안에 있기 때문에 그분은 여시고 또 닫으신다.

이미 지적했듯이 계시록에서 발견되는 거의 모든 것이 새로운 것이 아니요 구약에서 계시된 것들의 완성이다. 이것은 또한 다윗의 열쇠에도 해당된다. 이사야 22장 22절부터 24절까지는 다윗의 열쇠를 쥐고 계시는 분이신 그리스도에 대한 예언이다. 그리스도가 다윗의 열쇠를 쥐고 계신다는 깊은 사상이 거기에서 발견된다. 이사야 22장에는 그리스도가 비단 다윗의 열쇠를 쥐고 있는 분이실 뿐 아니라 그분이 「못」 혹은 「쐐기」이실 것임도 예언되어 있다. 그리스도가 「못」이라는 말을 들어 본 그리스도인은 극히 드물다. 만일 당신이 이사야 22장의 문맥을 살펴보고 계시록 3장에 있는 다윗의 열쇠를 쥐고 계신 분이신 그리스도에 관한 말씀의 문맥을 읽어본다면, 당신은 그리스도가 다윗의 열쇠를 쥐고 있는 것이 하나님의 집 곧 하나님의 건축을 위한 것임을 깨닫게 될 것이다. 이사야 22장의 중요한 주제는 하나님의 집이다. 빌라델비아 교회에 보내는 서신은 결국 새 예루살렘에 대해 말한다. 빌라델비아에 있는 이기는 자들은 하나님의 성전에서 기둥들이 될 것이며 하나님의 성전은 궁극적으로 새 예루살렘으로 확대될 것이다. 계시록 21장 22절에 따르면 새 예루살렘에는 성전이 없다.

왜냐하면 영원 안에서는 성전이 길이와 넓이와 높이가 똑같은 (21:16) 지성소의 확대판인 성(城)이 되기 때문이다. 이것이 하나님의 집의 궁극적인 최종 완성이다. 그리스도가 다윗의 열쇠를 쥐고 계시고, 하나님을 위해 전쟁을 하시고, 성전을 건축하고 하나님의 왕국을 세우시는 것은 모두 하나님의 건축을 위한 것이다.

그리스도는 다윗의 열쇠를 가지고서 열고 닫으시는데, 이는 우리로 거룩하거나 신령하게 되게 하려는 것이 아니라 우리로 건축되게 하려는 것이다. 그분은 이른바 거룩함이나 영성(靈性)을 주의하지 않으신다. 지난 두 세기 동안 어떤 사람들은 거룩해지고 신령해지는 것을 주장했다. 비록 그들이 무언가를 보았을지라도 그들은 다소 단견(短見)을 갖고 있다. 거룩은 거룩 자체를 위한 것이 아니요, 영성은 영성 자체를 위한 것이 아니다. 거룩과 영성은 둘 다 우리로 하나님의 성전 안에서 기둥들이 될 수 있게 하는 것이다. 마침내 우리는 거룩이나 영성의 이름이 아닌 새 예루살렘의 이름을 갖게 될 것이다. 3장 12절에서 주님은 『나는 네 위에다 거룩이라고 쓰겠다.』거나 『나는 네 위에다 영성이라고 쓰겠다.』고 말씀하지 않으셨다. 그분은 『내가 하나님의 이름과 하나님의 성 곧 하늘에서 내 하나님께로부터 내려오는 새 예루살렘과 나의 새 이름을 그이 위에 기록하리라』고 말씀하셨다. 여기에서 우리가 갖는 것은 거룩이나 영성이 아니라 하나님과 새 예루살렘이다. 하나님의 목적은 우리를 거룩하게 만들거나 신령하게 만드는 것이 아니라 우리로 새 예루살렘의 일부가 되게 하는 것이다. 하나님은 이미 그분이 필요로 하는 모든 거룩을 갖고 계시지만 아직 새 예루살렘은 갖고 계시지 않다. 하나님의 갈망은 더 많은 영성이 아니다. 그분은 새 예루살렘을 얻기를 갈구하신다. 그분은 건축된 교회를 갈망하신다. 그분은 새 예루살렘으로 최종 완성될 오늘날의 벧엘인 하나님의 집을 원하신다. 당신은 이것을 기꺼이 보고자 하는가?

내가 18년 전에 이 빛을 보았을 때 나는 나의 메시지에서 하나님은 영성을 원하지 않는다고 강하게 선포했었다. 어떤 반대자들을 그 문맥 중에서 이 문장을 지적하면서 이렇게 말했다. 『들어보시오. 위트니스 리는 우리에게 영성이 필요 없다고 했고 또 하나님은 영성을 원치 않는다고 말했습니다.』 그 메시지에서 나는 하나님의 건축을 위하지 않는 어떤 영성도 참된 것이 아니라고 누차 말했다. 우리의 영성은 교회 생활에 의해 시험받아야만 한다. 만일 우리의 영성이 교회 생활에 들어맞지 않는다면 그것은 비정상적인 영성이다. 그것은 몸을 공급하지 않는다. 오히려 그것은 암이다. 수많은 소위 신령한 사람들이 암들이다. 암은 몸 안에 있는 세포들의 질병이다. 세균과는 달리 세포는 몸의 구성분자로서 그것들에는 아무런 잘못이 없다. 그러나 만일 세포들이 합당하게 균형을 이루지 않고 너무 집중된다면, 그것들은 암으로 발전될 것이다. 시험될 수 없고 조정될 수 없고 균형 잡을 수 없으며 교회 건축에 들어맞지 않는 소위 말하는 영성은 암이다.

빌라델비아 교회에게 말씀하시는 분은 우리를 거룩하거나 영적으로 만들기 위해서가 아니라 우리가 변화되어 건축될 수 있도록 우리를 다루시기 위해 다윗의 열쇠를 쥐고 계신다. 일단 우리가 건축되어진다면, 그분은 우리에게 못이 되실 것이며 우리는 그분께 매달려 있는 그릇들이 될 것이다. 먼저 그리스도는 다윗의 열쇠를 쥐고 계시며, 결국에는 우리를 붙드실 것이다. 그리스도는 우리의 옥문을 여시는데 열쇠를 사용하셨다. 교회 생활 안으로 들어오기 전에 우리는 모두 갇혀 있었다. 예를 들어, 어떤 이들은 천주교의 지하 감옥에 갇혀 있었다. 그러나 우리가 어디에 있든지 다윗의 열쇠를 쥐고 계신 분인 그리스도는 우리의 옥문을 여시고 우리를 해방시켰다. 우리 체험에 따르면, 그리스도에 의해 우리에게 열렸던 모든 문들은 옥문들이었다. 비록 반대자들이 우리를 투옥시키고 교회를 감옥으로 만들려고 안간힘을 쓰지만, 우리는 그리스도의 손안에 있는 열쇠로 해방된다. 오늘날의 다윗인 그분은 하나님이 열고자 하시는 것마다 열 수 있는 열쇠를 갖고 계신다. 일단 그분이 문을 열어서 우리가 해방되면, 우리는 하나님의 집으로 들어가 그곳에서 못이신 그리스도에 의해 붙들어 매어진 많은 그릇들과 더불어 가정을 이룬다. 만일 우리가 우리의 사고방식 안에 남아 있다면 우리는 이런 방법으로 그리스도에 의해 붙잡혀 있다는 깨달음과 느낌을 갖지 못할 것이다. 그럼에도 불구하고 그리스도는 하나님의 집 안에 있는 못 이시요, 이 못에 의해 우리 모두는 땅으로부터 위로 붙들어 매어진다.

먼저 그리스도는 우리를 옥에서 해방시키려고 열쇠를 사용하신다.

우리가 해방되어 하나님의 집으로 들어간 후 그분은 우리를 지면(地面)으로부터 떨어지도록 붙들어매는 못이 되신다. 그분이 이렇게 하시는 목적은 우리로 하나님의 집에서 기둥으로 변화되게 하기 위해서이다. 결국 우리 기둥들은 새 예루살렘의 부분들이 될 것이다. 앞으로 보겠지만, 그리스도가 우리 위에 새 예루살렘의 이름을 쓰신다는 것은 우리가 새 예루살렘의 한 부분으로 변화되었다는 의미이다. 만일 당신이 이것을 본다면 당신의 안목이 바뀔 것이다. 과거에는 당신이 거룩이나 영성을 추구했어도 목적 없이 거룩과 영성을 추구했을 것이다. 당신은 하나님의 목표를 안중에 두지 않았다. 당신은 거룩과 영성이 모두 하나님의 건축을 위한 것임을 보지 못했다. 오늘날 참 다윗이신 그리스도는 우리를 옥에서 해방시키기 위해 열쇠를 사용하신다. 그런 다음 그분은 우리가 새 예루살렘의 기둥들과 부분들이 될 수 있도록 우리를 하나님의 집으로 데려오신다. 이것이 교회 생활이요, 이것이 하나님의 성전이다. 이 성전 안에서 그리스도는 하나님의 건축을 위해 우리를 지면에서 떨어지도록 붙들어매는 큰 못이시다.

Ⅱ. (빌라델비아) 교회의 상태

A. 적은 능력을 가짐

3장 8절에서 우리는 빌라델비아 교회의 상태를 본다. 먼저 이 교회는 「적은 능력」을 가졌었다. 많은 경우 우리는 빌라델비아 교회를 너무 높게 평가하여 이 교회가 강하고 우월했다고 생각한다. 사실은 그렇지 않았다. 어떤 이들은 주께서 150년 전에 영국에서 형제들을 일으키셨을 때 그들 모두가 다윗 같았으리라고 생각할지도 모른다. 우리가 빌라델비아 교회를 매우 높게 평가하는 반면에 주님은 그 교회가 「적은 능력」을 갖고 있었다고 말씀하신다. 주님을 기쁘게 하는 것은 우리의 강함이 아니라 우리가 적은 능력을 사용하여 할 수 있는 대로 최선을 다하는 것이다. 강해지려고 애쓰지 말라. 강한 자들은 적은 능력을 가지고 최선을 다하는 이들만큼 주님을 기쁘게 하지 못할 것이다. 당신은 주님이 당신에게 주신 것 이상으로 결코 초월할 수 없다. 단순히 당신이 그분께 받은 것을 쓰라. 주의 은혜를 강탈하지 말라. 우리 중에 주님으로부터 받은 것이 아무 것도 없다고 말할 사람은 아무도 없다. 심지어 우리 중 가장 작은 자라도 그분으로부터 어느 만큼의 은혜를 받았다. 당신은 그 은혜를 사용하는 데 최선을 다함으로 그것을 쓰라. 만일 당신이 이렇게 한다면 주님은 당신을 귀하게 여기시고 『잘하였다. 너는 적은 능력을 가졌지만, 네가 가진 능력으로 내 말을 지켰다.』라고 말씀하실 것이다. 주님은 거인들을 기뻐하지 않으신다. 그분은 어느 만큼의 은혜를 가진 작은 자들을 기뻐하신다. 비록 은혜가 그 용량에 있어서는 제한되어 있더라도 우리가 주님의 말씀을 지키기 위해 할 수 있는 대로 그것을 사용하는 한 그분은 기뻐하실 것이다.

B. 주의 말씀을 지켰음

8절에서 주님은 빌라델비아 교회가 그분의 말씀을 지켰다고 말씀하셨다. 빌라델비아의 뛰어난 한 가지 특색은 그 교회가 주의 말씀을 지켰다는 것이다. 역사에 따르면, 빌라델비아 교회에 있는 이들만큼 엄격하게 주의 말씀을 지킨 그리스도인은 아무도 없었다. 마찬가지로 오늘날 우리는 그분의 말씀을 지키고 있다. 비록 많은 이들이 우리를 정죄하고 이단적이라고 말들을 하지만, 오늘날의 그리스도인들 중 우리만큼 주의 말씀을 존중하는 사람은 아무도 없다. 우리는 전통적인 방식으로가 아닌 순수한 말씀의 길 안에서 하나님의 말씀을 지킨다. 이렇게 하는 것은 그들의 조상들의 전통들을 붙들기 원하는 이들의 마음을 상하게 한다. 빌라델비아 교회는 전통에 주의하지 않는다. 그 교회는 하나님의 말씀을 주의한다.

C. 주의 이름을 부인하지 않았음

8절에서 주님은 또 빌라델비아 교회가 그분의 이름을 부인하지 않았다고 말씀하셨다. 18세기 초엽 영국에서 형제들이 일으켜진 이래로, 그들은 주의 이름 외에 다른 이름을 취한 적이 없다. 말씀은 주의 표현이요 이름은 주님 자신이다. 변절한 교회는 주의 말씀에서 벗어나 이단적으로 되었다. 개신 교회는 비록 어느 정도 주의 말씀을 회복하긴 했어도 그 자신을 루터파, 웨슬레파, 국교파, 장로교파, 침례교파 등과 같은 많은 다른 이름으로 명명(命名)함으로써 주의 이름을 부인했다. 회복된 교회는 주의 말씀으로 완전히 돌아왔을 뿐만 아니라 주 예수 그리스도 이름 외에 다른 모든 이름을 포기했다. 회복된 교회는 주님께 절대적으로 속해 있으며 어떤 교파들(어떤 이름들)과도 아무 상관이 없다. 주의 말씀에서 벗어나는 것은 변절(배교)이요, 주의 이름 외에 다른 이름으로 교회를 명명(命名)하는 것은 영적 간음이다. 그리스도께 배필이 되는 순결한 처녀인 교회(고후 11:2)는 그녀의 남편 이외에 어떤 이름도 갖지 말아야 한다. 모든 다른 이름들은 하나님 눈에 가증한 것이다. 회복된 교회 생활 안에는 발람의 교훈(2:14), 니골라당의 교훈(2:15), 이세벨의 교훈(2: 20), 사탄의 비밀한 교리(2:24) 등이 전혀 없다. 우리는 오직 순수한 주의 말씀만 갖고 있다. 아멘! 회복된 교회는 교파들(이름들)이 아닌, 주 예수 그리스도의 유일한 이름만 갖고 있다. 말씀에서 이단들로 벗어나고 그리스도의 이름 외에 수많은 다른 이름들을 높이는 것은 타락한 기독교의 가장 현저한 표시이다. 모든 이단들과 전통들로부터 순수한 말씀으로 돌아오고 다른 모든 이름을 포기함으로써 주의 이름을 높이는 것은 회복된 교회 안의 가장 고무적인 간증이다. 이런 이유로 주의 회복 안에 있는 교회는 주님의 계시와 임재를 갖고 있고 빛이 충만하고 생명의 풍성을 가진 산 방식으로 주님을 표현한다.

우리는 모든 것에 충족한 이름, 모든 이름 위에 뛰어난 이름을 갖고 있기 때문에 루터교, 감리교, 침례교, 성공회, 장로교 등 다른 이름들이 필요 없다. 우리는 오직 하나의 이름—우리 구주이신 하나님의 아들 주 예수 그리스도의 이름—만 갖고 있다. 어떤 이름을 취하는 것은 신중한 일이다. 가령 당신이 스미스 부인이라 하자. 그런데 만일 당신이 존스 부인이란 이름을 갖는다면 그것은 당신이 간음했음을 가리킨다. 교회는 오직 한 남편, 오직 한 이름 곧 예수 그리스도의 이름만을 가져야 한다. 과거에 교파에 있는 어떤 친구들이 내게 물었다. 『왜 당신들은 스스로를 교회라고 부르는가? 왜 당신들은 우리는 교회가 아니라고 말하는가?』 나는 대답했다. 『당신들은 스스로를 장로교파라고 부릅니다. 이것 때문에 나를 비난하지 마십시오. 당신들은 스스로를 이런 식으로 칭하고 있습니다. 만일 여러분이 교회라면 왜 스스로를 이런 식으로 부릅니까? 당신은 스미스 부인입니까? 그렇다면 왜 스스로를 존스 부인이라고 부릅니까? 내가 당신을 존스 부인이라고 부르고 나는 스미스 부인이라고 말할 때 당신은 질투합니다. 이것 때문에 나를 원망하지 마십시오. 왜냐하면 당신은 스스로를 존스 부인이라고 불렀기 때문입니다.』 이후에 그들의 모든 입이 다물어졌다. 이름이 작은 일이라고 생각지 말라. 우리는 주의 이름으로 구원받았다. 우리는 그분의 이름 외에는 다른 어떤 이름도 결코 취하지 말아야 한다. 요한 웨슬레와 동시대 사람인 조지 휘트필드는 예수 그리스도의 이름 외에는 다른 이름을 갖지 않겠노라고 선포한 적이 있다. 비록 휘트필드는 영국인이었지만, 영국교회의 이름을 포기하고 더 이상 그 이름에 속하지 않았다. 빌라델비아 교회는 주의 이름을 부인하지 않았고 그분의 이름 외에 다른 이름을 갖지 않았다.

때때로 사람들은, 『우리는 결코 주의 이름을 부인한 적이 없다.』고 말하면서 우리에게 따졌다. 그러면 우리는 이렇게 대답했다. 『그렇습니다. 여러분은 절대 주의 이름을 부인하지 않았습니다. 그러나 여러분은 그분의 이름에 부가하여, 심지어 그분의 이름 위에다 다른 이름을 취했습니다. 지금 여러분은 두 가지 이름을 갖고 있습니다. 왜 당신들이 취한 다른 이름을 버리지 않습니까? 만일 여러분이 다른 이름을 버린다면 우리는 하나 될 수 있을 것입니다. 다른 모든 이름들은 분열을 야기합니다. 당신은 스스로를 장로교인이라 부릅니다. 그것을 취하는 것은 나를 음행하는 자로 만들기 때문에 나는 그 이름을 미워합니다. 당신은 그것을 좋아하고 나는 싫어하는데도 당신이 여전히 그 이름을 고수하고 있다면 어찌 우리가 하나 될 수 있겠습니까? 그렇지만 만일 당신이 이 이름을 떨쳐 버린다면 그 즉시 우리는 주 예수 그리스도의 유일한 이름 안에서 하나일 것입니다.』 혹자는 이르기를, 그들의 소위 말하는 교회 건물의 외벽에 있는 이름은 그저 외적인 표시일 뿐이지 자기들은 사실상 그것에 주의하지 않는다고 한다. 만일 그들이 그것에 주의하지 않는다면 그들은 그 표시를 제거함으로써 그들의 정직함을 이런 태도로 입증해야 한다. 그러나 그들은 「교회」 당회가 그들을 저지하기 때문에 그들로서는 그렇게 하기가 너무 어렵다고 말했다. 이에 대한 답변으로 우리는, 『그렇다면 여러분이 분열에 대한 책임을 져야만 합니다.』라고 말했다.

D. 열린 문을 가짐

8절에서 주님은 『보라 내가 네 앞에 능히 누구도 닫을 사람이 없는 열린 문을 두었으니』라고 말씀하셨다. 다윗의 열쇠를 가지시고 열면 아무도 닫을 수 없는 분이신 주님은 회복된 교회에게 『닫을 사람이 없는 열린 문』을 주셨다. 19세기 초엽, 합당한 교회 생활의 회복이 시작된 이래로 현재에 이르기까지 문이 항상 주의 회복에 활짝 열려져 왔다. 조직화된 기독교가 그 문을 닫으려고 노력하면 할수록 그 문은 더욱더 넓게 열렸다. 많은 반대에도 불구하고 오늘날 그 문은 전세계적으로 열려 있다. 그 열쇠는 교회의 머리의 손안에 있지 반대자들의 손안에 있지 않다. 할렐루야! 우리는 열린 문을 가졌다! 지난 50년 동안 교파들은 이 문을 닫아 보려고 가진 노력을 다했다. 그러나 그들이 그 문을 닫으려고 시도할수록 주님은 문을 더 여셨다. 아무도 오늘날 주의 회복을 위한 열린 문이 있음을 부인할 수 없다. 주님이 열쇠를 갖고 계시다. 우리가 그분의 회복 안에 있는 한 그 문은 늘 우리에게 열릴 것이다.

Ⅲ. 유대 종교를 정복함

9절은 『보라 사단의 회당에 속해 있고 자칭 유대인이라 하나 그렇지 않고 거짓말하는 자들을 네게 주어 그들로 와서 네 발 앞에 절하게 하고 내가 너를 사랑하는 줄을 알게 하리라』고 말한다. 유대인 회당은 중간 제사장들과 의문의 규례들과 물질적인 성전과 땅에 속한 약속들을 포괄하고 있는 유대교를 고수하고 있다. 회복된 교회는 위에 언급한 네 가지 것들을 고수함에 있어서 유대교의 그 오류와 완고함을 드러냄으로써 유대교를 정복했고, 유대인들로 하여금 주님이 교회를 사랑하셨음을 알게 했다. 메시지 11에서 지적했듯이 유대교도들은 육신 안에서의 유대인이지 영 안에서의 유대인이 아니다. 그들의 전통적인 종교적 관념들에 집착하는 완고함 때문에 그들은 그분의 목적을 완수하는 하나님의 생명의 길을 대적하는 데 있어서 사탄과 하나 되었다. 그러므로 주님은 그들을 「사탄의 회당」이라고 부르신다. 그럼에도 불구하고 빌라델비아 교회에 보낸 편지에 의하면 반대하는 유대인들은 교회 앞에 굴복되었고 교회를 향한 주의 사랑이 그들에게 알려지게 되었다.

모든 교파들은 사실상 오늘날의 회당들이다. 당신은 회당이 무엇인지 아는가? 신명기 12, 14, 15, 16장에 계시되었듯이 하나님의 경륜은 땅 위에서 유일한 하나의 성전을 갖는 것이다. 주님은 그분의 백성들에게 자신이 선택한 장소 외에는 다른 어느 곳도 그들의 경배의 중심지로 삼지 말라고 명하셨다. 그 선택된 장소는 예루살렘이었고, 하나님은 선택된 터 위에 성전을 짓게 하셨다. 이 유일한 성전은 비단 하나님의 간증이 하나이어야 한다는 것을 상징할 뿐 아니라 그것은 하나님의 백성들의 하나를 유지한다. 그러나 결국 하나님의 백성들은 타락했고 이 타락으로 인해 분열이 들어왔다. 이 분열의 결과로 하나님의 백성들은 흩어지게 되었고 그들의 합일을 상실했다. 그러나 그들은 여전히 하나님을 경배해야 했고, 또한 예루살렘에 있는 지정된 터가 아닌 다른 곳에는 성전을 건축할 권리가 없었으므로 그들은 가는 곳마다 회당이라 부르는 경배의 중심지들을 설립했다. 회당은 타락된 경배의 중심지이다. 오직 하나의 성전만 있어야 하는데 모두가 분열적인 많은 회당들이 있다. 이것은 교회의 타락에 대한 예표이다. 우리가 이 예표를 교회 상황에 적용할 때 우리는 하나님의 경륜에서 교회가 유일하게 하나임을 본다. 그러나 타락으로 인해 교회가 분열되었다. 각 분열마다 거기에는 하나의 경배 중심지가 있다. 이런 경배의 중심지들이 오늘날의 회당이 되었다. 마치 성전이 하나인데 회당은 많은 것처럼 교회는 유일하지만 교파들과 자유 단체들이 많이 있다.

일곱 교회에 보낸 서신들이 쓰여졌을 때 교회가 유대인 회당에 의해서 비방을 받고 있었다(2:9). 그러나 마침내 회당은 주님이 빌라델비아 교회를 사랑하셨음을 깨달았다. 예표론에서 볼 때, 이것은 주님이 약 150년 전에 일으키셨던 실존했던 빌라델비아 교회에 대한 표적이다. 1820년대 말에 영국에서 형제들이 빌라델비아 교회에 대한 성취로서 일으켜졌다. 그 당시 그들은 유대인 회당이 아닌 그들을 비난하고 비방했던 교파들의 회당들에 의해 에워싸여 있었다. 지난 50년 동안 우리 역시 비방과 유언비어의 대상이 되어 왔었고 오늘날조차도 많은 헛소문들과 비방들이 우리 주위를 맴돌고 있다. 이런 헛소문들과 비방의 근원은 오늘날의 회당들이다. 그럼에도 불구하고 주님이 회복을 사랑하신다는 것은 부인할 수 없을 것이며, 마침내 모든 비방자들이 이 사실을 시인할 것이다.

어떤 이들은 우리를 비방하는 반면에, 다른 이들은 『우리는 왜 그들이 그처럼 강한지 설명할 수 없다.』고 말하며, 또 어떤 이들은 『그들이야말로 진실로 성경을 이해하고 있다.』고 간증하기도 하며, 또 다른 이들은 『그들은 항상 새로운 빛을 갖고 있다.』고 시인한다. 우리가 가진 빛과 이해는 모두 다윗의 열쇠를 쥐고 계신 분의 축복으로부터 나온다. 비록 내가 나 자신을 자랑하지는 않아도 주님의 축복은 자랑할 것이다. 이 나라에서의 주의 회복은 사람의 일이 아니다. 누가 그런 일을 할 수 있단 말인가? 나는 결코 할 수 없다. 결국 주의 회복에 대한 모든 비난들은 정복될 것이요, 예수 그리스도가 우리를 사랑하신다는 것을 깨달을 것이다. 어느 정도의 시간을 기다려보라. 그러면 당신은 주님이 얼마나 그분의 교회들을 사랑하시는지 더 많이 보게 될 것이다. 그분은 모든 교파들 앞에서 그분의 교회를 옹호하실 것이다. 우리의 일은 기독교의 평범한 일이 아니요, 인간의 통제 아래 있는 일도 아니다. 그렇다. 그것은 그분의 회복의 일이다. 그것은 주님의 마음의 갈망이므로 그분은 그것을 사랑하신다. 사람들이 이 문제를 접할 때 그들은 그분이 애지중지하는 것을 만지게 된다. 주님은 빌라델비아를 사랑하시며, 적대하는 유대인들은 교회에 대한 주의 사랑이 그들에게 알려졌으므로 교회 앞에서 굴복되었다.

Ⅳ. 주님의 명령(命令)

11절에서 우리는 주님의 명령을 본다. 『내가 속히 임하리니 네가 가진 것을 굳게 잡아 아무나 네 면류관을 빼앗지 못하게 하라』. 회복된 교회는 이미 면류관을 얻었다. 그러나 만일 그 교회가 주님이 다시 오실 때까지 주의 회복 안에서 갖고 있는 것을 굳게 붙잡지 않는다면 그 교회의 면류관이 누군가에 의해 빼앗길지도 모른다.

Ⅴ. 이기는 자에게 주는 주님의 약속

이제 우리는 빌라델비아의 이기는 자에게 준 약속을 살펴보자(10-12절). 이 서신에서 이긴다는 것은 우리가 회복된 교회 안에서 가진 것을 굳게 붙잡는다는 뜻이다.

A. 그를 지키어 시련의 때를 면하게 함

10절은 『네가 나의 인내의 말씀을 지켰은즉 내가 또한 너를 지키어 시련의 때를 면하게 하리니 이는 장차 온 세상에 임하여 땅에 거하는 자들을 시험할 때라』고 말한다. 「나의 인내의 말씀」은 주님의 고난의 말씀이다. 주님은 오늘날에도 여전히 그분의 인내로 거절과 핍박을 받고 계신다. 우리는 그분의 왕국뿐 아니라 그분의 인내에도 함께 참여하는 자들이다(1:9). 그래서 오늘날 우리에게 대한 그분의 말씀은 인내의 말씀이다. 우리가 그분의 인내의 말씀을 지키려면 반드시 그분의 거절당하심과 핍박을 겪어야 한다.

이 구절에서 「시련」은 의심할 것 없이 다섯 번째와 여섯 번째 나팔과 일곱 대접을 가진 일곱 번째 나팔(8:13-9:21, 11:14-15, 15:1, 16:1-21)에서 지적되듯이 「장차 온 세상에 임할」 대환난(마 24:21)을 나타낸다. 주님은 그 교회를 「시련의 때」로부터 (단지 시련으로부터가 아닌 시련의 「때」로부터) 면하게 하실 것이라고 약속하셨다. 왜냐하면 그 교회는 그분의 인내의 말씀을 지켰기 때문이다. 주님의 이 약속은 누가복음 21장 36절에 있는 그분의 약속처럼 주의 인내의 말씀을 지킨 성도들이 대환난 전에 휴거될 것임을 가리키는데, 이는 그분의 인내의 말씀을 지키지 않은 자들은 대환난 중에 남게 되리라는 것을 암시한다.

B. 주님이 속히 임하심

주님은 11절에서 회복된 교회에게 속히 오시겠다고 말씀하신다. 이 서신에서 주님은 그 교회가 그분을 사랑하기 때문에 그분의 회복 안에 있는 교회를 그분의 오심에 대한 느낌 안으로 이끄신다. 주님의 회복 안에 있는 모든 교회들은 그분의 다시 오심에 대한 영감 아래서 그분을 사랑해야 한다. 주님의 신속한 재림은 우리가 그분의 회복 안에서 그분을 간증하고 있는 동안 우리에게 소중한 것이어야 한다.

C. 면류관

면류관이 회복된 교회에게 주님에 의해서 주어졌다. 이것은 주님으로부터의 보상이므로 반드시 그분이 다시 오실 때까지 보존되어야 한다.

D. 그를 하나님의 성전 안에 있는 기둥이 되게 함

12절에서 주님은 『이기는 자는 내 하나님 성전에 기둥이 되게 하리니 그가 결코 다시 나가지 아니하리라』고 말씀하신다. 2장 17절에서 이기는 자는 하나님의 건축을 위한 변화된 돌이 되지만, 여기에서 이기는 자는 기둥이 되어 하나님의 성전 안으로 건축된다. 그가 하나님의 건축 안으로 건축되기 때문에 『그는 결코 다시 나가지 않을 것이다』. 이 약속은 천년 왕국에서 이기는 자들에게 상으로서 성취될 것이다. 빌라델비아 교회 안에서 이기는 것은 어떤 것을 얻거나 다른 것들을 이기는 것이 아니라, 우리가 주의 회복 안에서 받은 것을 끝까지 지키는 것이다. 만일 당신이 이렇게 한다면 주님은 당신을 하나님의 성전 안에서 기둥으로 만들 것이다. 이것은 우리에게 창세기 28장에 있는 야곱의 꿈을 상기시켜 준다. 그 꿈을 꾼 후에 야곱은 베개로 사용했던 돌을 세워 기둥이 되게 했다. 그 기둥은 하나님의 건축을 위한 것이었다. 빌라델비아의 이기는 자들은 하나님의 성전의 기둥들이 될 것이다. 원칙은 오늘날에도 똑같다. 주님은 많은 돌들을 세우시어 그분의 회복 안에 기둥들이 되게 하셨다. 주님을 찬양하자. 우리 가운데는 많은 기둥들이 있다. 일단 돌이 건물 안에 기둥으로 세워지면 그것은 절대로 제거될 수 없다. 왜냐하면 그 돌은 건축되었기 때문이다. 어떤 이들은 잠시 동안 혹은 몇 개월 동안 교회 안에 머문 다음 떠나가 버린다. 그러나 만일 당신이 성전 안에 기둥으로 건축되었다면, 설사 당신이 원한다 해도 당신은 떠날 수 없을 것이다. 만일 당신이 여전히 교회 밖으로 나갈 수 있다면 그것은 결코 당신이 건축된 적이 없음을 뜻한다.

E. 그 위에 기록할 것임

1. 하나님의 이름

12절에서 주님은 또다시 이기는 자에게 약속하신다. 『내가 하나님의 이름과 하나님의 성 곧 하늘에서 내 하나님께로부터 내려오는 새 예루살렘과 나의 새 이름을 그이 위에 기록하리라』. 먼저 주님은 이기는 자 위에 하나님의 이름을 쓰겠다고 말씀하신다. 이름은 하나의 표시이다. 당신의 이름은 당신이 누구인가를 표시한다. 이기는 자가 하나님의 이름을 지니는 것은 하나님이 그 안으로 역사되셨음을 뜻한다. 오직 하나님이 우리 안으로 역사되실 때에야 비로소 우리는 그분의 이름을 지니기에 합당하다. 이것은 우리가 하나님이 된다는 뜻이 아니라 하나님이 우리 안으로 역사되어져서 우리가 그분과 하나라는 뜻이다. 그러므로 주님은 우리에게 하나의 표시—하나님—를 주신다. 「하나님」이란 글자가 이기는 자 위에 있는데, 이는 그가 하나님으로 흠뻑 적셔졌다는 것을 가리킨다. 당신이 그를 볼 때 당신은 하나님을 본다.

2. 하나님의 성 곧 새 예루살렘의 이름

두 번째로 주님은 하나님의 성 곧 새 예루살렘의 이름을 이기는 자 위에 쓰겠다고 약속하신다. 이기는 자가 새 예루살렘의 이름을 지니는 것은 그가 새 예루살렘의 일부분이라는 뜻이다. 이것은 장차 오는 새 예루살렘이 그의 존재 안으로 역사되어졌음을 가리킨다. 그와 같이 이기는 자는 또한 새 예루살렘의 표시를 갖는다. 주님의 글은 언제나 사실에 일치된다. 원숭이 위에다 「사자」라고 쓰거나 고양이 위에다 「어린 양」이라고 쓴다면 그것은 우스꽝스러울 것이다. 주님이 하나님의 이름과 새 예루살렘의 이름을 우리 위에 쓰실 때 그것은 우리가 하나님과 하나요 또한 새 예루살렘의 일부분임을 계시한다.

3. 주님의 새 이름

마지막으로 주님은 이기는 자들 위에 그분의 새 이름을 쓰겠다고 약속하신다. 이 새 이름은 우리의 체험에 따른 것이리라. 나는 주님의 새 이름이 무엇인지 말해 줄 수 없다. 왜냐하면 그것은 그분에 대한 우리의 개인적인 체험에 따른 것이기 때문이다. 달리 말해서 우리가 주님을 체험한 그것이 우리가 된다는 것이다. 우리가 하나님을 체험하면 하나님은 우리가 되신다. 우리가 새 예루살렘을 체험하면, 그것 역시 우리가 된다. 우리가 주님을 친밀하고도 개인적으로 체험하면 그분이 우리가 되신다. 그러므로 주님은 하나님의 이름과 새 예루살렘의 이름과 그분의 새 이름을 우리 위에 쓰심으로 우리를 정확하게 표시하실 것이다. 이것은 우리가 하나님과 하나인 사람이요, 새 예루살렘의 일부분인 사람이요, 그분 자신으로 우리를 만드시는 분인 주님 자신을 체험한 사람이 되었음을 가리킬 것이다.

이기는 자 위에 기록된 하나님의 이름과 새 예루살렘의 이름과 주님의 새 이름은 이기는 자가 하나님에 의해, 새 예루살렘에 의해, 주님에 의해 소유되었음을 가리킨다. 즉 하나님 자신과 그분의 성(城)인 새 예루살렘과 주님 자신이 모두 그에게 속해 있으며, 그는 하나님과 새 예루살렘과 주님과 하나라는 것이다. 하나님의 이름은 하나님 자신을 뜻하고, 새 예루살렘의 이름은 성(城) 자체를 뜻하며, 주의 이름은 주님 자신을 뜻한다. 하나님의 이름과 새 예루살렘의 이름과 주님의 이름을 이기는 자 위에 쓴다는 것은 하나님의 어떠하심과 새 예루살렘의 본성과 주님의 인격이 모두 이기는 자 안으로 역사되었음을 가리킨다. 새 예루살렘이 이기는 자에게 주는 상으로 언급된 것은 이 약속이 천년 왕국에서 성취될 것임을 가리킨다. 천년 왕국에서의 새 예루살렘은 오직 이기는 성도들에게만 주어지는 상이 될 것이며, 반면에 새 하늘과 새 땅에서의 새 예루살렘은 영원토록 모든 구속받은 자들의 공통된 분깃이 될 것이다.

Ⅵ. 그 영의 말씀하심

회복된 교회는 또한 그 영의 말씀하심에 주의를 기울일 필요가 있다. 우리가 주를 사랑할수록, 또한 우리가 그분의 회복 안에 있을수록, 더욱더 우리에게는 강화된 그 영의 풍성한 말씀하심이 필요하다.

계시록 16

라오디게아 교회—주님과 함께 정찬(正餐)을 먹고 그분의 보좌 위에 앉음

이제 우리는 타락된 교회인 라오디게아 교회에 이르렀다(3:14-22). 라오디게아는 헬라어로 사람들이나 평신도의 의견과 판단을 의미한다. 라오디게아 교회는 하나의 표적으로서 타락한 회복된 교회를 예시(豫示)한다. 19세기 초엽 주님이 합당한 교회를 회복하신 후 1세기도 못 되어서 회복된 교회들(회중들「assemblies」) 중 일부가 타락되었다. 이 타락한 회복된 교회는 사데 교회로 상징된 개신 교회와 다르며 또한 빌라델비아 교회로 상징된 합당한 회복의 교회와도 다르다. 그것은 주님이 다시 오실 때까지 존속할 것이다.

어떤 그리스도인 교사들은 라오디게아 교회를 차가워진 개신 교회라고 여긴다. 엄밀히 말하면 그렇지 않다. 문맥과 역사(歷史)에 의하면 라오디게아 교회는 타락한 회복된 교회의 상징임에 분명하다. 대략 150년 전에 회복의 교회가 영국에서 시작되었다. 우리가 읽은 바에 따르면 그것은 놀라웠다. 그것은 교회 생활의 참된 회복이었다. 그러나 그것은 그리 오래가지 못했다. 만일 당신이 형제회의 역사를 읽어보고 오늘날 그들을 방문해 본다면 당신은 많은 형제회 모임들이 라오디게아 교회로 되었음을 발견할 것이다. 앞으로 보겠지만 비록 그들이 성경 지식을 자랑한다 해도 그들은 그리스도의 풍성을 누리는 것이 빈약하며 영적인 것들에 눈이 멀었다.

Ⅰ. 말씀하시는 분

A. 아멘

3장 14절에서 주님은『아멘이시요 충성되고 참된 증인이시요 하나님의 창조의 시작이신 이가 말씀하시기를』이라고 하신다. 일곱 교회 각각에게 주님은 그분 자신의 어떠함과 그분이 각각 그들의 상황과 상태에 따라 행하실 것을 언급한다. 여기서 그분은 라오디게아 교회에게 그분 자신을 아멘이라고 언급하신다. 헬라어로 아멘은 확고하고 견고하고 신뢰할 만하다는 뜻이다. 주님은 확고하고 견고하고 신뢰할 만한 분이시다.

B. 충성되고 참된 증인

주님은 확고하고 견고하고 신뢰할 만한 분이므로 그분은 충성되고 참된 증인이시다. 이것은 타락한 라오디게아 교회가 주의 증인으로서 확고하고 견고하고 신뢰할 만하거나 충성되고 참되지 않음을 가리킨다.

C. 하나님의 창조의 시작

14절에서 주님은 또 자신을「하나님의 창조의 시작」이라고 언급하신다. 이것은 주님을 하나님의 창조의 기원 혹은 근원이라고 말하는 것으로 주님이 하나님의 역사의 불변하고 영존하는 근원이심을 암시한다. 이것은 타락한 회복된 교회가 근원이신 주님을 떠남으로써 변개되고 있음을 가리킨다.

Ⅱ. (라오디게아) 교회의 상태

A. 차지도 않고 뜨겁지도 않음—미지근함

15절부터 17절까지에서 우리는 라오디게아 교회의 상태를 본다. 15절, 16절에서 주님은 이렇게 말씀하신다.『내가 네 행위를 아노니 네가 차지도 아니하고 뜨겁지도 아니하노라 네가 차든지 뜨겁든지 하기를 원하노라 네가 이같이 미지근하여 뜨겁지도 아니하고 차지도 아니하니 내 입에서 너를 토하여 내치리라』. 일단 회복된 교회가 타락되면 미지근하게, 즉 차지도 덥지도 않게 된다. 이것이 오늘날 수많은 형제회 모임들의 실상이다. 이것은 우리에게 경고가 되어야 한다. 일단 우리가 미지근하게 되면, 우리는 주님의 움직이심에 알맞지 않으며 그분의 입으로부터 토하여 내쳐질 것이다.

B. 부요함을 자랑함

17절에서 주님은 『네가 말하기를 나는 부자라 부요하여 부족한 것이 없다 하나』라고 말씀하신다. 회복된 교회(회중: assembly)는 그 부요함(주로 교리에 대한 지식)을 자랑한다. 그 교회는 생명 안에서 빈궁하고 보는 데 있어서 눈멀고 행위에 있어서는 벌거벗은 줄을 깨닫지 못하고 있다. 그러므로 이제 보겠지만, 그 교회는 다음 구절에 언급된 것처럼 빈궁을 위해서 금을, 눈멂을 위해서 안약을, 벌거벗음을 위해서는 흰 옷을 필요로 한다.

「타락한 회중」들에 있는 사람들의 가장 현저한 특색은 그들의 교만이다. 그들은 자기들이 모든 것을 안다고 생각한다. 의심할 바 없이 그들은 교리에 있어서 많은 지식을 갖고 있다. 그들은 교파에 있는 이들보다 성경을 더 잘 안다. 비록 어떤 의미에서 그들이 성경을 안다 해도 그들이 갖고 있는 것은 단지 지식에 불과하다. 그들은 이런 지식을 갖고 있기 때문에 스스로 부요하다고 여긴다. 그러나 주님은 사실상 그들이 빈궁하다고 말씀하신다. 그들은 지식에서는 빈궁하지 않지만 그리스도의 풍성에서는 빈궁하다. 그들은 그리스도에 대한 지식은 갖고 있지만 그리스도의 풍성을 누리는 데 있어서는 빈궁하다. 이 나라에 온 뒤 얼마 안 되어 나는 세 군데의 형제회 모임으로부터 설교 초청을 받았다. 그 곳에서 말씀을 전한 뒤 그들로부터 반응을 듣고 나서 나는 라오디게아 교회에게 하신 주님의 말씀의 진리를 완전히 확신하게 되었다. 만일 당신이 그들과 더불어 얼마간 머문다면, 당신은 그들이 자신들의 지식을 자랑하고 있음을 감지하게 될 것이다. 그들의 일상 회화에서 그들은 다른 이들의 무지함을 정죄하며 자신들은 모든 것을 알고 있다고 생각한다. 그러나 그들과 함께 머물고 난 후에 당신은 그들 가운데 있는 빈궁을 깨닫게 될 것이다. 그들은 그리스도의 풍성을 전연 모르고 있으며 그것에 관해 말도 하지 않는다.

C. 곤고함

주님의 눈에서 볼 때 「타락된 회중」들은 곤고하다. 왜냐하면 그들은 교리에 대한 공허한 지식에서는 부요하다고 자랑하지만 그리스도의 풍성에 대한 체험에서는 애처로울 정도로 빈궁하기 때문이다.

D. 가련함

타락한 회복된 교회는 또한 가련하다. 왜냐하면 그 교회는 벌거벗었으며 눈멀었고 수치와 어둠으로 가득하기 때문이다.

E. 빈궁함

교만한 타락된 교회는 그리스도에 대한 체험과 하나님의 경륜의 영적 실제에 있어서 빈궁하다. 그 교회는 주로 공허한 지식은 주의하지만 그리스도에 대한 산 체험을 거의 주의하지 않는다. 이것이 참 빈궁이요, 그 교회를 곤고하고 가련하게 만드는 빈궁이다.

F. 눈 멂

주님이 보시기에 라오디게아 교회는 단지 그리스도의 풍성에서 가난할 뿐 아니라 참된 영적인 것들에 대해서는 눈이 멀어 있다. 그 교회는 참된 영적 통찰력을 갖고 있지 않다. 비록 그 교회가 영적인 것들에 관해 어느 정도의 지식을 갖고 있긴 하지만 통찰력이 없다.

G. 벌거벗음

우리 그리스도인들은 모두 그리스도를 옷으로서 우리를 덮기 위한 객관적인 의(義)로 받아 들였다. 이것은 하나님 앞에서 우리의 칭의를 위한 것이다. 그리스도 안에서 의롭다 함을 받은 뒤 우리는 그리스도에 의해 살고 그리스도를 살아내야 하는데 이는 그분이 우리의 매일의 행함을 덮는 또 다른 휘황찬란한 옷인 우리의 주관적인 의(義)가 되시기 위함이다. 그리스도에 대한 주관적인 체험의 부족 때문에 타락된 회복의 교회는 주님의 눈에 벌거벗은 것으로 보인다. 교리에 대한 헛된 지식은 주님의 불타는 눈 아래서 사라져 버리며 그것들을 붙들고 있는 이들을 벌거벗은 채로 노출시킨다. 오직 체험된 그리스도만이 그분의 심판하시는 눈 아래서 우리의 덮개가 될 수 있다.

H. 주님의 입에서 지금 곧 토해 내치려는 중임

16절에서 주님은 『네가 이같이 미지근하여 뜨겁지도 아니하고 차지도 아니하니 내 입에서 너를 토하여 내치리라』고 말씀하신다. 회복된 교회가 타락했을 때, 만일 그 교회가 주님에 대한 풍성한 체험을 추구하는 데 있어서 뜨겁게 되도록 회개하지 않는다면 그 교회는 주님의 입에서 토해 내쳐질 위험에 처하게 된다. 주님의 입에서 토해 내쳐진다는 것은 교회에 대한 주님의 모든 어떠하심을 누리는 것을 상실한다는 것이다.

I. 주님이 문 밖에 서서 두드리심

20절에서 주님은 『볼지어다 내가 문 밖에 서서 두드리노니』라고 말씀하신다. 「문」이란 개인들의 문이 아닌 교회의 문을 말한다. 라오디게아 교회는 지식을 가졌지만 주님의 임재는 없다. 교회의 머리이신 그리스도는 타락한 교회 밖에 서서 그 교회의 문을 두드리고 계신다. 타락한 회복의 교회는 정녕 이것을 깨달아야 한다.

Ⅲ. 주님의 충고

18절에서 우리는 라오디게아 교회에게 대한 주님의 충고를 본다.

『내가 너에게 충고하노니 내게서 불로 연단한 금을 사서 부요하게 하고 흰 옷을 사서 입어 네 벌거벗은 수치를 보이지 않게 하며 안약을 사서 눈에 발라 보게 하라』. 「사는 것(購入)」은 대가를 지불할 것을 요구한다. 타락한 회복의 교회는 절실하게 필요한 금과 흰 옷과 안약을 사기 위해 대가를 지불해야 한다. 형제회 모임들과 접촉을 가진 후에 나는 그들 중 누구도 값을 치른다는 것이 무엇을 의미하는지를 이해하지 못하고 있음을 깨달았다. 아마 그들은 그들이 그리스도의 풍성을 누리기 위해 어떤 대가를 치러야 한다는 말을 결코 들어 본 적이 없는 것 같다. 그들은 지식과 교리를 알지만 대가를 지불하는 방법을 모르고 있다. 그들은 어떤 「진리들」은 알고 있으나 그리스도의 풍성을 체험하는 데 드는 대가는 모르고 있다.

A. 주님에게서 불로 연단한 금을 삼

먼저 주님은 라오디게아 교회에게 「불로 연단한 금」을 사라고 충고하신다. 성경에서 우리의 역사하는 믿음(갈 5:6)은 금에 비유되며(벧전 1:7), 그리스도의 신성을 말하는 하나님의 신성한 본성도 역시 금으로 예표된다(출 25:11). 우리는 믿음으로써 하나님의 신성한 본성에 참여한다(벧후 1:1, 4-5). 타락한 회복의 교회는 그리스도에 관한 교리의 지식을 갖고 있으나, 그리스도의 신성한 요소에 참여하기 위한 산 믿음은 많지 않다. 그 교회는 참 「금」—이것은 그분의 몸에 대한 생명의 요소이신 그리스도 자신이다—에 참여할 수 있도록 불같이 뜨거운 시련을 통한 금 같은 믿음을 얻기 위해 대가를 지불해야 한다. 이렇게 해서 그 교회는 금으로 된 새 예루살렘(21:18) 건축을 위한 순금 등대가 된다(1:20).

만일 우리에게 체험이 있다면 우리는 주님이 라오디게아 교회에게 사라고 충고하신 세 가지가 모두—금, 흰 옷, 안약—가 바로 그리스도 자신임을 깨달을 것이다. 이미 보았듯이 예표론에서나 성경적인 비유(상징)에서나 금은 두 가지—하나님의 신성한 본성과 우리로 신성한 본성을 귀하게 여기고 우리 것으로 만들 수 있게 하는 산 믿음—를 상징한다. 이 두 가지는 서로 조화된다. 만일 우리에게 신성한 본성을 귀하게 여기고 적용할 수 있는 산 믿음이 없다면 그것은 우리 것이 될 수 없다. 신성한 본성은 오로지 우리의 산 믿음을 통해서만 우리의 누림이 될 수 있다. 그리스도는 신성한 본성의 체현이시며 또한 우리의 산 믿음이시기도 하다. 만일 우리가 믿음을 가졌다면 우리는 신성한 본성에 참여할 수 있다. 이것은 우리가 그리스도를 가져야만 한다는 것을 뜻한다. 우리는 반드시 값을 치르고 주님께 이렇게 말해야 한다. 『주여, 나는 성경 진리에 대한 지식을 많이 갖고 있지만, 당신을 많이 갖고 있지 않음을 시인합니다. 주여, 나는 지식이나 공허한 교훈들보다 차라리 당신을 더 갖고 싶습니다. 주여, 당신은 참 금이시요 신성한 본성의 체현이십니다. 이 신성한 본성을 귀하게 보고 적용하기 위해 나에게는 산 믿음이 필요합니다. 그러나 주님, 아직 나에게는 이 산 믿음이 없습니다. 하지만 나는 당신을 바라봅니다. 주여, 나의 산 믿음이 되소서. 나는 나의 믿음이시요 하나님의 아들의 믿음이신(갈 2:20) 당신에 의해 살기 원합니다.』 만일 당신이 이런 식으로 주님께 말씀드린다면 그분은 즉시 이렇게 말씀하실 것이다. 『좋다. 만일 네가 「나」를 얻기 원한다면 너는 반드시 값을 지불해야만 한다. 나는 네가 어떤 것들을 떨쳐 버리기를 원한다. 왜냐하면 그것들은 「내」가 너의 누림이 되는 것을 방해하고 저해하기 때문이다.』 이런 것들을 떨쳐 버리는 것이 값을 지불하는 것이다. 우리 중 많은 이들이 주님을 이런 식으로 체험했다. 흔히 주님은 이렇게 말씀하신다. 『내가 여기에 있다. 너는 나를 원하느냐 아니면 다른 것을 원하느냐? 만일 네가 그것을 쥐고 있기 원한다면, 나는 떠나가 버리겠다. 너의 손은 많은 것들로 가득하다. 너는 반드시 그것들을 내버리고 손을 비운 다음 나를 붙잡아야 한다. 그러면 너는 「나」를 너의 누림으로 갖게 될 것이다.』 오직 우리가 값을 치를 때에야 비로소 그리스도를 얻을 수 있다.

빌립보서 3장 8절에 있는 사도 바울의 말을 살펴보라. 『또한 모든 것을 해로 여김은 내 주 그리스도 예수를 아는 지식이 가장 고상함을 인함이라 내가 그를 위하여 모든 것을 잃어버리고 배설물로 여김은 그리스도를 얻고』. 바울에게는 그리스도 외에 남은 것이 없었다. 그는 그리스도를 위해 모든 것을 잃음으로써 온전한 값을 지불했다. 바울이 가진 것이 무엇이든지 그는 그리스도를 얻기 위해 잃어 버렸다. 오늘날 우리는 그리스도를 얻기 위해서 어떤 값이라도 치르는, 심지어 목숨까지도 드리는 이러한 영을 따라야 한다.

우리는 산 믿음과 신성한 본성을 결코 분리할 수 없다. 비록 이것을 교리적으로 설명하기는 어렵지만, 우리가 산 믿음을 가질 때 신성한 본성을 체험한다는 것을 체험적으로 알고 있다. 그리고 우리가 신성한 본성 안에 있을 때에 우리는 확실히 이 산 믿음을 갖고 있다. 따라서 이 둘은 서로 조화를 이루며 둘 다 금으로 상징된다. 라오디게아 교회에게는 이런 금, 즉 그리스도 자신이신 산 믿음에 의해 적용되고 우리 것으로 만들 수 있는 신성한 본성이 필요하다. 만일 이것을 얻고자 한다면 우리는 필히 값을 지불해야 한다.

B. 주님에게서 흰 옷을 삼

두 번째로 주님은 라오디게아 교회에게 「흰 옷」을 사라고 충고하셨는데, 이는 옷을 입어서 그들의 벌거벗은 수치를 보이지 않게 하기 위함이다. 비유에서 옷은 행위를 상징한다. 여기에서 「흰 옷」은 주님이 인정할 만한 행위를 언급하는데, 그것은 교회가 살아 표현한 주님 자신이며, 타락한 회복된 교회의 벌거벗음을 덮기 위해 요구되는 것이다. 메시지 14에서 지적했듯이 이 흰 옷은 칭의를 위한 객관적인 의이신 그리스도가 아니다. 그보다 흰 옷은 우리의 주관적인 의이신 그리스도요, 우리 존재가 살아 표현한 그리스도이다. 우리에게서 살아 나타난 그리스도는 우리가 주님께 인정받을 수 있는 두 번째 옷이 될 것이다. 이것은 구원을 위한 것이 아니라 선발되기 위한 것이다. 우리 모두에게는 이 두 번째 옷이 필요하다. 우리가 산 믿음을 가지고 신성한 본성에 참여할 때 이 신성한 본성은 결국 우리로부터 나와서 우리의 생활이 될 것이다. 이 생활은 우리 존재로부터 살아 나타난 그리스도요, 이것은 주님께 인정될 수 있는 지위와 자격을 우리에게 주는 두 번째 옷이다. 이 옷이 우리의 벌거벗음을 가릴 것이다. 그렇다, 우리 모두는 이미 의롭다 함을 얻었고 첫 번째 옷 곧 누가복음 15장에서 탕자에게 입혀진 가장 좋은 옷으로 이미 가려졌다. 그러나 의롭다 함을 얻은 뒤에도 우리는 반드시 주님을 사랑해야 하고 주님을 위해 불타야 하고 절대적이어야 한다. 만일 우리가 이런 류의 그리스도인이라면 우리는 풍성하고 신성한 본성—이는 우리의 벌거벗음을 덮는 두 번째 옷으로서 우리 존재로부터 살아 나타난 그리스도임—에 참여하기 위한 산 믿음을 가질 것이다.

만일 당신이 의롭다 함을 얻은 후에 주님을 사랑하지 않고 그분에 의해, 그분을 위해서, 그분과 함께 살지 않는다면, 당신은 벌거벗게 된다. 이것을 교리적으로 설명하기는 곤란하지만 주를 사랑하지 않거나 주님에 의해 살지 않는 형제는 수치스럽고 벌거벗었음을 우리는 체험적으로 깨닫고 있다. 그는 사랑스런 그리스도를 자신의 덮개로 갖고 있지 않다. 그는 그리스도를 믿고 그리스도께 속해 있지만 그분을 사랑하지 않고 그분에 의해 살지도 않으므로 주님이 보시기에 그리고 다른 믿는 이들이 보기에 그는 벌거벗고 있다. 그는 그리스도를 그의 아름다운 덮개로 갖고 있지 않다. 우리는 이 두 번째 옷 곧 우리로부터 살아 내어진 그리스도를 위해 값을 치러야 한다. 이것이 주관적인 그리스도요 우리에 의해 주관적으로 체험되어진 바로 그 그리스도이다. 당신의 사고(思考)로 이것을 이해하려고 애쓰지 말라. 이 말을 당신의 체험으로 점검해 보라. 비록 이것이 우리의 사고(思考)에는 낯설지라도 당신의 영과 당신의 체험에는 보다 더 친숙하다. 당신은 자신의 체험에 의해 한 면으로는 자신이 의롭다 함을 받았다는 확신을 가졌지만 또 다른 면으로는 자신이 벌거벗었음을 느끼고 있다고 간증할 수 있다. 의심할 것 없이 당신은 하나님의 자녀로서 의롭다 함을 받았고 구속되었고 구원되었고 거듭났으며, 당신은 그리스도의 지체이다. 그러나 다른 한면으로 당신은 당신에게서 살아 내어진 그리스도로 하여금 당신의 아름다운 덮개가 되게 하지 못했으므로 자신이 벌거벗었음을 느낀다. 내적으로 당신은 이것 때문에 스스로를 정죄한다. 만일 당신이 이 말을 당신의 체험으로 점검해 본다면 그것이 사실임을 알 것이다. 따라서 우리는 모두 대가를 치러야 하며, 주님께 다음과 같이 말씀드려야 한다. 『주여, 나는 당신이 나의 존재로부터 살아 내어지도록 어떤 대가라도 지불하겠습니다. 주여, 나는 당신을 나의 생활로서 갖고 싶습니다. 나는 얌전히 행동하거나 자신을 교정하거나 개선하기를 원치 않습니다. 주여, 나는 당신이 나에게서 살아 내어지는 것을 좋아합니다. 날마다 나는 당신이 나의 존재로부터 살아 내어져서 나의 외적 생활이 되기를 원합니다. 주여, 나의 내적 생명이 되실 뿐 아니라 나의 외적 생활도 되소서.』 만일 당신이 주님께 이런 식으로 기도한다면 그분은 당신의 외적 덮개 곧 당신이 그분께 인정되고 선발되기 위한 두 번째 옷이 되실 것이다. 장차 올 날을 기다릴 필요가 없다. 오늘날에도 당신은 인정되고 선발되었다는 확신을 가질 수 있다. 그러므로 그날이 왔을 때 그분은 확실히 말씀하실 것이다. 『잘하였도다! 내게로 와서 너의 분깃을 누리고 적그리스도의 군대에 대항하여 나와 더불어 싸우라.』

C. 주님에게서 안약을 삼

세 번째로 주님은 라오디게아 교회에게 그분에게서 안약을 사서 그들의 눈에 발라 보게 하라고 충고하신다. 그들의 눈에 「바를」 필요가 있는 「안약」은 기름 바르시는 영(요일 2:27)을 말하며 그분은 또한 생명 주는 영(고전 15:45)이신 주님 자신이기도 하다. 그 교회는 의문의 죽은 지식에 의해 벗어났으므로 타락한 회복의 교회는 또한 그 눈멂을 인해 이런 류의 안약이 필요하다. 주님이 사라고 그 교회에게 충고한 세 가지 항목 모두를 위해서 교회는 반드시 값을 치러야 한다. 이미 지적했듯이 안약은 기름 바르시는 영이다. 영적 통찰력은 언제나 그 영과 관련된다. 우리에게는 더 많은 지식이 아니라 더 많은 영이 필요하다. 우리는 많은 교리를 필요로 하지 않는다. 우리는 속으로부터 어떤 것들을 볼 수 있게끔 그 영이 우리의 눈과 내적 존재의 깊은 속에 기름 바르시는 것이 보다 더 필요하다. 이 안약 곧 이 기름 바름으로 우리는 어떤 것들을 철저히 볼 수 있는 선견(先見)과 깊은 통찰력 모두를 갖게 될 것이다. 그때 우리는 『주 예수여, 나는 지금 당신이 얼마나 소중한가를 보았기 때문에 어떤 대가라도 지불할 각오가 되어 있습니다.』 라고 말할 것이다. 가령 백화점에 있는 어떤 물건의 값이 천 달러라고 하자. 만일 이 물건이 5천 달러에 상당하는 귀중한 다이아몬드라면 당신은 그 값이 그리 비싸다고 생각하지 않을 것이다. 오히려 당신은 그것이 싸다고 생각할 것이다. 왜 수많은 그리스도인들이 그리스도를 위해 기꺼이 대가를 지불하려고 하지 않는가? 그것은 그들이 그리스도께서 얼마나 소중한가를 보지 못하기 때문이다. 그들은 그리스도의 귀함과 진가와 가치를 보지 못한다. 그러나 일단 우리 눈이 신성하고 영적인 안약으로 발라진다면 우리는 이렇게 말할 것이다. 『내가 그리스도를 위해 어떤 대가를 지불하더라도 그것은 가치 있는 것이다. 그 값은 너무 싸다. 내 자아, 내 장래, 내 인생은 모두 무가치하다. 사실 나는 만유이신 그리스도를 얻는 데 아무 것도 지불하지 않았다.』 만일 이것을 보고자 한다면 우리에게는 안약이 필요하다.

이제 우리는 금과 옷과 안약이 모두 그리스도임을 알았다. 그리스도는 만유이시다. 오늘날 우리의 필요는 그리스도이다. 그렇다. 그분의 회복 안에서 주님은 우리에게 대단히 많은 빛을 주셨다. 그러나 우리는 사람들에게 지식을 주려는 의사가 없다. 이 메시지에서 우리가 말하는 의미는 주의 백성들이 그리스도의 가치와 진가와 소중함을 보고 또 이런 통찰력을 가짐으로써 그들이 그분을 얻기 위해 어떤 대가도 기꺼이 지불할 수 있도록 그들로 하여금 비춤을 받게끔 도우려는 것이다. 그리스도를 위해 나의 가정과 내 장래와 내 운명과 내 온 인생을 대가로 지불할 만한 가치가 있다. 만일 내가 이 모든 것을 지불한다 해도 여전히 그 값은 아주 싼 것이다. 바울은 그가 그리스도를 위해 해로 여긴 모든 것은 단지 분뇨요 개밥에 지나지 않는다고 말했다(빌 3:8). 주의 회복 안에 있는 교회 생활 안에서 우리는 교리나 소위 말하는 진리들을 위해 있지 않다. 우리는 풍성한 그리스도를 위해 여기에 있다. 이 모든 메시지들에서 우리는 공허한 교리들을 분배하고 있지 않다. 이러한 메시지들의 목표는 사람들의 눈이 그리스도의 귀함을 보고 그분께 매혹되게끔 기름 발라지도록 연고를 공급하려는 것이다. 타락된 교회에게는 교리가 필요하지 않고 안약이 필요하다. 그 교회에게는 계시와 이상과 큰 은혜가 필요하다.

Ⅳ. 주님의 책망과 징계

19절에서 주님은 『무릇 내가 사랑하는 자마다 책망하여 징계하노니』라고 말씀하신다. 만일 그 교회가 책망을 기꺼이 받아들인다면 주님의 사랑 안에서의 책망은 타락한 교회에게 눈을 열어 주는 것이 될 것이다. 그러나 그 교회의 교만이 그것을 받아들이지 못하게 저지한다. 우리가 미지근해지고 주님으로부터의 책망을 느낄 때, 우리는 그분의 사랑 안에서의 책망을 겸손하게 받아들일 수 있도록 그분을 바라보고 그분의 긍휼을 구해야 한다. 이것은 타락한 교회에게 합당한 치료를 가져다 줄 것이다.

징계는 그분이 교회를 책망하고 나서 타락한 교회를 다루기 위해 주님이 취하시는 한 걸음 더 나아간 단계이다. 만일 그 교회가 기꺼이 주님의 책망을 받는다면, 그분은 그 교회에게 징계를 행하실 필요가 없다. 주님의 징계는 그 교회에 대한 사랑 안에서 행해질 것이다.

Ⅴ. 주님의 명령(命令)

19절에서 주님은 라오디게아 교회에게 『그러므로 네가 열심을 내라 회개하라』고 명하신다. 죽은 지식이 타락한 교회를 미지근하게 만들었다. 그 교회는 죽어 있고 식어 있는 지식을 버림으로써 열렬하게 불타야 하며 교리적인 형식의 굴레까지도 깨뜨려야 한다. 그 교회는 죽은 교리에 따라 옳긴 하되 죽어 있는 것보다 오히려 들끓어야 한다. 그 교회는 주님을 사랑해야 하고 그분을 얻기 위해 어떤 대가라도 지불해야 하며, 심지어는 「교리들」까지도 희생시켜야 한다. 미지근한 교회는 어떤 대가를 치르더라도 뜨거워야 하고 불타올라야 한다. 그 교회는 자신의 미지근함을 회개해야 하고 더 이상 자신의 지식을 자랑하지 말아야 한다. 그 교회는 자기의 지식을 너무도 높이 평가해 왔다. 그 교회는 그 모든 지식을 낮게 평가해야 하고 그리스도의 실제가 아닌 지식의 공허함으로 만족했음을 회개해야 한다.

Ⅵ. 이기는 자에게 주신 주님의 약속

20절과 21절에서 우리는 주님이 이기는 자에게 주신 약속을 본다. 『볼지어다 내가 문 밖에 서서 두드리노니 누구든지 내 음성을 듣고 문을 열면 내가 그에게로 들어가 그로 더불어 정찬을 먹고 그는 나로 더불어 먹으리라 이기는 그에게는 내가 내 보좌에 함께 앉게 하여 주기를 내가 이기고 아버지 보좌에 함께 앉은 것과 같이 하리라』. 이 일곱 서신에서 이긴다는 것은 우리의 약함과 얽매이기 쉬운 죄들을 이긴다는 뜻이 아니다. 그것은 비정상적으로 벗어난 교회들의 타락한 상태를 이긴다는 뜻이다. 라오디게아 교회에게 보낸 서신에서 이긴다는 것은 타락한 교회의 미지근함과 교만을 이긴다는 것이요, 필요한 항목들을 산다는 것이며, 주님이 들어오시도록 문을 연다는 것이다.

A. 주님이 들어오심

20절에서 주님은 만일 누가 그분의 음성을 듣고 문을 열면 그분이 그에게로 들어가시리라고 말씀하셨다. 이미 지적했듯이 주님은 타락한 교회 밖에 서서 문을 두드리고 계신다. 그 문은 개인들의 문이 아닌 교회의 문이지만, 믿는이들 각각에 의해서 열려진다. 주님은 온 교회를 다루고 계시지만, 주님의 다루심에 대한 수락은 반드시 개인적인 문제여야 한다. 주님의 다루심은 객관적인 것이지만 믿는이들의 수락은 주관적이어야 한다. 만일 우리가 교회에게 하신 주님의 음성을 듣고 개별적으로 문을 연다면 주님은 우리 안에 들어오실 것이며 그분의 임재가 우리의 분깃이 될 것이다.

B. 주님과 더불어 (정찬을) 먹음

또 20절에서 주님은 그분이 문을 연 사람에게 들어간 후에 그와 더불어 (정찬을) 먹고 그는 그분과 더불어 먹으리라고 말씀하셨다. 헬라어에 따르면 「먹는다(dine)」는 것은 저녁에 그날의 주식을 먹는다는 것이다. 정찬을 먹는 것은 한 가지 음식만 먹는 것이 아니라 식사의 풍성에 참여하는 것이다. 이것은 가나안 좋은 땅의 풍성한 소산물을 먹는 이스라엘 자손들에 대한 예표의 완성을 암시하는 것이리라(수 5:10-12). 여기서 약속된 정찬은 다만 장래를 위한 것만이 아니라 오늘날을 위한 것이기도 하다. 만일 당신이 이기는 자라면 주님이 왕국 안으로 오실 때 당신은 그분과 함께 먹는 특권을 갖게될 것이다. 그러나 그날 이전에도 당신은 그분이 당신과 더불어 먹는 것을 누릴 수 있다.

많은 그리스도인들이 복음 전파하는 데 사용하기 위해 20절을 적절하지 않게 차용(借用)하고 있다. 그들은 그리스도께서 죄인들의 마음 문을 두드리고 있으므로 만일 죄인들이 문을 열면 그분이 들어오실 것이라고 그들에게 말해 준다. 이것이 그들이 말하는 전부이다. 당신은 만일 문을 열면 그리스도께서 당신에게 들어오시어 당신과 더불어 먹으리라고 말하는 메시지를 들어 본 적이 있는가?

만일 우리가 계시록 2장, 3장에 있는 일곱 서신을 전반적으로 조감해 본다면, 우리가 자라서 변화되어 그분처럼 되도록 그분 자신을 먹고, 그분 자신을 우리의 생명 공급으로 취하는 것을 주님께서 높이 올리신다는 것을 알게 될 것이다. 이것은 전적으로 예수님을 생명나무로, 만나로, 하루 중 가장 큰 식사로 먹는 문제이다. 주님이 그분 자신을 먹는 것을 치켜 세우실 때 동시에 그분은 네 가지 교훈들—발람의 교훈(2:14), 니골라당의 교훈(2:15), 이세벨의 교훈(2:20), 사탄의 깊은 것에 대한 교훈(2:24)—을 부인하신다. 만일 당신에게 위조화폐와 진짜 화폐를 분별할 능력이 없다면, 어떤 화폐도 받지 않고 그보다 단지 진짜 금만 받는 게 더 낫다. 마찬가지로 교훈들은 받아들이지 말고 오직 산 그리스도만 취하는 편이 더 낫다. 구약에서 우리는 그리스도를 먹는 세 단계—동산 안의 생명나무, 광야에서의 만나, 좋은 땅의 풍성한 소산물—를 본다. 우리는 이러한 세 단계에 있어 왔다. 우리는 동산에서 창조되었었다. 그후 타락으로 인해 우리는 애굽에 있는 자신들을 발견한다. 구원받은 후 우리는 세상 밖으로 출애굽을 했으며 주님을 만나기 위한 도상에 있었다. 우리가 주님을 만나려고 여행을 하는 동안 우리는 만나가 있는 곳인 광야에 있었다. 버가모가 애굽으로 되돌아갔음을 가리키는 세상적인 교회의 이기는 자들에게 감추인 만나에 대한 약속이 주어짐을 상기하라. 만나는 애굽에서 먹을 수 없었다. 그것은 오직 광야에만 있으며, 감추인 만나는 오로지 지성소 속에서만 발견된다. 버가모 교회는 세상적인 교회 곧 만나가 없는 곳인 애굽 교회가 되었다. 만일 우리가 만나를 먹고자 한다면 공개된 만나든, 감추인 만나든, 우리는 필히 애굽에서 나와야 한다. 우리는 사탄이 거하며 그의 왕좌가 있는 곳으로부터 피하여 먼저 공개된 만나를 먹을 수 있는 곳인 광야로 들어가야 하며, 그런 다음에는 계속 지성소 안으로 들어가서 법궤 안으로 뛰어들어 감추인 만나를 먹어야 한다. 마침내 일곱 서신이 우리를 그리스도이신 좋은 땅 안으로 이끄는 것처럼 보인다. 이곳 좋은 땅에서 우리는 그리스도로 잔치를 누린다. 매해의 절기 동안 이스라엘 자손들은 하나님과 더불어 잔치를 누리고 하나님은 그들과 더불어 잔치를 누렸다. 아마 이것은 라오디게아의 이기는 자들에게 준 약속의 예표일 것이다. 그분께 문을 여는 자와 더불어 정찬을 먹겠다는 주님의 약속은 매년의 절기 동안 가나안 좋은 땅 풍성한 소산물을 누리는 사상을 암시하는 것일지도 모른다. 그러므로 에베소 교회에 보낸 서신은 생명나무를 먹는 것을 언급하고, 버가모 교회에 보낸 서신은 세상 밖에서 감추인 만나를 먹는 것을 지적하며, 라오디게아 교회에 보낸 서신은 매년의 절기 때에 가나안 좋은 땅의 풍성한 소산물을 누리는 것을 암시한다. 이스라엘 민족은 절기를 지낼 때마다 그들이 먹고 있는 것을 하나님께 드리고 하나님으로 하여금 그들과 더불어 드시도록 하면서 하나님과 더불어 먹었다. 이와 마찬가지로 주님은, 그분이 우리와 함께 먹고 우리는 그분과 함께 먹으리라고 말씀하신다. 만일 우리에게 이러한 개관(概觀)이 있다면, 우리는 오늘날 우리가 강조해야 하는 것이 무엇인지 알게 될 것이다. 우리는 교훈들을 위해 있지 않고 생명나무요 만나요 좋은 땅의 풍성한 소산물이신 그리스도를 완전히 누리는 것을 위해 있다.

C. 주와 함께 그분의 보좌 위에 앉음

21절에서 주님은 『이기는 그에게는 내가 내 보좌에 함께 앉게 하여 주기를 내가 이기고 아버지 보좌에 함께 앉은 것과 같이 하리라』고 말씀하셨다. 주님과 함께 그분의 보좌에 앉는 것은 이기는 자에게 주는 상이 될 것인데, 이는 그가 장차 올 천년 왕국에서 주님의 권세에 참여하기 위함이다. 이것은 이기는 자들이 그리스도와 함께 공동 왕들(co-kings) 이 되어 온 땅을 다스릴 것이라는 뜻이다. 다시 말하자면, 엄밀히 이야기해서 일곱 서신에 있는 모든 약속들은 장차 올 왕국에 관한 것이다. 해(害)나 고통을 받는 것에 관한 소극적인 단어는 모두 장래 올 왕국 동안의 해(害)를 말하는 것이고, 얻음이나 누림에 관한 어떤 긍정적인 단어도 왕국 시대 동안의 우리의 특별한 분깃이신 그리스도에 대한 누림을 언급한다. 우리는 반드시 이런 약속들을 합당하게 이해할 수 있는 통찰력을 가져야 한다. 그럼에도 불구하고 원칙적으로 이런 약속들은 오늘날에도 적용될 수 있으며, 우리는 그것들을 지금 먼저 맛볼 수 있다. 이 모든 특별한 분깃들을 누리기 위해 왕국 시대 안으로 들어갈 때까지 기다릴 필요가 없다. 오늘날 교회 생활에서 우리는 왕국을 누릴 특권을 갖고 있다. 교회 생활로 인해 주님을 찬양하자.

Ⅶ. 그 영의 말씀하심

미지근한 교회 안에는 차갑게 하는 지식이 가득하지만 불타오르는 영은 결핍되어 있다. 그 교회에 산 영의 말씀하심이 절실하게 필요하다. 그 교회는 더 이상 죽은 지식이 필요 없다. 만일 그 교회가 모든 죽은 지식을 잊어버리고 살아 계신 영의 말씀하심에 귀기울인다면 그 타락된 상태에서 구출될 것이다.

이미 보았듯이 일곱 교회는 비단 일곱 시대 안에 있는 교회의 진행 과정을 예언적으로 상징할 뿐 아니라, 교회 역사에서 일곱 종류의 교회들－초대 교회, 고난받는 교회, 세상적인 교회, 변절(배교)한 교회, 개신 교회, 회복된 교회, 타락한 회복된 교회－을 상징하기도 한다. 초대 교회는 고난받는 교회로 계속 이어지며, 고난받는 교회는 세상적인 교회로 돌아섰고, 세상적인 교회는 변절한 교회가 되었다. 따라서 처음 네 교회는 결국 한 종류의 교회, 즉 변절한 교회인 로마 천주교를 낳았다. 그런 다음 변절한 교회에 대한 반응(반작용)으로 개신 교회가 또 다른 류의 교회 곧 완전히 회복되지 않은 교회로 출현했다. 그 뒤를 이어서 회복된 교회가 합당한 교회 생활의 완전한 회복으로서 일으켜졌다. 이것은 세 번째 종류의 교회로 간주되어도 좋다. 회복된 교회의 타락에 의해 타락된 회복의 교회가 출현했다. 이것은 네 번째 종류의 교회라고 여겨도 좋을 것이다. 이 모든 네 가지 류의 교회들은 주님이 다시 오실 때까지 존속할 것이다. 의심할 바 없이 오직 회복된 교회만이 하나님의 영원한 목적을 완수할 수 있으며, 오직 그 교회만이 주께서 찾는 교회이다. 우리는 반드시 주님의 택함을 취해야 한다.

계시록 17

그리스도의 승천 후 하늘의 광경

모든 그리스도인들은 그리스도가 하늘로 승천하셨음과 그분이 오늘날 하늘에 계심을 알고 있다. 그러나 그리스도의 승천 후 하늘의 광경에 친숙한 사람은 많지 않다. 이 광경은 꽤 특별하므로 우리는 그것을 매우 분명하게 보아야 한다.

계시록 4장 1절은 『이 일 후에 내가 보니 하늘에 열린 문이 있는데 내가 들은바 처음에 내게 말하던 나팔 소리 같은 그 음성이 말하기를 이리로 올라오라 이 일 후에 마땅히 될 일을 내가 네게 보이리라 하시더라』고 말한다. 하나님의 계획은 하늘에 감취어 있다. 하나님이 땅에서 자신의 마음에 합한 사람을 찾으실 때 하늘이 그에게 열린다. 그것은 야곱에게(창 28:12-17), 에스겔에게(겔 1:1), 예수님께(마 3:16), 스데반에게(행 7:56), 베드로에게(행 10:11) 열렸었다. 여기 19장 11절에서 하늘이 이 책의 저자인 요한에게 열렸고, 영원 안에서 주님 안의 모든 믿는이들에게 열려질 것이다(요 1:51).

Ⅰ. 하늘에 있는 보좌

2절은 『즉시 내가 영 안에 있었더니 보라 하늘에 보좌를 베풀었고』라고 말한다. 하늘에는 첫 번째로 보좌가 있고 계시록은 그것에 초점을 맞추고 있다. 4장을 기점으로 해서 이 책은 하나님의 우주적인 행정을 밝혀 준다. 계시록에서 하나님의 보좌는 하나님의 행정의 중심이다. 서신서들에 있는 보좌는 우리가 긍휼을 받고 은혜를 발견하는 곳인 은혜의 보좌(히 4:16)인 반면에 여기서의 보좌는 세상이 심판을 받는 곳인 심판의 보좌이다. 온 우주, 특히 지구는 이 보좌 아래 있다. 사탄이 공중에서 행하는 모든 것과 사람이 땅 위에서 행하는 모든 것이 하늘에 있는 하나님의 보좌 아래 있다. 오늘날 인간들이 하고 싶은 것은 무엇이든 한다 해도 하늘에 있는 하나님의 보좌는 여전히 모든 인간과 만물 위에 있는 권세이다. 하나님의 보좌의 통치를 벗어나서는 누구라도 아무 것도 할 수 없으며 어떤 일도 발생할 수 없다. 겉으로는 이 보좌가 보이지 않고 사람에게 실감나지 않지만 사실상 그것은 모든 사람과 만유를 다스리는 광경 뒤에 있다. 하나님의 때에 그리고 하나님의 목적의 성취를 위해 인류와 땅에서 발생되고 있는 사건들 위에 이 보좌로부터 늘 적절한 심판이 나온다. 계시록에서는 최종 완성적인 결말이 하나님의 심판의 집행의 완성에서 비롯된다. 이 심판은 보좌로부터 나오며 사탄의 반역과 인간의 타락으로 야기된 하늘과 땅에서의 혼란을 말끔히 청산한다.

A. 보좌를 두르고 있는 녹보석 모양의 무지개

우리는 3절에서 「보좌를 두르고 있는 녹보석 모양의 무지개」가 있음을 본다. 무지개는 하나님이 다시는 홍수로 멸망시키지 않으리라고 사람과 생물들에게 언약하신 언약의 표징이다(창 9:8-17). 이 책에서 하나님은 땅과 그 모든 거민들을 심판하실 것이다. 그분의 보좌를 두르고 있는 무지개는 하나님이 언약의 하나님이요 신실한 하나님이심을 상징하는 것으로서, 그 하나님은 다시는 홍수로 인류를 심판하거나 온 인류를 멸하지 않고 그분의 영광을 위해 일부를 남겨 땅의 열국들이 되게 하실 것이므로(21:24, 26) 그분의 심판이 땅 위에 집행되는 동안에 그분의 언약을 지키실 것이다. 이 무지개는 하나님이 인류에 대한 그분의 행정에 있어서 신실하심을 가리킨다. 이 장에서 하나님은 곧 인류를 심판하시려고 하지만 심판을 행하실 때 그분은 노아와의 계약을 기억하실 것이다. 그분은 심판하는 하나님이시며 또한 언약을 지키는 하나님이시기도 하다.

이 무지개는 「그 모양이 녹보석(에메랄드)처럼」 생겼다. 녹보석은 땅 위의 생명들을 상징하는 초록색을 띤 보석이다. 이것은 하나님이 땅 위에 심판을 집행하시는 동안, 창세기 9장 11절에서 지적했듯이, 여전히 그분의 언약을 기억하시어 땅 위에 일부 생물들을 남겨 두실 것임을 가리킨다. 귀한 보석인 녹보석은 견고하다. 그분의 언약을 지키시도록 하나님으로 하여금 생각나게 하는 것은 견고하다. 보좌 둘레에는 이렇게 견고한, 상기시켜 주는 것이 있다.

B. 보좌로부터 번개와 음성과 뇌성이 나옴

우리는 5절에서 『보좌로부터 번개와 음성과 뇌성이 나온다』라는 말을 듣는다. 이 모든 것들은 하나님의 심판에 있어서의 진노를 상징한다. 서신서들에서는 그리스도의 구속하는 피를 통하여 그분께로 나아가는 자는 누구에게나 은혜의 보좌로부터 하나님의 긍휼과 은혜가 나온다. 그러나 여기서는 심판의 보좌로부터 죄악된 세상에 대한 경고로 번개와 음성과 뇌성이 나온다. 계시록에서 하나님의 모든 심판이 집행된 후에 하나님의 보좌는 영원한 생명 공급의 보좌가 될 것이며, 그로부터 생명수의 강이 흘러나오고 그 안에서 생명나무가 자랄 것이다. 하나님의 은혜의 보좌에 나아감으로써 오늘날 하나님의 긍휼과 은혜에 참여하고 있는 모든 믿는이들은 영원토록 그들의 생명 공급으로서 하나님의 보좌에서 나오는 생명의 강과 생명나무를 누릴 것이며, 반면에 하나님의 심판의 보좌에 의해 심판될 불신자들은 하나님의 영원한 보좌에서 나오는 영원한 누림에 동참할 수 없을 것이다.

C. 보좌 앞에서 불타오르는 일곱 등불

또한 5절에서는 『보좌 앞에 일곱 등불이 불타고 있으니 이는 하나님의 일곱 영이라』고 말한다. 이것은 하나님이 일곱 등으로써, 즉 불타오르고 빛을 내고 관찰하고 살피고 심판하고 있는 그분의 일곱 영으로써 땅에 손을 대실 것임을 가리킨다. 여기에서 일곱 등은 출애굽기 25장 37절에 있는 등대의 일곱 등과 스가랴 4장 2절에 있는 등대의 일곱 등을 언급한다. 하나님의 일곱 영인 일곱 등불은 칠 배로 강화된 하나님의 영의 비춤과 살피심을 상징한다. 출애굽기 25장과 스가랴 4장에 있는 일곱 등은 하나님의 움직이심에 있어서 하나님의 영의 비춤을 상징하며 하나님의 건축을 위한 것이거나 장막 혹은 성전 건축을 위한 것이다.

여기에서 일곱 등은 하나님의 심판을 위한 것이며, 그것 역시 하나님의 건축—새 예루살렘의 건축—을 가져온다. 하나님이 심판을 집행하시는 동안 그분의 칠 배로 강화된 영은 살피고 비추고 심판하고 주입함으로써 하나님의 영원한 건축을 수행한다. 이것은 뒤이은 장들에서 완전하게 전개된다. 그 결과는 거룩한 성 새 예루살렘의 완성이다.

D. 보좌 앞의 유리 바다

6절은 『또 보좌 앞에 수정 같은 유리 바다가 있고』라고 말한다. 유리 바다는 하나님이 심판하신 모든 것을 수집하는 곳이요 담는 곳이다. 바다는 물이 아니라 불로 되어 있다(15:2). 노아의 홍수 이후로 다시는 땅과 생물들을 물로 심판하시지 않겠다는 그분의 약속(창 9:15)에 따라 하나님은 늘 불로 사람에게 심판을 집행하신다(창 19:24, 레 10:2, 민 11:1, 16:35, 단 7:11, 계 14:10, 18:8, 19:20, 20:9-10, 21:8). 하나님의 심판의 보좌는 그로부터 작렬하는 흐름이 흘러나오는 작렬하는 불꽃과 같다(단 7:9-10). 하나님의 심판하는 불의 불꽃은 전 우주 안에 있는 온갖 소극적인 것들을 이 유리 바다 안으로 쓸어버리는데 결국 그 유리 바다는 불 못이 된다(20:14). 하나님의 모든 작렬하는 심판의 총체가 되는 유리 바다는 「수정」 같으며, 하나님의 심판 아래에 있는 모든 소극적인 것들이 수정처럼 분명하다는 것을 상징한다. 심판받고 유리 바다 안에 놓여지는 것마다 완전히 드러내어져서 아무 것도 숨길 수 없다. 이 장에서 우리는 하나님이 창세기 9장 8절부터 17절까지에서 약속한 것을 지키실 것임을 상징하는 하나님의 보좌 둘레의 무지개와 하나님이 여전히 모든 소극적인 것들을 불로 심판하실 것임을 가리키는 유리 바다를 본다.

Ⅱ. 하나님이 보좌 위에 앉아 계심

A. 벽옥과 홍보석의 모습임

요한이 하늘에 놓인 보좌를 보았을 때 그는 『보좌 위에 앉으신 이가 있는데 앉으신 이의 모습이 벽옥과 홍보석 같고 또 무지개가 있어 보좌에 둘렸는데 그 모양이 녹보석 같음』을 보았다. 21장 11절에 따르면, 벽옥은 『지극히 귀한 보석이며 수정같이 맑다』. 그 색깔은 짙은 녹색이 분명하며 생명의 풍성함을 상징한다. 여기서 벽옥은 21장 11절이 가리키듯이 그분의 풍성한 생명 안에 있는, 그분의 전달될 수 있는 영광을 상징한다(요 17:22, 2). 그것은 거룩한 성 새 예루살렘의 모습이기도 할 하나님의 모습이다(21:11). 그 성의 벽과 첫 번째 기초는 그것으로 건축된다(21:18-19). 성경에서 녹색은 생명을 상징한다. 따라서 벽옥의 색깔은 보좌에 앉으신 하나님이 바로 생명의 하나님이심을 가리킨다. 하나님의 색은 먼저 녹색으로서 그분이 생명의 근원이심을 증거한다.

보좌에 앉으신 하나님은 또한 홍보석의 모습이기도 하다. 홍보석은 지극히 귀한 붉은 색 보석인데 구속을 상징한다. 오늘날 하나님은 생명의 하나님이실 뿐 아니라 구속의 하나님이시기도 하다. 벽옥이 그분의 풍성한 생명 안에 있는 영광의 하나님이신 하나님을 가리키는 한편, 홍보석은 구속의 하나님이신 하나님을 상징한다. 그분의 피조물들인 우리가 타락했기 때문에 그분은 오셔서 그리스도의 피로 구속하셨다. 그러므로 그분은 두 가지 색—생명의 색과 구속의 색—을 가지셨다. 그분은 생명 주는 하나님이시요 또한 구속하시는 하나님이시기도 하다. 구약에서 대제사장의 흉패 위에 있는 첫 번째 보석은 홍보석이었고 마지막 보석은 벽옥이었다(출 28:17, 20). 이것은 하나님의 구속된 백성들이 하나님의 구속에서 시작하여 하나님의 생명의 영광 안에서 최종적으로 완성된다는 것을 상징한다.

B. 그분의 오른손에 두루마리가 있음

5장 1절에 따르면 보좌에 앉으신 분의 손에 두루마리가 있었다. 이 생명 주는, 구속하시는 하나님은 손에 쥐고 있는 비밀을 갖고 계시다. 이 비밀은 우주의 운명에 관한 것이며 일곱 인으로 인쳐져 있다. 우주의 비밀과 신비는 생명과 구속의 하나님이 쥐고 계시다.

Ⅲ. 보좌 둘레의 이십사 보좌에 앉아 있는 이십사 장로들

4절은 『보좌 둘레에 이십사 보좌들이 있고 그 보좌들 위에 이십사 장로들이 흰 옷을 입고 머리에 금 면류관을 쓰고 앉았더라』고 말한다. 이 구절의 장로들은 교회의 장로들이 아니라 천사들의 장로들이다. 왜냐하면 여기에서 그들은 주님이 다시 오시기 전에 이미 보좌 위에 앉아 있기 때문이다(참고 : 마 19:28, 계 20:4). 하나님의 창조에서 천사들은 가장 오래 된 자들이다. 성경에는 여러 가지 다른 유형의 장로들—이스라엘의 장로, 교회의 장로, 여기서처럼 천사들의 장로—이 있다. 천사들의 장로들은 하나님의 온 피조물의 장로들이다. 그들이 머리에 금 면류관을 쓰고 보좌 위에 앉아 있는 것은 땅을 다스리는 권세가 이기는 성도들에게 주어질 때인 천년 왕국 때까지 그들이 우주의 통치자들임에 분명하다는 것을 가리킨다(히 2:5-9, 계 2:26-27, 20:4). 그들이 입고 있는 흰 옷은 이러한 천사의 장로들이 죄가 없으므로 구속된 성도들처럼 어린 양의 피로 씻음 받을 필요가 없음을 계시한다(7:14).

이 스물 네 장로들은 흰 옷을 입었고 머리에 금 면류관을 쓰고 있다. 그들이 흰 옷을 입고 있고 「거문고(harp)와 향이 가득한 금대접들(5:8)」을 갖고 있다는 것은, 현재는 그들이 하나님 앞에서 제사장들이지만 반면에 천년 왕국에서는 왕노릇하는 이기는 자들이 하나님과 그리스도의 제사장들이 될 것임을 가리킨다(20:6). 이 스물 네 장로들은 우주적인 제사장들임에 틀림없다. 그들의 금 면류관은 또한 그들이 왕노릇하는 자들임을 보여 준다. 그들은 하나님을 섬기는 제사장들이요 그분의 피조물을 다스리는 왕들이다. 사람의 창조 이전에 하나님은 그분의 제사장들과 다스리는 도구로서 주도적인 천사들을 갖고 계셨다. 에스겔 28장에 따르면, 사탄이 타락하기 전에 그는 그러한 자였다. 그는 하나님의 제사장이었으며 또한 왕이기도 했다. 마귀 사탄이 주 예수님을 유혹했을 때에도 그는 그분에게 『순식간에 천하만국을』 보이며, 『이 모든 권세와 그 영광을 내가 네게 주리라 이것은 내게 넘겨 준 것이므로 나의 원하는 자에게 주노라』고 말했다(눅 4:5-6). 아담 시대 이전에는 세상이 그에게 주어졌었다. 이처럼 하나님이 사탄에게 권세를 주어서 그로 하여금 그 우주를 다스리는 왕이 되게 하신 시대가 있었다. 마찬가지로 이 스물 네 장로들은 하나님의 제사장들이요 왕들이었다.

천사 장로들의 수인 스물 넷은 2 곱하기 12로 이뤄졌다. 12는 하나님의 행정의 완성의 수이다(마 19:28). 다윗은 하나님의 행정적 봉사를 수행하기 위해 제사장들과 레위 족속을 스물 네 조(組)로 편성했다(대상 24장, 25장). 스물 넷이란 수는 교회가 그들을 대신하기 위해 세워지기 전에 천사 장로들이 하나님의 행정을 수행하는 자들임을 가리킨다. 열둘 곱하기 둘은 두 배가 됨으로써 강화되는 것을 상징하며 천사 장로들에 의해 수행된 신성한 행정이 강하다는 것을 가리킨다.

Ⅳ. 보좌 한 가운데와 보좌 주위에 있는 네 생물

성경에서 생물의 수인 넷은 항상 온 우주나 온 땅을 망라하는 네 극점(極點)을 상징한다. 창세기 2장 10절에서 하나의 강이 온 땅에 도달하기 위해 네 개의 강 머리가 되었다. 예레미야 49장 36절에는 하늘의 사방이 있고, 이사야 11장 12절과 계시록 7장 1절과 20장 8절에는 땅의 사면이 있다. 그러므로 생물의 수는 스물 네 장로로 대표되는 천사들을 제외하고 하늘과 땅에 있는 모든 피조물들을 대표함을 계시한다.

A. 앞과 뒤와 속이 눈으로 가득함

6절은 「보좌 한 가운데와 보좌 주위에」「앞뒤에 눈이 가득한 네 생물」이 있었음을 말한다. 8절에 따르면 그들은 또한 『그 안과 주위에 눈들이 가득하다』. 네 생물의 가장 유별난 특색은 그들의 눈들이다. 그들은 앞과 뒤와 속에 눈들이 가득해서 고개를 돌리지 않아도 어느 방향에서나 볼 수 있다. 눈은 빛과 이상을 받기 위한 살아 있는 것이다. 네 생물이 눈으로 가득하다는 것은 그들이 절대로 불투명하지 않고 모든 측면에서와 모든 방면에서 수정처럼 투명하다는 것을 가리킨다. 그리스도인들도 그처럼 눈으로 가득해야 한다. 우리가 눈으로 가득할 때 우리는 투명하게 된다. 만일 어떤 사람에게 눈이 없다면 그는 완전히 불투명하다. 우리의 눈은 우리를 투명하게 만든다. 만일 우리 몸의 안팎에 백 개의 눈이 있다면, 우리 온 존재는 투명하게 될 것이다. 하나님의 면전에서 우리 구속받은 백성들은 이와 같아야 한다.

B. 각기 여섯 날개를 갖고 있음

8절은 『또 네 생물이 각각 여섯 날개가 있고』라고 말한다. 그 모습을 볼 때 네 생물은 에스겔 1장 5절부터 10절까지와 10장 14절부터 15절까지에 있는 그룹(cherubim)을 닮았다. 여섯 날개에 준하여 본다면 그들은 이사야 6장 2절의 스랍(seraphim)과 같다. (출애굽기 25장 20절과 열왕기상 6장 27절의 그룹은 두 날개를 가졌고, 에스겔 1장 6절의 그룹은 네 날개를 가졌다.) 그 생물들은 그룹과 스랍과의 결합임에 틀림없다. 스랍으로서 그들은 하나님의 본성을 언급하는 하나님의 거룩(사 6:3)을 위해 있고, 그룹으로서 그들은 하나님의 표현을 언급하는 하나님의 영광(겔 10:18-19, 히 9:5)을 위해 있다. 그러므로 그들은 하나님의 본성과 표현을 상징한다.

C. 사자와 송아지와 사람과 나는 독수리의 모습임

7절은 『그 첫째 생물은 사자 같고 그 둘째 생물은 송아지 같고 그 셋째 생물은 얼굴이 사람 같고 그 넷째 생물은 날아가는 독수리 같으며』라고 말한다. 하나님의 보좌의 주위에서 스물 네 장로들은 모든 천사들을 대표하는 반면에 네 생물은 기타 모든 생물을 대표한다. 사자 같은 첫 번째 생물은 들짐승을 대표하고, 송아지 같은 둘째 생물은 가축을, 사람 같은 세 번째 생물은 인류를, 독수리 같은 네 번째 생물은 조류를 대표한다. 하나님이 창조한 여섯 가지 부류의 생물(창 1:20-28) 중에서 두 가지—땅에 기는 것들과 물속의 생물들—는 여기에서 대표되지 않는다. 기는 것들의 머리는 불 못 속으로 내던져진 하나님의 원수 사탄의 상징인 뱀으로서 새 하늘과 새 땅에서는 전혀 발붙일 틈이 없게 될 것이다. 그리고 물속에 있는 생물은 새 하늘과 새 땅에서는 더 이상 없게 될 하나님의 심판의 물속에 있다(21:1). 그래서 이 두 부류는 하나님 앞에서 영원토록 대표되지 않게 된다.

네 생물 중에서 송아지는 정결하지만, 사자와 독수리는 정결치 못하다(레 11:3-8, 13-19). 구속받음으로써 그들은 모두 정결케 되었다(행 10:11-16). 그들 가운데서 송아지와 사람은 유순하고 온순하지만 사자와 독수리는 거칠고 사납다. 구속으로 말미암아 그들은 함께 거할 수 있게 되었다(사 11:6-9). 그리스도의 구속은 비단 사람만을 위한 것이 아니요 「만물」을 위한 것이기도 하다(골 1:20). 왜냐하면 그분은 「만유」를 대신해 죽으셨기 때문이다(히 2:9).

Ⅴ. 하나님에 대한 경배

4장 8절부터 11절까지에서 우리는 하나님에 대한 경배를 본다. 어린 양은 다음 장까지 등장하지 않기 때문에 여기서 우리는 아직 어린 양에 대한 경배를 갖지 못한다. 이 장은 오직 그리스도가 승천하신 곳의 광경만을 제시할 따름이다. 여기에서 하나님에 대한 경배는 모든 피조물을 대표하는 네 생물(8-9절)과 모든 천사를 대표하는 스물 네 장로들에 의한 것이다. 이 광경에서 모든 피조물들이 하나님을 경배하고 있다. 8절에서 생물들은 『거룩하다 거룩하다 거룩하다 주 하나님 곧 전능하신 이여 전에도 계셨고 이제도 계시고 장차 오실 자라』고 말한다. 「거룩하다」를 세 번 언급한 것은 이사야 6장 3절에서처럼 하나님이 삼일(Triune)이시라는 사상을 암시한다. 네 생물(9절)과 스물 네 장로들(11절)의 찬양은 세 가지로 구성되어 있는데, 그것은 그들이 삼일 하나님을 찬양하고 있음을 암시한다. 처음 두 가지 것인 「영광과 존귀」는 양쪽 모두에서 동일한데, 나머지 것은 서로 다르다. 네 생물은 구속받아 하나님의 은혜의 구속에 감사하기 때문에 네 생물의 찬양에서 그 마지막은 「감사」이지만, 반면에 우주의 통치자들로서 구속받은 피조물들이 아닌 스물 네 장로들은 그들이 다스리는 수단인 하나님의 능력을 고맙게 여기므로 그들의 찬양에서 마지막은 「능력」이다.

11절에서 스물 네 장로들은 『우리 주 하나님이여, 당신께서 영광과 존귀와 능력을 받으시는 것이 합당하오니 이는 주께서 만물을 창조하셨기 때문이라 만물이 주의 뜻대로 있었고 또 지으심을 받았나이다』라고 말한다. 하나님은 목적이 있는 하나님이시요, 그분 자신이 기뻐하시는 뜻이 있다. 그분은 자신의 목적을 성취하고 완수할 수 있도록 그분의 뜻을 위해 만물을 창조하셨다. 하나님의 우주적인 행정을 밝히고 있는 이 책은 하나님의 목적을 보여 준다. 그러므로 그분의 창조에 대한 스물 네 장로의 찬양에서 그분의 창조가 그분의 뜻에 연관된다.

우주 안에서 하나님의 행정을 수행하는 자들인 스물 네 천사 장로들은 그들의 찬양에서 하나님의 창조의 뜻을 말해낸다. 사람들은 하나님의 창조는 쉽사리 깨달을 수 있지만 하나님의 창조의 뜻과 목적은 전혀 모른다. 천사 장로들의 찬양은 하나님의 창조의 뜻과 목적—이는 하나님의 만족과 표현을 위한 영원한 처소를 갖는 것임—을 밝혀 주는 이 책의 내용에 이르는 도입부이다. 이것(하나님의 창조의 목적)은 거룩한 성 새 예루살렘이다. 새 예루살렘에서 창조 안에 있는 하나님의 뜻이 완전히 계시되고 성취된다. 하나님은 새 예루살렘 안에서 그리고 새 예루살렘을 통해서 완전히 만족하시고 온전히 표현되실 것이다. 이것이 그분의 창조 안에 있는 하나님의 뜻이요 계시록의 목표이다. 천사 장로들의 찬양은 우리에게 이것을 지적해주고 있으며 계시록은 이것을 향해 계속 전진해서 마침내 우리를 그분의 창조 안에 있는 하나님의 뜻의 궁극적인 최종 완성인 이것에 도달하게 한다.

계시록 18

자격 있으신-사자-어린 양

우리는 4장에서 그리스도의 승천 후 하늘의 광경을 본다. 하나님의 보좌는 4장에 있는 광경의 중심이며, 하나님은 그분의 영원한 목적 완수를 위해 우주적인 행정을 집행할 수 있는 준비를 갖추고 보좌 위에 앉아 계신다. 5장에서도 그리스도의 승천 후의 동일한 광경을 볼 수 있다. 이 메시지에서 앞으로 보겠지만, 이 광경의 중심은 자격이 있으신 사자-어린 양이다.

Ⅰ. 하나님의 행정의 비밀성

계시록 5장 1절은 『또 내가 보니 보좌에 앉으신 이의 오른손에 두루마리가 있는데 안팎으로 썼고 일곱 인으로 봉하였더라』고 말한다. 하나님의 행정은 은밀한 것이요 비밀이다. 수세기에 걸쳐서 많은 현인(賢人)들이 이 우주의 비밀이 무엇인지 알고자 하여 열심히 노력해 왔다. 그들은 계시가 없었기 때문에 실패하고 말았다. 성경의 마지막 책인 계시록에서 우리는 하나님의 경륜이 밝혀지는 것을 보게된다.

5장 1절에서 보좌에 앉으신 분이 일곱 인으로 봉해진(인쳐진) 두루마리 하나를 손에 들고 계신다. 사실 이 일곱 인은 그 두루마리의 내용이요 계시록의 내용이다. 왜냐하면 이 책은 일곱 인을 개봉하고 밝혀 주는 것이기 때문이다. 그 두루마리 자체는 새 언약, 곧 어린 양의 피로 제정된 방대한 권리양도증서임에 틀림없다. 새 언약은 교회와 이스라엘과 세상과 우주의 구속을 망라하는 두루마리이다. 계시록은 교회와 이스라엘과 세상과 우주에 관한 하나님의 사상을 기록한 것이다. 그리스도께서 십자가 위에서 죽으셨을 때 그분은 사람을 위해서만 아니라 만유를 위해서도 죽음을 맛보셨다(히 2:9). 여기에서 우리는 우주 안에 있는 하나님의 행정의 비밀성을 본다. 신약이 그리스도의 죽음에 의해 제정되었지만 그것은 인류에게 하나의 비밀이었다. 새 언약은 우주의 비밀이요 계시록의 본 내용이다. 계시록을 읽을 때 우리는 연속되는 이상(異象) 안에서 무엇이 이 새 언약 안에 포함되어 있는지, 무엇이 이 비밀스럽고 봉인된(인쳐진) 두루마리 안에 들어있는지 읽고 있다는 것을 반드시 깨달아야 한다.

이제 그리스도의 승천 후에는 더 이상 비밀이 있을 수 없는데, 이는 그것이 그리스도의 죽음과 부활과 승천에 의해 개봉되어졌기 때문이다. 그분의 죽음 이전에는 누구도 전혀 알 수 없는 하나의 비밀이 있었다. 그러나 그분의 죽음과 부활과 승천으로서 그분은 하나님의 모든 요구를 이루셨다. 그러므로 앞으로 보겠지만 그분은 요한에게 비밀을 열어서 계시하셨으며 그것을 기록하라고 명하셨다. 그러므로 이 책은 단지 하나님 손에 있는 열려진 비밀이나 두루마리에 불과한 것이 아니다. 그것은 더 이상 비밀이 아니라 밝혀진 비밀이다. 지금 우리가 계시록을 읽어 나갈 때 우리는 승천하신 그리스도에 의해 인을 떼어 개봉된 두루마리의 내용들을 읽고 있는 것이다. 이것은 중대한 문제이지만 그것을 알고 있는 그리스도인은 극히 드물다. 대부분의 그리스도인들이 계시록을 갖고 있으나 계시록이 개봉된 두루마리인 것을 깨닫지 못하기 때문에 개봉된 두루마리를 갖고 있는 사람은 많지 않다.

Ⅱ. 아무도 자격이 없음

5장 2절부터 4절까지에서 우리는 하늘이나 땅이나 땅 아래에 두루마리를 열고 들여다 볼 자격이 있는 사람이 아무도 없었음을 본다. 요한이 처음 그 두루마리를 보았을 때 그것은 여전히 봉해져 있었다. 만일 우리가 그곳에 있었더라면 우리도 요한처럼 그 두루마리 안에 무엇이 들어 있는지 알고 싶어서 참지 못할 정도였을 것이다. 그런데 요한은 『그 두루마리를 펴거나 보거나 하기에 자격 있는 자가 보이지 않아서 크게 울었다』. 만일 실지로 온 우주 안에 자격 있는 자가 아무도 발견되지 않았다면, 그 비밀을 밝힐 자격 있는 사람이 아무도 없으므로 온 우주가 공허할 것이기 때문에 우리는 울어야 할 것이다. 이 우주 안에 그리스도가 없다면 온 우주는 울어야 할 것이다. 그러나 그리스도가 계시므로 우리는 울지 않아도 된다.

Ⅲ. 자격 있는 사자-어린 양

A. 유다 지파의 사자

요한이 울고 있을 때 장로 중 하나가 그에게 말했다. 『울지 말라. 보라, 유다 지파의 사자 곧 다윗의 뿌리가 이기었으니 이 두루마리와 그 일곱 인을 떼시리라.』 이것은 그리스도가 원수에 대항하여 싸우는 강한 투사로서 그의 상징적 표현인 사자로 묘사된 곳인 창세기 49장 8절, 9절을 언급한다. 이미 지적했듯이 계시록에 있는 거의 모든 것이 구약에서 언급된 것의 완성이다. 그리스도는 싸우고 승리하고 이기는 사자이시다. 그분은 싸움에서 이기셨다. 따라서 그분의 승리하심은 그분에게 두루마리와 일곱 인을 개봉하는 자격을 부여한다.

비록 천사가 요한에게 유다 지파의 사자를 보라고 말했지만, 6절은 『내가 보니 보좌와 네 생물과 장로들 한 가운데 어린 양이 섰는데 갓 죽임을 당한 것 같더라』고 말한다. 천사는 그리스도를 사자로 천거했지만 요한은 어린 양이신 그분을 보았다. 사자로서 그분은 원수에 대항하는 투사요, 어린 양으로서 그분은 우리를 위한 구속자이시다. 그분은 우리를 구속하려고 싸우셨으며 원수와의 싸움에서 이기사 우리를 위한 구속을 성취하셨다. 원수에게는 그분이 사자이지만 우리에게는 그분이 어린 양이시다. 비록 천사들에게는 구속이 필요 없지만, 그들 가운데 하나가 하나님의 원수가 되었기 때문에 하나님의 원수를 패배시킬 누군가가 필요하다. 그래서 천사들은 누군가 이 배역을 패배시킬 분이 필요하다는 것을 알고 있다. 천사들에게는 그리스도가 그 배역을 무찌른 사자였지만 사도 요한을 포함한 우리에게는 그리스도가 어린 양 곧 구속하시는 분이다. 우리에게는 그리스도의 구속이 필요하다. 이미 지적했듯이 우주 가운데에는 사탄과 죄라는 두 가지 주요한 문제가 있다. 사자로서 그리스도는 사탄을 무찌르고 멸하셨으며, 어린 양으로서 그리스도는 우리의 죄를 제해버리셨다. 그분은 승리를 쟁취하셨고 구속을 성취하셨다. 이제 그분은 사자-어린 양이시다.

6절은 어린 양이 보좌 한 가운데 서 계심을 계시한다. 구속에 관한 한 그리스도는 승천하신 후에 하늘에서 하나님 우편에 앉으셨지만(히 1:3, 10:12) 반면에 하나님의 행정을 수행하는 것에 관하여는 여전히 그분의 승천 안에서 서 계신다.

B. 다윗의 뿌리

5절에서 그리스도에게 「다윗의 뿌리」라는 명칭이 주어졌다. 이 명칭은(그분은 또한 다윗의 부친 이새의 뿌리이시기도 하다—사 11:1) 그리스도가 다윗의 근원임을 상징한다. 그러므로 그분의 선조인 다윗은 그분을 「주(主)라고 불렀다(마 22:42-45). 그분은 다윗의 뿌리이시다. 우리의 관념에서는 그리스도가 다윗에게서 나셨으므로 다윗의 후손이라고 생각한다. 그러나 여기서는 그리스도가 다윗의 뿌리라고 말하는데, 이는 다윗이 그리스도에게서 자라 나왔음을 뜻한다. 또한 성경은 그리스도가 다윗의 가지라고 한다(렘 23:5). 그러므로 그분은 뿌리인 동시에 가지이시다. 이사야 11장 1절과 10절에서 우리는 그리스도가 이새의 가지요 뿌리이심을 본다.

우리가 보았듯이 그리스도는 다윗의 후손인 동시에 뿌리이시다. 하나님이 보시기에 다윗은 하나님을 위해 전쟁을 치르고 그분의 완전한 권세를 쟁취함으로 전쟁을 하여 권세를 얻은 유일한 사람이었다. 사자-어린 양이신 그리스도가 이 사람의 뿌리라는 것은 그분이 다윗보다 더 큰 분임을 뜻한다. 이러므로 그분은 다윗의 열쇠를 쥐고 계신다(3:7). 다윗의 어떠함과 그가 가진 것과 행한 모든 것이 전적으로 이 뿌리에서 나온 것이다. 그러므로 다윗의 뿌리이신 그리스도는 다윗보다 더 능력 있으시고 더 승리하시며 하나님의 신성한 권세를 더 많이 가지셨다.

C. 죽임을 당한 어린 양

6절에서 요한은 그가 「갓 죽임을 당한 채 서 계신 어린 양」을 보았다고 말한다. 「갓 죽임을 당한」이란 헬라어에 따르면 어린 양이 바로 최근에 죽임 당하셨음을 가리킨다. 요한이 어린 양이신 그리스도를 보았을 때, 그는 갓 죽임을 당하였었다. 이것은 이 장에 묘사된 하늘의 광경이 그리스도께서 하늘로 승천하신 직후임을 가리킨다.

D. 이기셨음

그리스도는 유다 지파의 사자로서 하나님의 원수인 사탄을 이기셨다. 그분은 하나님을 위해서 이 문제를 해결하셨고 또 하나님의 목적 완수에 방해되는 것을 제거하셨다. 그러므로 그분에게는 하나님의 경륜에 관한 그 두루마리를 펴실 자격이 있는 것이다.

E. 두루마리와 그 일곱 인을 개봉하기에 자격 있으심

하나님의 목적은 그것을 수행하기 위해 하나님의 모든 문제들을 해결할 수 있는 누군가를 필요로 한다. 하나님에게 있던 문제는 사탄의 배역과 인간의 타락이었다. 그리스도는 사자로서 배역적인 사탄을 패배시켰고, 어린 양으로서 타락한 사람의 죄를 없이 하셨다. 그분은 하나님을 위해 이 두 문제를 해결하셨기 때문에 하나님의 경륜의 두루마리를 펴실 자격이 있으시다.

F. 일곱 뿔을 가지심

6절에서 요한은 어린 양이 일곱 뿔을 가졌다고 말한다. 뿔은 싸울 때의 힘을 상징한다(신 33:17). 그리스도는 구속하는 어린 양이지만 싸우는 뿔들을 갖고 계신다. 그분은 싸우시는 구속자시요 그분의 싸우심은 일곱이란 수가 상징하듯이 하나님의 움직이심 안에서 완전하다.

G. 일곱 눈을 가지심

또 6절은 어린 양이 『온 땅에 보내심을 입은 하나님의 일곱 영인 일곱 눈』을 가지고 있다고 말한다. 어린 양의 눈은 관찰하고 살피기 위한 것이다. 그리스도는 구속하는 어린 양으로서 새 예루살렘의 건축으로 최종 완성될 하나님의 영원한 목적을 완수할 수 있기 위해 하나님의 심판을 우주에 집행하기 위한 관찰하고 살피는 일곱 눈을 갖고 계신다. 그러므로 스가랴서 3장 9절에서 그분은 하나님의 건축을 위한 일곱 눈을 가진 머릿돌(冠石, 슥 4:7, 히브리어)로 예언되셨다. 이 일곱 눈은 『온 땅을 두루 다니는』(슥 4:10), 『온 땅에 보내심을 받은 하나님의 일곱 영』이다.

요한은 그의 복음서에서 그리스도가 세상 죄를 지고 가는 하나님의 어린 양이라고 말한다(요 1:29). 그런데 여기 계시록 5장에서 요한은 일곱 눈을 가진 어린 양을 본다. 비록 요한이 죽임을 당한 어린 양을 보았어도 그는 피가 흐르는 것을 보지 못했다. 그보다 그는 하나님의 일곱 영인 일곱 눈을 보았다. 이 일곱 눈은 결코 구속을 위한 것이 아니다. 요한복음에서 어린 양은 그분의 피를 흘리셨고 옆구리에서는 물이 흘러나왔다. 그러나 계시록의 어린 양은 빛을 발하여 멀리까지 이르러 사람들을 접촉하는 불타오르는 일곱 눈을 갖고 있다. 흰 종이에 검은 문자대로라면 이것은 심판을 위한 것이지만, 실은 하나님의 건축을 위한 것이다. 당신은 살피고 비추는 일곱 눈이 하나님의 건축을 위한 것이라고 말하는 근거가 무엇인지 궁금할 것이다. 성경은 이 일곱 눈이 일곱 등이라고 분명하게 일러준다(슥 3:9, 4:2, 10). 일곱 등은 출애굽기 25장에서 처음 언급된다. 거기에서 등은 살피거나 심판하기 위한 것이 아니라 하나님의 건축을 위한 것이다. 거기에 언급된 일곱 등은 장막 곧 지상에서 사람들 중에 있는 하나님의 거처를 건축하기 위한 것이다. 언뜻 보기에 어린 양의 불타오르는 일곱 눈은 살피고 심판하기 위한 것이다. 그러나 이렇게 살피고 심판하는 것은 건축이라는 최종 목표에 도달하기 위한 하나의 절차이다. 결국 계시록은 다만 심판을 위한 것이 아니라 건축을 위한 것이다. 대부분의 계시록 주석들은 이 책이 심판의 책이라고 말한다. 그러나 이 심판은 새 예루살렘으로 최종 완성되는 하나의 절차이다. 심판이 집행된 후에는 무엇이 등장하는가? 새 예루살렘이다. 새 예루살렘은 일곱 눈에 의해 수행되는 하나님의 심판으로부터 나온다.

이미 지적한 바와 같이 사람의 눈은 그 사람의 표현이기 때문에 그에게서 분리할 수 없다. 우리의 속 존재는 주로 눈을 통하여 표현된다. 마찬가지로 일곱 영은 그리스도가 자신을 표현하는 수단인 일곱 눈이다. 만일 누가 그 영이 그리스도와 분리된다고 말한다면 그는 지식이 결핍되었거나 근시안적임에 틀림없다. 누가 사람의 눈이 그 사람과 따로 떨어져 있다고 말할 수 있는가? 이것은 우스꽝스러운 것이다. 일곱 영이 성령이 아니며 일곱 영이 그리스도의 눈이 아닌가? 도대체 누가 일곱 영이신 성령이 그리스도와 분리된 것이라고 말할 수 있는가? 아들은 아버지의 체현이며, 그 영은 아들의 표현이다. 그리스도의 일곱 눈 곧 하나님의 일곱 영은 하나님의 건축을 위한 하나님의 움직이심 안에서 심판하는 방식으로 된 그리스도의 표현이다. 지금도 그리스도의 불타오르는 눈이 우리를 비추고 살피고 순화(純化)시키고 심판하기 위해 우리 위에서 타오르고 있는데, 이는 우리가 정죄받기 위한 것이 아니요 우리로 정화(淨化)되고 변화되게 하여 하나님의 건축을 위해 그분의 형상을 닮게 하려는 것이다. 주님의 심판은 그분의 사랑에서 비롯된다. 그분은 우리를 사랑하시기 때문에 우리를 귀한 보석들로 변화시키기 위해 우리에게 오시어 우리를 살피고 비추고 심판하고 순화시키고 순수하게 만드신다. 결국 이 책은 귀한 보석들로 건축된 새 예루살렘으로 최종 완성된다. 이러한 재료들이 어디에서 나오는가? 그것들은 그리스도의 일곱 눈, 즉 생명을 주고 변화시키는 영에서 나온다.

계시록에서 그 영은 생명 주는 영이나 변화시키는 영으로 불리우지 않고 불타고 살피고 심판하는 일곱 등인 일곱 영으로 불리운다. 타락한 교회를 위해서 생명을 주는 영은 칠 배로 불타는 영임에 분명하다. 오늘날 생명 주는 영은 불타오르는 영임에 분명하며 변화시키는 영은 살피고 심판하는 영임에 틀림없다. 그분이 살피고 심판하시는 것은 곧 순수하게 만들고 변화시키는 것이다. 그분에 의해 살펴지지 않고는 아무도 귀한 보석으로 변화될 수 없다. 나는 그분이 우리 모두를 살피시기를 바라면서 얼마나 주님을 바라보는지 모른다. 우리는 교리나 교훈을 위해 여기 있지 않다. 우리는 여기서 순수한 말씀 아래 그리고 일곱 영의 살피심 아래 있다. 우리 모두는 철저하게 살펴져야 하고 순수해져야 하며 순화되어야 한다. 만일 우리가 그러하다면 결코 이전과 같지 않을 것이다.

출애굽기 25장에서 일곱 등은 지상 위에서 하나님의 거처를 건축하기 위한 것이고 스가랴 3장에서 일곱 눈은 돌의 일곱 눈이다. 계시록에는 사자-어린 양이 있고, 스가랴서에서는 돌이 있다. 계시록에서는 일곱 눈이 어린 양에게 있고, 스가랴서에서는 돌 위에 있기 때문에 우리는 그 어린 양을 「어린 양-돌」이라고 말할 수 있다. 「어린 양-돌」은 하나님의 건축을 위한 것이다. 하나님의 어린 양인 그리스도가 일곱 눈을 가진 건축하는 돌이라는 것은 그리스도의 일곱 눈이 하나님의 건축을 위한 것임을 입증한다. 주의 회복 안에서 모든 이들이 그리스도의 영의 살피심과 심판하심과 순수케 하심 아래 있으며 오늘날 그리스도의 영은 칠 배로 불타오르는 영이다. 비록 그 분이 생명 주는, 변화시키는 영이실 지라도 그분은 타락한 교회에게 불타는 일곱 영이다. 우리는 요한복음 1장의 어린 양을 전할 뿐 아니라 계시록 5장의 어린 양도 전한다. 우리는 이 어린 양을 일곱 영을 가진 건축하는 돌이라고 전하고 있다. 우리의 구주는 그러한 분이시며, 우리를 하나님의 건축을 위한 귀한 재료로 변화시키기 위해 그분의 모든 지체들 안으로 그분 자신을 확산시키고 표현하고 주입하는 일곱 영을 가지셨다.

Ⅳ. 네 생물과 스물 네 장로들이 어린 양에게 드리는 경배와 찬양

A. 거문고들과 향이 가득한 금대접들을 갖고 있음

8절부터 10절까지에서 우리는 네 생물과 스물 네 장로들이 어린 양께 드리는 경배와 찬양을 볼 수 있다. 네 생물과 스물 네 장로는 거문고들과 향이 가득한 금대접들을 갖고 있다. 8절에서 「그것은(which)」이란 단어는 향이 아닌 대접들을 언급한다. 그 대접들은 천사 장로들에 의해 하나님께 갖다 드려진 「성도들의 기도」인(8:3-4, 참조) 반면에 그 향은 성도들의 기도에 첨가된 그리스도이다. 그 경배자들이 대접들을 쥐고 있다는 것은 그들이 제사장들로서 성도들의 기도를 하나님께 갖다 드림으로써 하나님을 섬기고 있음을 뜻한다. 이것은 그리스도인들이 천년 왕국에서 제사장들이 되기 전인 오늘날에는 스물 네 장로들이 제사장들임을 계시한다. 결국 우리는 그들을 대신할 것이다. 이것은 스물 네 장로들이 『그들의 면류관들을 보좌 앞에 던질 것』이라고 말하는 4장 10절에 의해 입증이 되는데, 그것은 그들이 자기들이 지위를 사임하리라는 것을 가리킨다. 구속된 성도들이 온전케 되고 영화롭게 되어서 합당한 「제사장-왕」들이 될 때, 임시 제사장들인 장로 천사들은 사임하게 될 것이다. 천년 왕국 때에 이기는 성도들은 온전케 되고 완전케 되어 하나님께 합당한 제사장들과 왕들이 될 것이다. 그때가 도래하면 임시 제사장들과 통치자들은 물러나게 될 것이다. 그러나 여기 5장에서는 여전히 그들이 성도들의 기도를 향이신 그리스도와 함께 하나님께 드리는 제사장들이다.

B. 새 노래를 부르고 어린 양을 찬양함

9절, 10절에서 우리는 장로들이 어린 양께 찬양의 새 노래를 부르고 있음을 본다. 9절은 『또 새 노래를 부르며 말하기를 당신은 두루마리를 가지시고 그 인봉을 뗄 자격이 있으시도다 갓 죽임을 당하사 각 족속과 방언과 백성과 나라 가운데서 사람들을 당신의 피로 사서 하나님께 드리셨고』라고 말한다. 그 노래로 찬양 받는 어린 양은 갓 죽임을 당하셨기 때문에 여기서 그 노래는 새롭다. 이 새 노래는 어린 양의 자격 있으심을 찬양한다. 이미 보았듯이 온 우주 안에, 이기는 사자요 구속하는 어린 양이신 그리스도밖에는 아무도 하나님의 경륜의 비밀을 열 자격이 없다. 그분은 이기는 사자로서 하나님을 위해 사탄을 무찌르셨고, 구속하는 어린 양으로서 우리를 위해 죄를 없애셨다. 오직 그분만이 하나님의 경륜의 비밀을 밝히고 또 그것을 수행할 수 있도록 유일하게 자격을 갖춘 분이다.

어린 양의 피로 하나님께 사온 사람들을 언급하면서 스물 네 장로들은 10절에서 노래를 부른다. 『그들로 우리 하나님 앞에서 왕국과 제사장들을 삼으셨으니 그들이 땅에서 왕노릇하리로다』. 이 구절에서 「그들」이란 단어는 찬양하는 장로들이 교회의 장로들이 아니라 천사들의 장로들임을 입증한다. 왕국은 하나님의 권세를 행사하는 왕의 직분을 위한 것이며, 제사장들은 신성한 봉사(사역)를 수행하는 제사장 직분을 위한 것이다.

Ⅴ. 하나님과 어린 양께 드리는 우주적인 찬양

11절부터 14절까지에서 우리는 스물 네 장로들의 인도 직분 아래있는 천사들과(11-12절) 네 생물의 인도 직분 아래 있는 온 피조물(13-14절)이 하나님과 어린 양께 드리는 우주적인 찬양을 볼 수 있다. 스물 네 장로들로 대표되는 수많은 천사들은 어린 양에게 천사의 찬양을 드린다. 네 생물로 대표되는 모든 피조물들은 그들에 이어서 천사들을 제외한 모든 피조물들의 우주적인 찬양을 어린 양에게 드린다.

그분의 구속을 수반하고 있는 하나님의 경륜은 그분의 영원한 거처 곧 새 예루살렘의 완성을 위한 것이다. 하나님께 기름 부음받은 분인 그리스도는 사자요 어린 양이며 돌(石)이시다. 그분은 원수를 멸하셨고 우리를 구속했으며 돌이 되셨다. 마태복음 21장 42절에서 주님은 그분을 반대하고 있던 바리새인들에게 말씀하셨다. 『너희는 성경에서 「건축자들의 버린 돌이 모퉁잇돌이 되었으니 이것은 주께서 하신 일이요 우리 눈에 기이하다」하신 말씀을 읽어보지 못했느냐?』 여기서 주님은 그분의 구속이 그분을 모퉁잇돌로 만드는 것임을 지적하셨다. 우리는 사도행전 4장 11절과 12절에서 그와 같은 사상을 발견한다. 4장 12절은 『천하 인간에 구원을 얻을 만한 다른 이름을 우리에게 주신 일이 없음이니라』고 말한다. 이 이름이 그리스도의 이름 곧 모퉁잇돌이라는 것은 『건축자들의 버린 돌』이 『모퉁잇돌이 되었다』고 말하는 앞 구절에 의해 계시된다. 따라서 모퉁잇돌의 이름이 곧 우리가 구원받는 이름이다. 우리는 무엇을 위해 구원 받았는가? 하늘나라에 가기 위해서인가? 아니다. 우리는 하나님의 건축을 위한 돌이 되기 위해 구원받았다. 계시록에 있는 관념은 그리스도가 원수를 무찌르고 멸하는 사자이시고, 우리를 구속하는 어린 양이시며, 하나님의 영원한 거처를 건축하시는 돌이라는 것이다. 무슨 방법으로 그리스도께서 하나님의 거처를 건축하시는가? 불타고 비추고 살피고 심판하고 주입하는 일곱 눈이신 일곱 영을 통해서이다. 그분은 일곱 영을 수단으로 하여 우리를 귀한 보석으로 변화시켜서 새 예루살렘 안으로 건축되게 하신다.

계시록 19

그리스도의 승천으로부터 이 시대 끝까지의 세계 역사 (첫째 인부터 넷째 인까지)

이 메시지에서 우리는 네 필의 말과 네 명의 말탄 자(騎手)를 가진 처음 네 인들에 이르렀다(6:1-8).

Ⅰ. 어린 양에 의해 하나님의 행정의 비밀이 열림

계시록 6장 1절은 『또 내가 보니 어린 양이 일곱 인 중 하나를 떼시는 그 때에 내가 들으니 네 생물 중 하나가 우레소리같이 말하기를, 「오라」 하시기로』라고 말한다. 어린 양에 의해 일곱 인이 개봉된 것은 그리스도께서 하늘로 승천하신 직후에 발생했다. 그리스도는 성육신과 십자가에 못 박힘과 부활을 거쳐 그분의 승천 안에서 일곱 인 안에 들어있는 하나님의 경륜의 비밀을 여실 충분한 자격을 갖추셨다. 피조물에 관한 하나님의 경륜이 그 일곱 인 안에 들어있기 때문에 네 생물은 처음 네 인을 개봉하는 것을 알리는 데 관심을 갖고 있다.

Ⅱ. 세계 역사를 구성하는 사두경마(四頭競馬)

처음 네 개의 인은 사두경마(四頭競馬)에서 각각 기수(騎手)를 가진 네 필의 말로 되어 있다. 네 명의 기수는 모두 실제의 사람이 아니라 의인화된 것들이다. 두 번째 말인 붉은 말의 기수는 전쟁이며(4절), 세 번째 말인 검은 말의 기수는 기근이며(5절), 네 번째 말인 창백한 말의 기수는 사망(8절)임이 분명하다. 역사적 사실에 근거해 볼 때 첫 번째 말인 흰 말의 기수는 어떤 이들이 해석하듯이 그리스도나 적그리스도가 아니라 복음임에 분명하다. 그리스도의 승천 직후에 이 네 가지 것들—복음, 전쟁, 기근, 사망—은 네 필의 말 위에 탄 기수들처럼 질주하기 시작했고 그리스도가 다시 오실 때까지 계속될 것이다. 복음은 제 1세기를 시작으로 해서 20 세기에 걸쳐 퍼져나갔다. 전쟁 역시 동시에 진행되었다. 전쟁은 늘 기근을 야기하고 기근은 사망을 초래한다. 이 모두는 이 시대 끝까지 계속될 것이다.

A. 흰 말을 탄 기수(騎手)

흰 말의 기수는 복음 전파이다. 흰 색은 정결과 순수와 공정과 인정(認定)됨을 상징한다. 흰 말은 사람들에게나 하나님께 정결하고 순수하고 공정하며 인정될 만한 복음 전파를 상징하는 표시이다. 어떤 이들은 흰 말의 기수가 그리스도라고 말했으며, 또 다른 이들은 그 기수가 적그리스도라고 주장했다. 많은 연구 끝에 우리는 그런 관념은 어느 것도 바르지 않음을 알게 되었다. 성경을 해석할 때 우리는 반드시 원칙을 따라야 한다. 여기서의 원칙은, 네 필의 말을 탄 기수들은 사람이 아니라 의인화된 것들이라는 것이다. 둘째 말의 기수는 전쟁이요, 셋째 말의 기수는 기근이며, 넷째 말의 기수는 사망이다. 이들 중 어느 것도 사람이 아니고 오히려 의인화된 것들이다. 이런 원칙을 따를 때 첫 번째 말의 기수 역시 의인화된 것임에 틀림없다. 그러므로 그 기수는 그리스도나 적그리스도가 될 수 없다. 그 원칙에 의해서 이 기수도 역시 의인화된 것임에 틀림없다. 많은 고찰 끝에 우리는 이 기수가 복음 전파임에 분명하다는 것을 보았다.

1. 활을 가졌다는 것은 전투가 치뤄졌다는 것을 상징함

2절은 「또 내가 보니 보라 흰 말이 있는 데 그 탄 자가 활을 가졌고 면류관을 받고 나가서 정복하고 또 정복하려고 하더라』고 말한다. 활은 화살로 싸우기 위한 것이다. 그러나 여기서는 활에 화살이 없다. 이것은 화살이 적을 멸하기 위해 이미 당겨졌고 또 평강의 복음을 성립시키기 위해 승리가 주어졌음을 가리킨다. 이제 그 싸움은 지나갔고, 평강의 복음이 평화롭게 선포된다. 십자가 위에서 화살이 적의 심장을 관통했으며, 전쟁을 치러서 승리했다. 그러므로 화살없는 활은 전쟁이 끝나고 승리를 쟁취했다는 포고이다.

2. 면류관을 받은 것은 복음의 영광을 상징함

또 2절은 『면류관을 받고』라고 말한다. 복음은 「그리스도의 영광」으로 관(冠) 씌워졌음으로(고후 4:4) 그리스도의 영광의 복음이라고 부른다. 우리가 전하는 복음은 그리스도의 영광으로 관을 쓴 복음이다. 우리는 은혜의 복음뿐 아니라 영광의 복음도 전파한다.

3. 나가서 정복함

또 2절은 흰 말을 탄 기수가 『나가서 정복하고 또 정복하려고 하더라』고 말한다. 전세기에 걸쳐서 복음이 전파되는 곳마다 복음이 온갖 종류의 반대와 공격을 정복하고 이기었으며, 오늘날에도 여전히 정복하고 있다. 두 번째, 세 번째, 네 번째의 말을 탄 기수들이 나가서 정복한다는 말은 들을 수 없다. 오직 첫 번째 말의 기수인 복음 전파만이 계속해서 정복해 오고 있다. 복음 전파가 가는 곳마다 이런 정복이 있다.

B. 붉은 말을 탄 기수

3절, 4절은 『또 그가 둘째 인을 떼실 때에 내가 들으니 둘째 생물이 말하기를 오라 하더니 이에 내가 보니 붉은 다른 말이 나오더라 그 탄 자가 허락을 받아 땅에서 화평을 제하여 버리고 서로 죽이게 하고 또 큰 칼을 받았더라』고 말한다. 여기서 붉은 색은 피 흘림을 상징한다. 따라서 붉은 말은 전적으로 피 흘리는 문제인 전쟁의 맹렬함을 상징한다. 『땅에서 화평을 제하여 버리고』, 『서로 죽이게 하고』, 『큰 칼을 받았더라』 등은 모두 명백하게 전쟁을 가리킨다. 그리스도의 승천 이후로 복음 전파 뒤에는 전쟁이 뒤따랐다.

C. 검은 말을 탄 기수

5절, 6절은 『또 그가 셋째 인을 떼실 때에 내가 들으니 셋째 생물이 말하기를 오라 하기로 내가 보니 검은 말이 있는데 그 탄 자가 손에 저울을 가졌더라 또 내가 네 생물 사이로서 나는 듯하는 음성을 들으니 말하기를 한 데나리온에 밀 한 되요 한 데나리온에 보리 석 되로다 또 감람유와 포도주를 해치지 말라 하더라』고 말한다. 여기에서 검은 색은 식량 부족(기근)을 가리키며(렘 14:1-4), 굶주린 사람들의 얼굴색을 상징한다(애 4:8-9, 5:9-10). 검은 말은 검은 얼굴을 야기하는 기근의 확산을 상징하는 것이다. 저울은 귀한 물건의 무게를 재는 데 사용되는 천칭이다. 그런데 여기에서 저울은 6절에서 언급되듯이 식량의 무게를 재는 데 쓰이고 있으며, 그렇게 함으로써 식량의 부족을 보여 준다(레 26:26, 겔 4:16). 기름과 포도주는 사람의 즐거움을 위한 것이다(시 104:15). 그것들은 기근 시에 언제나 부족하고 희귀하게 된다. 기근 동안에 기름과 포도주는 보존되어야 하며 해치지 말아야 한다. 기근은 언제나 전쟁 뒤에 오는데, 이는 전쟁이 식량을 부족하게 만들기 때문이다. 만일 오늘날에 또다시 전쟁이 있다면 세계는 식량 부족을 면치 못할 것이다.

D. 창백한 말을 탄 기수

7절, 8절은 『또 그가 넷째 인을 떼실 때에 내가 넷째 생물의 음성을 들으니 말하기를 오라 하기로 내가 보니 보라 창백한 말이 나오는데 그 탄 자의 이름은 사망이니 음부가 그 뒤를 따르더라 또한 그들이 땅 사분의 일의 권세를 얻어 칼과 기근과 사망과 땅의 짐승으로써 죽이더라』고 말한다. 네 번째 말의 기수는 분명하게 사망과 동일시된다. 「창백한」이라고 번역된 단어는 역병(疫病)에 걸려 고통하는 사람들의 안색을 상징하는 「창백하게 파란」이라고도 번역할 수 있다. 따라서 창백한 말은 창백한 모습을 야기하는 사망의 죽임을 상징하는 것이다. 음부는 땅 밑에 있는 곳으로서, 구원받지 못하고 죽은 자들의 혼들이 백보좌에서 심판받기 위해 부활할 때까지 보존되는 장소이다(20:11-15). 구원받지 못한 자들은 이 심판 후에 영원히 불 못 안으로 던져질 것이다. 음부는 임시 감옥으로 비유될 수 있고, 불 못은 영구한 감옥으로 비유될 수 있다. 여기에서 음부는 사망이 죽이는 자들을 받기 위해 사망의 뒤를 따라다닌다. 8절에서 언급된 짐승들에 의한 죽음은 하나님의 심판이다(왕하 2:24, 17:25, 민 21:6, 출 23:28, 수 24:12).

우리는 이 네 가지 인에서 복음 전파와 전쟁과 기근과 사망을 본다. 지난 20세기 동안 이 네 가지가 인류 역사에 점철(點綴)되어 왔다. 그 기간 동안에 발생했던 기타 모든 일들은 이 네 가지 것들에 포함될 수 있다. 그리스도께서 승천하신 직후 복음 전파가 시작되었다. 흰 말이 경주를 달리기 시작했는데 흰 말의 기수는 그리스도의 영광의 복음이었다. 주후 70년에 로마의 왕자인 타이터스(Titus)가 군대를 이끌고 와서 예루살렘을 멸망시켰다. 그 이후로 수세기에 걸쳐 전쟁이 잇달아 일어났다. 전쟁 뒤에는 기근이 왔고, 기근은 질병과 사망을 초래했다. 따라서 지난 이천 년 간의 역사 속에는 복음 전파, 전쟁, 기근, 사망 외에는 아무 것도 없었다. 이것이 세계 역사를 연구하는 방법이다.

1세기 말에 쓰여진 계시록은 장차 일어날 일들의 예언이다. 만일 어떤 이들이 말하듯이 흰 말을 탄 기수가 그리스도나 적그리스도라면 네 가지 인 모두가 장래를 언급하는 것이리라. 만일 그러한 경우라면 지난 이십 세기를 다루는 예언은 없게 된다. 이렇게 말하는 것은 이 책의 예언이 완전하지 않다고 지적하는 것이 된다. 왜냐하면 그것은 지난 이천 년 동안, 즉 일세기부터 적그리스도의 출현 혹은 그리스도의 재림 때까지의 역사에 대해서는 아무 것도 보여 주지 않기 때문이다. 원칙적으로 이 책의 예언 안에 그처럼 큰 간격이 있을 리가 없다. 그러므로 이런 원칙에 입각해서 볼 때 이 네 가지 인은 그리스도의 승천 때부터 이 시대 끝까지의 세계 역사임에 틀림없다.

우리는 단지 교리만을 주의하지 말아야 한다. 우리는 필히 역사와 체험을 유의해야 한다. 역사는 체험이다. 우리는 반드시 예언을 역사에 적용시켜야 한다. 만일 이렇게 한다면 우리는 그리스도의 승천 이래로 복음 전파, 전쟁, 기근, 사망 사이에 사두경마(四頭競馬)가 있어 왔음을 즉시 깨닫게 될 것이다. 오늘날 온 세계가 전쟁을 준비하고 있다. 심지어 국제 연합(U. N.)에 있는 외교관들조차도 전쟁에 대비하고 있다. 그들이 서로 싸우고 있는 동안 우리는 복음을 전파하고 있는데 이는 복음이 선두에 있는 말이기 때문이다. 예를 들자면, 지난 2

세기 동안 중국에 먼저 이른 것은 전쟁이 아니라 복음이었다. 복음 전파의 뒤를 이어서 전쟁과 기근과 사망이 왔다. 이것이야말로 지난 20세기 내내에 걸친 세계 역사의 경로(經路)였다.

그리스도께서 이 네 가지 인을 개봉하셨고 사두경마(四頭競馬)가 계시되었다. 성경의 예언을 다만 당신의 지능으로 이해하려고 애쓰지 말라. 우리는 반드시 체험을 주의해야 한다. 성경의 예언을 이해하려면 반드시 역사에 주의해야 한다. 왜냐하면 예언은 장차 일어날 것들에 대한 예견(豫見)이기 때문이다. 지난 이십 세기 동안 무슨 일이 발생했는가? 네 가지 것들—복음 전파, 전쟁, 기근, 사망—이다.

그리스도께서는 성육신 후에 십자가에 못 박히심을 통해 구속을 이루시고 부활 안으로 들어가셨으며 그런 다음 하늘로 승천하셨다. 어느 인간의 역사도 그러한 기록을 우리에게 제시해 주지 않는다. 그러나 이것이 진정한 세계 역사이다. 내가 역사를 연구할 때 발견한 것은 내가 배운 세계 역사에 커다란 결핍이 있었다는 것이다. 즉 거기에는 성육신과 십자가에 못 박히심과 승천이 없었다. 만일 세계 역사에서 이 네 가지를 제해 버린다면 우리는 어떠한 세계를 갖겠는가? 하나님께서 역사를 평가하실 때 이 네 가지 것은 매우 중대하다. 그리스도의 승천 후 세계사가 진행되는 온 경로가 뒤바뀌었다. 하나님의 경륜을 펼침으로써 그리스도는 과거 이십 세기 동안의 인류 역사를 기록하셨다.

우리는 순수한 말씀 안에서 타당한 인간의 역사를 본다. 말씀 안에 있는 이러한 역사의 기록은 하나님의 경륜을 수행하는 것이다. 그리스도의 승천 후 그분의 재림 전까지 하나의 세계 역사가 있다. 이 역사는 사두경마(四頭競馬)로 요약된다. 이미 보았듯이 첫 번째 말을 탄 기수는 복음전파이다. 하나님의 경륜은 그분의 영원한 목적을 완수할 복음 전파 외에는 어떤 것도 위하지 않는다. 복음 전파는 어디에서 나오는가? 그것은 그리스도의 성육신과 십자가에 못 박히심과 부활과 승천에서 나온다. 이 네 가지 사항이 복음의 근원이다. 지나간 이십 세기 동안의 역사는 복음 전파를 위한 것이었다. 이것이 하나님의 지혜이다. 복음 전파가 사두경마에서 앞장서고 있다. 우리 세대는 무엇을 위한 것인가? 그것은 복음 전파를 위한 것이다. 그리고 복음 전파는 하나님의 경륜을 수행하기 위한 것이다. 교회는 어떻게 산출될 수 있는가? 오직 복음 전파를 통해서만 된다. 새 예루살렘은 어떻게 출현할 수 있는가? 오직 복음 전파를 통해서만 된다.

세 가지 소극적인 것들—전쟁, 기근, 사망—은 복음 전파를 촉진시키는 데 도움이 된다. 경주에서 경주자는 다른 경주자와 함께 뛸 때만큼 혼자서는 빠르게 달리지 못한다. 전쟁과 기근과 사망은 무시무시한 것이지만, 복음 전파의 속도를 빠르게 한다. 중국에서는 초기에 복음의 문을 열기가 어려웠다. 당신은 무엇이 그 문을 열었는지 알고 있는가? 그것은 바로 전쟁이었다. 그 문은 내란에 의해서 열렸을 뿐만 아니라 일본의 중국 침략에 의해 발발된 국제 전쟁에 의해서도 열렸다. 지난 번 중·일 전쟁 후에 수천 명의 중국인들이 구원받았다. 더욱이 1940년대의 내란을 통해서 많은 중국인들이 중국 본토에서 대만으로 건너갔고 그들 중 수천 명이 구원받았다. 만일 그들이 그대로 본토에 머물렀다면 그들은 결코 주 예수님을 믿지 않았을지도 모른다. 그러나 억지로라도 대만 섬으로 이주해야 했기 때문에 수천 명의 사람들이 1945년부터 1950년까지 구원받으려고 교회 안에 쇄도했다. 그 몇 해 동안 우리는 매주 일요일 오후에 공원에서 복음을 전했다. 매주 주일마다 대략 3천 명 정도의 사람들이 그 복음 전파를 들었다. 많은 이들이 구원받았고, 그들 중 어떤 이들은 마침내 대만에 있는 교회들의 장로와 집사들이 되거나 주님의 사역 가운데 동역자들이 되었다. 전쟁이 그들을 복음으로 이끌었다. 그러므로 전쟁은 복음 전파의 좋은 조력자(助力者)였으며, 지금도 여전히 그렇다.

하나님의 지혜는 이 시대, 즉 그리스도의 승천 때부터 그분의 재림 때까지의 시대를 복음 전파의 시대로 만드시는 것이다. 오늘날 땅 위의 모든 것이 복음 전파를 위한 것이다. 공장, 인쇄, 비행기, 라디오, 텔레비전, 심지어 핵무기까지도 복음 전파를 위한 것이다. 오늘날은 복음 전파의 시대이다. 그리스도의 승천 이래 세계의 역사는 복음 전파의 역사이다. 오늘날 우리는 무엇을 하고 있는가? 우리는 복음을 전파하고 있다. 그리고 우리는 부분적인 복음이 아닌, 빠짐이 없이 온전한 복음 곧 완전한 복음을 전하고 있다. 당신은 완전한 복음이 교회생활과 왕국과 새 예루살렘까지도 포함하고 있다는 것을 알고 있는가? 완전한 복음은 마태복음에서 계시록까지를 전부 내포하고 있다.

근래에 우리는 완전한 복음 곧 오늘날의 교회와 장차 올 시대의 왕국과 영원 안의 새 예루살렘을 포함하는 복음을 전파하고 있다. 오늘날 발생하는 일은 무엇이든지—우리를 대항하는 반대까지 포함해서—복음 전파에 도움이 된다. 이것이 처음 네 가지 인에 대한 이상이다. 우리는 하늘에 대한 매우 제한적인 이상을 가진 좁은 우물 안의 개구리가 되지 말아야 한다. 그보다 우리는 처음 네 가지 인의 의미를 보기 위해 전반적인 이상을 가져야 한다. 우물 안의 개구리의 안목을 갖기보다는 조감(鳥瞰)하는 안목을 가져야 한다. 첫 번째 말을 탄 기수는 그리스도도 아니고 적그리스도도 아니다. 그것은 그리스도의 영광의 복음 전파이다. 이것은 이 시대의 중대한 요인(要因)이며, 다른 세 필의 말은 이 한 필의 말이 경주하는 것을 돕고 있다. 우리는 나머지 세 필의 말을 탄 기수들과 함께 있는 것이 아니요 첫 번째 말을 탄 기수와 함께 있다. 우리는 화평의 복음, 즉 이미 승리를 쟁취한 복음을 평화롭게 전파하고 있기 때문에 화살이 없는 활을 갖고 있다. 할렐루야, 이 영광스런 복음 전파가 온 땅을 두루두루 달리고 있다! 우리가 첫 번째 말을 타고 있음을 인해 주님을 찬양하자!

계시록 20

순교한 성도들의 부르짖음과 그에 대한 하나님의 응답 (다섯째 인과 여섯째 인)

이 메시지에서 우리는 다섯째와 여섯째 인을 살펴보기로 한다. 계시록의 기록에 따르면 처음 네 가지 인은 연속적인 것이 아니다. 오히려 그것들은 동시적인 것이다. 그것들은 거의 동시에 발생하기 시작했으며, 동시에 끝마쳐질 것이다. 그것은 말들이 거의 동시에 출발하여 끝마쳐지는 사두경마(a four-horse race)와 매우 흡사하다. 일곱 인은 처음 네 인과 나머지 세 인으로 구성되는 두 조(組)로 나뉠 수 있다. 처음 네 가지 인은 연속적이지 않은 반면에 나머지 셋은 연속적이다.

이미 보았듯이 처음 네 인은 복음 전파의 시대인 신약 시대를 밝혀준다. 그리스도의 승천과 그분의 재림 사이에서 복음 전파가 계속될 것이다. 다른 주요한 것들—전쟁, 기근, 사망—은 복음 전파의 진보를 위해 함께 일한다. 하나님은 이 시대에 유일한 목적을 가지셨는데 그것은 곧 그분의 영원한 목적을 성취하기 위해 교회가 산출되고 건축되도록 복음이 전파되게 하는 것이다. 우리는 이러한 개괄적인 안목을 가져야 한다. 그러나 땅 위의 대다수 사람들은 이런 안목을 갖고 있지 않다. 국가의 왕들이나 대통령들조차도 그들이 하고 있는 바를 알지 못한다. 그러나 우리는 알고 있다. 이런 통치자들이 하고 있는 모든 것은 복음 전파를 돕는다. 하나님은 이 문제에 있어서 절대 주권적이다.

계시록은 그리스도를 그들 한 가운데 모시고 있는 지방 교회들로 시작해서 그리스도를 그 중심과 전체로 삼고 있는 새 예루살렘으로 끝마친다. 계시록의 이러한 양끝 사이에 교회 시대와 왕국 시대가 있다. 교회 시대, 즉 신약 시대에 하나님은 한 가지 일을 하고 계신다. 즉 그분은 완전한 복음을 전파함으로써 교회들을 산출하고 계신다.

신약 27권이 모두 그 완전한 복음 안에 포함되어 있다. 하나님의 목적은 단지 한 무리의 가련한 죄인들을 구원하는 데 그치는 것이 아니다. 이런 관념은 너무 낮은 것이어서 수많은 철학적인 사람들은 그것을 받아들이려고 하지 않는다. 그들은 복음 전파가 훨씬 더 높은 목적을 가지고 있다는 것과 그것은 가장 높은 차원으로서 새 예루살렘의 구성을 위해 교회를 산출하는 것임을 보아야 한다. 교회 시대가 지난 다음 왕국 시대가 올 것이다. 하나님은 교회 시대에서 완성되지 못하고 온전케 되지 못한 것을 왕국 시대에 이루실 것이다. 왕국 시대 후에는 하나님의 목적이 철저하게 그리고 절대적으로 완성될 것이다. 그런 다음에 새 하늘과 새 땅과 구속받은 모든 성도들로 구성된 새 예루살렘을 가진 영원이 있게 될 것이다. 이것이 온 우주에 대한 전반적인 조망이다.

이미 지적한 바와 같이 우리는 처음 네 가지 인을 통해서 그리스도의 승천과 그분의 재림 사이에 발생하는 것을 볼 수 있다. 현재 네 가지 것—복음 전파, 전쟁, 기근, 사망—이 발생하고 있다. 둘째, 셋째, 넷째 말(馬)은 복음 전파가 가속화되는 것을 돕고 있다. 만일 전쟁이 없었더라면 나는 이 나라(미국)에 있지 않을 것이다. 과거에 중국에서 주의 회복 안에 있던 우리는 아무도 서구 세계로 가려고 의도하지 않았다. 우리는 생각하기를, 아마도 우리가 어느 정도 회복의 일을 끝내고 나면 주께서 선교사들이나 책의 번역 등과 같은 어떤 사람들이나 수단을 사용하시어 회복을 서방 세계로 가져가실 것이라고 생각했다. 그러나 갑자기 1949년에 중국 본토를 잃어버렸다. 그 결과로 주의 회복이 이 나라(미국)로 오게 된 것이다. 사역에 의해서 대만으로 보내어졌을 때 나는 중국 본토에 있던 주의 회복의 상실로 인해 심히 괴로워했다. 나는 밤낮으로 주님께 물었다. 『이게 웬 일입니까? 왜 그 사역이 상실되었습니까?』 결국 주권적인 주님이 그분의 회복을 이 나라로 가져 오셨다. 이것은 이 시대에 주의 주권적인 손안에는 오직 한 가지 일—하나님의 영원한 거처인 새 예루살렘을 건축하기 위한 지방 교회들을 산출하기 위해 완전한 복음을 전파하는 것—만 있음을 계시한다. 우리가 이러한 전체적인 안목을 가질 때 비로소 우리는 계시록을 들여다 볼 수 있고 또 그것을 적절하고도 합당하게 이해할 수 있다.

Ⅰ. 순교한 성도들의 부르짖음-다섯째 인

일곱 인은 먼저 넷과 셋으로 나뉘어지고, 그 다음은 여섯과 하나로 나뉘어진다. 넷이란 수는 네 생물에 의해 상징되듯이 피조물들을 상징하고, 육이란 수는 창조가 육 일만에 끝났으므로 창조를 상징한다. 삼이란 수는 삼일 하나님을 상징하고 하나는 유일한 하나님을 상징한다. 따라서 넷 더하기 셋과 여섯 더하기 하나는 모두 일곱 인이 하나님의 심판을 통하여 모든 피조물이 있는 하나님의 창조를 하나님께 가져다 드린다는 것을 가리킨다.

다섯째 인은 일세기부터 이 시대 끝 무렵까지의 그리스도인의 순교를 밝혀 준다(그것은 구약의 성도들의 순교도 포함할 것이다-마 23:34-36). 첫째 인이 지적하듯이 복음이 전파되고 있는 동안에 늘 신실한 성도들의 순교가 따른다.

A. 순교

복음 전파의 시대 동안 많은 성도들이 하나님의 말씀과 예수의 증거 때문에 순교해 왔다. 스데반과 베드로, 그리고 거의 모든 사도들이 순교당했다. 사도 요한은 유배되었고, 바울은 투옥된 후에 사형 언도를 받았다. 수세기에 걸쳐서 복음 전파가 가는 곳마다 순교가 있어 왔다. 주님의 증거에 신실했던 수많은 이들이 순교당했다. 어떤 의미에서는 니(Nee) 형제님도 순교하셨다. 나의 연상의 동역자들 중 거의 대부분이 지난 26년 동안 죽을 때까지 감옥에 갇힘으로써 순교의 고통을 당했다.

성도들의 순교는 그들이 어떤 인간의 규율을 반대해서가 아니라 하나님의 말씀과 예수의 증거 때문이다. 예수에 대한 증거가 그들이 살았던 삶이다. 인간 문화를 가진 인간 사회는 전적으로 사탄의 악한 영향 아래에 있는데, 이는 요한일서 5장 19절이 『온 세상은 악한 자 안에 처한 것이며』라고 말하는 바와 같다. 하나님의 말씀을 전파하는 것과 예수에 대한 증거의 삶은 모두 세상에 있는 사탄의 흐름(경향)에 대항하는 것이다. 그러므로 어느 때 어디서나 성도들이 하나님의 말씀을 전파하고 예수에 대한 증거의 삶을 살 적마다 사탄은 사람들을 선동하여 그들을 핍박하고 심지어는 죽이기도 한다. 이것은 사람들과 성도들 사이의 싸움이 아니라 사탄과 하나님 사이의 싸움이다. 언젠가 하나님이 사탄의 악한 영향 아래 있는 땅에게 그분의 의로운 심판을 행함으로써 성도들의 원한을 갚아 주실 때가 온다.

B. 부르짖음

계시록 6장 9절은 『하나님의 말씀과 그들이 가진 증거를 인하여 죽임을 당한 혼들』을 언급하면서, 『그들이 큰 소리로 부르짖으며 말하기를 거룩하고 참되신 대주재여 땅에 거하는 자들을 심판하여 우리 피를 원수 갚아 주지 아니하시기를 얼마나 오랫동안 하시려나이까』라고 말한다. 6장 9절에서 우리는 그 혼들이 제단 밑에 있음을 본다. 희생제물이 제단 위에서 죽임을 당할 때 그 피가 제단 바닥 밑으로 흘러내린다. 육신의 혼은 그 피 안에 있다(레 17:11). 순교한 성도들의 혼이 제단 아래 있다는 것은 하나님이 보시기에 그들은 모두 제단 위에 희생제물로 하나님께 드려졌고 그들의 피 곧 그들의 생명이 그곳에 흘려졌음을 가리킨다. 이제 그들의 위치는 제단 아래이다. 예표상으로 제단은 장막과 성전의 바깥뜰에 있는데, 바깥마당은 땅을 상징한다. 따라서 「제단 아래」는 순교한 성도들의 혼이 있는 곳인 땅 아래를 말한다. 그곳은 주 예수님이 죽으신 후에 가신 곳이다(눅 23:43). 그것은 땅의 중심부에 있으며(마 12:40), 아브라함이 있는 곳으로서 음부 중에서 안락한 구역임이 분명하다(행 2:27, 눅 16:22-26).

오늘날 순교한 성도들은 제단 아래, 즉 땅 아래 있는 낙원 안에 있다. 이 성도들이 하늘에 있다고 말하는 것은 아주 그릇된 것이다. 스코필드 주석 성경 초판은 누가복음 16장 23절에 대한 각주에서 낙원이 그리스도의 부활 이전에는 땅 밑에 있었는데 그리스도의 부활에 의해 그와 함께 땅 아래에서 삼층천으로 옮겨졌다고 말한다. 그러나 주님의 부활 후 50일째 되는 날인 오순절에 베드로는 『다윗은 하늘에 올라가지 못하였으나』라고 말했다(행 2:34). 오순절 날에도 다윗은 여전히 하늘에 있지 않았다. 형제회 가운데 최근의 교사인 랭(G. H.

Lang)은 그의 저서 「첫 열매들과 수확」에서, 그리스도의 승천 후 땅 아래 있던 낙원이 삼층천으로 옮겨졌다고 『성경 어느 곳에서도 말하지 않으며』, 『그와 전적으로 반대된다』고 말한다. 또한 그는 다윗이 하늘에 있지 않다고 베드로가 말하는 사도행전 2장의 그 구절을 지적한다. 내가 이것을 언급하는 것은 순교한 모든 성도들이 여전히 제단 아래 있는 낙원에 있음을 깨닫게 하려는 것이다.

많은 그리스도인들이 낙원이 음부 안에 있음을 모르고 있다. 낙원이 음부 안에 있다는 가장 유력한 증거는 주님이 누가복음 23장 43절에서 구원받은 강도에게 하신 말씀이다. 『진실로 네게 이르노니 오늘 네가 나와 함께 낙원에 있으리라』. 사도행전 2장 27절과 31절은 주 예수님이 죽으신 후에 음부에 가셨음을 계시한다. 마태복음 12장 40절은 주 예수님이 죽으신 후에 삼 일 낮과 밤을 가서 계셨던 곳인 음부 안에 낙원이 있음을 지적한다. 음부 안에는 나사로가 갔던 곳으로서 아브라함의 품으로 비유되는 즐거운 지역이 있다(눅 16:23). 이것은 하늘에 있는 낙원이 아니라 음부에 있는 낙원이다. 혹자는 고린도후서 12장 2절부터 4절까지를 인용하면서 바울이 「낙원으로 이끌려」 갔을 때 그는 「셋째 하늘(삼층천)에 이끌려」 갔던 것이라고 주장한다. 그러나 고린도후서 12장 2절부터 4절까지는 낙원이 삼층천에 있다는 것을 증명하지 못하며 오히려 그 반대임을 입증하고 있다. 3절 서두에 있는 「그리고」(한글 개역 성경에는 생략되어 있음―원문 참조)라는 단어는 3절과 4절에서 언급된 것처럼 바울이 『삼층천 안으로 이끌려 간 것』과 『낙원 안으로 이끌려 간 것』은 두 개의 다른 일임을 입증한다. 2절과 4절에서 「이끌려 올라감(caught up)」(흠정역)이라고 번역된 헬라어 단어는 「이끌려 감(caught away)」이라고 번역할 수도 있다. 한편으로 바울은 땅 위에서 살고 있었으며 다른 한편으로 그는 하늘로 그리고 「낙원」 안으로 「이끌려 갔었다」. 이렇게 해서 바울은 전 우주에 대한 완전한 이상을 받았다. 인류에 관한 한 우주는 세 구역―하늘과 땅과 땅 아래―(빌 2:10 참조)으로 되어 있다. 바울은 땅 위의 것들과 하늘 안의 것들과 낙원 안에 있는 것들을 알게 되었다. 그는 사람에게 관련되는 범위 내에서 우주에 대한 위대한 계시를 가졌었다.

구원받은 성도들이 죽으면 그들은 모두 더 이상 몸을 갖지 않으므로 벌거벗게 된다. 인간 존재가 몸을 갖지 않았다는 것은 벌거벗었다는 뜻이며 정상적인 상태가 아니다. 그 누구도 이런 벌거벗은 비정상적인 상태로는 삼층천에 있는 하나님의 존전에 있을 수 없다. 그러므로 죽은 성도들은 그들이 부활할 때까지 즐거운 곳에 머물러 있어야 하는데, 그때 하나님은 그들에게 부활의 몸으로 옷 입혀 주실 것이며 그들은 정상적인 상태에서 완전한 사람이 될 것이다.

어떤 이들은 빌립보서 1장 23절에 관해 의아해 한다. 거기에서 바울은 『떠나서 그리스도와 함께 있을』 열망을 가졌다고 말했다. 바울은 이렇게 말하고 있는 듯하다. 『내가 죽는다면 나는 그리스도와 함께 있게 될 것이다.』 그리스도와 함께 있다는 것은 절대적인 문제가 아니요 상대적인 문제이다. 현재에도 우리는 그리스도와 함께 있다. 우리가 어디에 있든지 우리는 그분과 함께 있다. 물론 우리가 물질적인 몸 안에 있을 동안에는 우리가 죽어서 이 세상을 떠나 다른 영역 안으로 들어갔을 때만큼 그리스도와 가까이 있지는 않다. 그러나 이것은 믿는이들이 죽었을 때 하늘로 이끌려진다는 뜻이 아니다. 그렇게 되는 것은 부활과 휴거의 날까지는 일어나지 않을 것이다.

또 어떤 이들은 데살로니가전서 4장을 인용하면서 죽은 성도들이 그리스도와 함께 하늘에 있다고 주장한다. 그들은 그리스도가 다시 오실 때 죽은 성도들을 함께 데리고 오실 것이라고 말하며 또한 이것은 그들이 현재에도 그분과 함께 하늘에 있는 것이 분명함을 입증해 준다고 말한다. 그러나 그 장(살전 4장)을 면밀하게 읽어보라. 그 장은 『그리스도 안에서 죽은 자들이 먼저 일어나고』, 『우리 살아 남은 자도 저희와 함께 동시에 구름 속으로 끌어올려질 것이다』라고 말한다(살전 4:16-17). 데살로니가전서 4장에 따르면 죽은 성도들은 부활할 것이며, 그와 더불어 살아 있는 자들도 공중으로 끌어 올려져서 그리스도를 만나게 될 것이다. 우리는 성경을 주의 깊게 읽어야 하며 오늘날의 전통적이고 피상적인 가르침들을 따르지 말아야 한다. 우리는 구원받은 성도들이 하늘에 있지 않고 성경이 낙원이라고 일컫는 즐거운 곳, 즉 주 예수님이 죽으신 후에 방문하셨던 곳에 있음을 분명히 알아야 한다.

장구한 세월을 기다린 후 이 시대의 끝에 임박해서 순교한 성도들은 「땅에 거하는 자들」을 심판하여 자신들의 피를 원수 갚아 달라고 주님께 재촉하면서 부르짖는다.

C. 주님의 인정(認定)

11절은 『또 각각 그들에게 흰 두루마기를 주시며 말씀하시기를 아직 잠시 동안 쉬되 그들의 동료 종들과 형제들도 그들처럼 이제 막 죽임을 당해 그 수가 차기까지 하라 하시더라』고 말한다. 여기에서 흰 옷은 그들의 순교가 하나님께 인정되었음을 상징한다. 『이제 막 죽임을 당할』 자들은 대환난 동안 순교될 자들을 가리킨다(20:4).
『잠시 동안 그 수가 차기까지』라는 말에 따르면, 순교한 성도들의 이러한 부르짖음은 이 시대 끝 무렵에 발생될 것임에 틀림없다. 우리는 아직도 처음 네 인 안에 있다. 다섯째 인은 아직 도래하지 않았다. 그러나 나는 우리가 다섯째 인의 때에 가까이 와 있다고 믿는다.

Ⅱ. 하나님의 응답－여섯째 인

A. 초자연적 재앙의 시작

여섯째 인(6:12-17)은 초자연적 재앙의 시작을 보여 주는 것으로서 다섯째 인에서의 순교한 성도들의 부르짖음에 대한 하나님의 응답이다. 여섯째 인을 펴신 후에 주님은 땅과 천체군(天體群)을 뒤흔드시려고 오신다. 땅은 크게 진동할 것이며, 태양은 총담(머리털로 짠 천)같이 검어지고, 달은 피같이 될 것이며, 하늘의 별들은 무화과나무가 태풍에 흔들려 설익은 과일이 떨어지는 것같이 땅에 떨어지고, 하늘은 종이축이 말리는 것같이 감겨 버릴 것이며, 모든 산과 섬들은 제자리에서 옮겨질 것이다(6:12-14). 이렇게 크게 뒤흔들리는 것은 땅의 거민들에게 경고가 될 것이다. 그것은 그들에게 하나님께 회개하고 되돌아가라고 경고할 것이다. 하나님은 그들에게 이렇게 말씀하시는 듯하다. 『너희들 땅에 거하는 자들은 오직 너희 자신들만 위하고 있다. 너희는 나를 관심하지 않는다. 그러므로 지금 나는 너희에 대한 경고로서 땅을 뒤흔들겠다.』 어떤 사람들이 자신들이 하나님이라고 말하면서 신성 모독을 한다 해도 주님은 자신이 하나님이심을 그들에게 상기시켜 주기 위해 땅과 하늘을 뒤흔드실 것이다. 이 얼마나 무시무시한 뒤흔들림이겠는가? 땅과 태양과 달과 별들은 모두 영향을 받게 될 것이다.

B. 땅의 거민의 반응

15절부터 17절까지에서 우리는 땅의 거민들의 반응을 본다. 그들은 굴과 산 바위틈에 숨을 것이며 산들과 바위들에게 자신들을 하나님의 낯과 어린 양의 진노에서 가리워 달라고 간청할 것이다. 15절은 그들의 양심의 느낌을 드러낸다. 왜냐하면 그들이 하나님과 어린 양의 진노의 큰 날이 왔다고 생각하면서 하나님의 심판이 도래할 것을 두려워하기 때문이다. 그러나 여섯째 인은 그분의 심판이 오는 것에 관한 하나님의 포고가 아니다. 그보다 그것은 땅의 거민들에 발하는 경고이다. 땅의 왕들과 모든 위인들과 부자들과 고관들이 지진으로 충격을 받고 하나님과 어린 양의 진노의 날이 이르렀다고 생각할 것이다. 실상 이것은 아직 그날이 아니라 단지 그들로 회개하게 하기 위한 맛봄이요 경고일 뿐이다. 하나님은 경고하실 때 이렇게 말씀하는 듯하다. 『내게로 돌아오너라. 너희가 하나님이라고 말하지 말라. 너희는 나에 의해 피조된 지상의 가련한 거민들이다. 나는 너희가 살도록 해와 달과 별들을 창조했다. 그러나 너희는 나를 망각하고 나를 대적하고 모독하는구나. 지금이야말로 너희가 회개하도록 경고를 받아야 할 때이다.』

C. 이 재앙의 의미

이 재앙의 의미는 그것이 땅의 거민들에 대한 경고라는 것이다. 아직 그것은 실제적인 주님의 진노가 아니다. 그것은 다섯째 인에서 순교한 성도들이 부르짖은 데 대한 응답이며, 하나님이 곧 그들의 원수를 갚고 또 그분 자신을 옹호하기 위해 개입하실 것임을 계시하는 것이다. 하나님은 그분의 사랑스런 성도들의 피를 원수 갚아 주시기 위해 오고 계신다.

Ⅲ. 주의 날이 이르기 전의 경고임

여섯째 인은 대환난의 서곡으로서 주의 날이 이르기 전의 경고이다. 요엘 2장 30절부터 31절까지에 따르면, 여섯째 인과 처음 다섯 나팔 사이에는 큰 시차(時差)가 없을 것이다(8:6-11). 요엘 2장 30절부터 31절까지에는 먼저 첫째와 둘째 나팔의 피와 첫째 둘째 셋째 나팔의 불(8:7-10)과 다섯째 나팔의 연기(9:1-3)가 있고 그 다음에 여섯째 인의 해와 달이 있다. 7장 3절에 비교되는 9장 4절은 다섯째 나팔이 여섯째 인과 매우 밀접함을 가리킨다.

땅과 천체군의 흔들림과 변화에는 두 가지 재앙이 있을 것이다. 처음 것은 주의 날 이전에, 즉 대환난 이전에 일어날 것이며(욜 2:30-31, 눅 21:11), 두 번째 것은 주의 날 후에, 즉 대환난 후에 일어날 것이다(욜 3:11-16, 마 24:29-30, 눅 21:25-26). 여섯째 인에서 다뤄진 것은 첫 번째의 재앙이다. 그것은 단지 경고로서뿐 아니라 다가오는 대환난의 서곡으로 간주되어도 좋다. 여섯째 인에 이어서 일곱째 인이 열릴 때 대환난이 오고 있다는 지표(指標)인 처음 네 번의 나팔이 있게 된다(8:1-2, 6-13). 그런 다음 대환난이 나머지 세 번의 나팔 안에서 수행될 것이다(9:1-21, 11:14-19).

계시록 21

하나님께서 그분의 백성들을 보존하심

계시록에는 많은 삽입부들이 있는데, 바로 7장이 그 중 첫 번째 것이다. 이 장은 6장의 연속이 아니라 여섯째 인과 일곱째 인 사이에 있는 삽입부로서 하나님이 땅에 심판을 집행하시려는 때에 어떻게 그분의 백성들을 돌보시는지를 보여 주고 있다. 8장은 6장의 연속이다. 6장 끝에는 여섯째 인이 있고, 8장 서두에는 일곱째 인이 있다. 일곱째 인의 열림은 일곱 나팔을 가져오며, 그 중 나머지 세 나팔은 대환난을 구성한다(8:1-2). 그러나 이 일이 일어나기 전에 하나님은 그분이 보존하시고자 하는 이스라엘 민족에게 인을 치신다(7:3).

하나님은 그분의 두 백성들—이스라엘 민족과 구속받은 성도들—을 보존하실 것이다. 왜 하나님이 그분의 백성들을 보존하시는 것에 관한 이러한 삽입부가 여기에 나오는가? 그것은 여섯째 인에는 다가오는 환난에 대한 경고가 있기 때문이다. 이미 본 대로 다섯째 인은 순교한 성도들의 원수 갚아 달라는 부르짖음이요, 여섯째 인은 이 부르짖음에 대한 하나님의 응답인 동시에 환난이 곧 닥칠 것이라고 땅의 거민들에게 경고하는 것이다. 그리스도의 승천 이후 수많은 지진들과 여러 재앙들이 있어 왔다. 이 모든 것들은 자연의 재앙들이었다. 그러나 여섯째 인이 떼어지기 시작한 때부터 그 재앙들은 더 이상 자연적인 것이 아니라 초자연적인 것이 될 것이다. 자연적이거나 초자연적인 재앙들은 모두 땅에 대한 하나님의 징벌이다. 이 거역적인 땅은 하나님의 징벌을 받아 마땅하며, 하나님의 징벌하는 손길은 땅에서 없어진 적이 결코 없었다. 어느 정도까지는 하나님이 그분의 목적을 위해서 땅을 징벌하신다. 그리스도의 승천 이후로, 하나님은 땅을 계속 징벌해 오셨다.

하나님의 징벌의 한면이 타이터스(Titus)와 그의 군대에 의한 예루살렘 성의 훼파에서 엿보여진다. 그 파멸은 마태복음 24장 2절에서 주님에 의해 예언되었던 바로써, 거기에서 주님은 성전에 대해 말씀하시면서 제자들에게 이렇게 말씀하셨다. 『너희는 이 모든 것을 보지 못하느냐? 진실로 내가 너희에게 말하노니 돌 하나도 돌 위에 남지 않고 다 무너져버릴 것이다.』 예루살렘은 두 가지 이유―유대종교가 하나님의 경륜에 대해 거역적이라는 것과 이 종교가 예루살렘 교회에 부정적인 영향을 미쳤다는 것―때문에 타이터스(Titus)에 의해 멸망되었다. 사도행전 21장에서 우리는 낡은 유대교가 교회에 얼마나 많은 영향을 주었는지를 볼 수 있다. 주후 70년쯤에 이르러 주님은 더 이상 유대교의 거역과 교회에 대한 영향력을 용납하실 수 없어서 로마 군대를 보내어 예루살렘과 성전을 파멸시키셨다. 그 파멸은 기근과 전염병과 사망을 수반한 무시무시한 징벌이었다. 그 이후로 수세기에 걸쳐서 자연적인 재앙들이 있어 왔으며, 앞으로도 여섯째 인 때까지 땅을 징벌하기 위해 하나님께 사용될 것이다.

여섯째 인 때에 그 재앙들은 자연적인 것에서 초자연적인 것으로 바뀔 것이다. 땅은 진동하고, 해와 달과 별들은 해를 입게 될 것이다. 이 재앙들은 일곱째 인에 이르는 서막일 것이다. 일곱째 인이 집행될 때 그 상황은 무시무시할 것이고 아무도 그것을 견딜 수 없을 것이다. 일곱째 인이 열린 바로 직후에 첫째 나팔이 울릴 것이며 「땅의 삼분의 일」이 불태워질 것이다(8:7). 둘째 나팔이 울려 퍼질 때 「바다의 삼분의 일」이 피가 될 것이다(8:8). 셋째 나팔이 울려 퍼질 때 큰 별이 「강들의 삼분의 일과 물들의 샘(泉)」위에 떨어질 것이며, 「물들의 삼분의 일」이 쑥이 될 것이다(8:10-11). 넷째 나팔이 울려 퍼질 때 「해의 삼분의 일과 달의 삼분의 일과 별들의 삼분의 일」이 세게 침을 받아(be smitten) 「그것들의 삼분의 일이 어두워질 것이다」(8:12). 하나님은 사람들이 살 수 있도록 땅을 지으셨다. 해와 달과 별들은 모두 땅 위에서 삶을 영위하는 데 도움이 된다. 그러나 땅의 거민들이 여러 세기 동안 그분께 매우 오만했기 때문에 하나님이 그것을 더 이상 용납하지 않으실 때가 오고야 말 것이다. 그분은 오셔서 땅과 바다와 강들과 해와 달과 별들을 심판하실 것이다. 땅은 인간의 생존을 위해 있으며 땅 위에 있는 모든 형태의 생명체는 사람의 편의를 위해 있는 것이다. 동물들과 채소들과 광물들은 모두 인류의 생존을 위해 있다. 이런 것들은 우연히 출현한 것이 아니라 하나님이 계획하시고 지으신 것들이다. 예를 들면, 달에는 공기가 없고 지구에는 공기가 있다. 지구 둘레에는 성경이 궁창(창 1:7)이라고 부르는 대기층이 있다. 지구는 궁창(창공)을 가진 하나의 혹성이다. 하나님이 지구를 그런 식으로 지으셨기 때문에 지구는 인간의 삶을 영위하기 위한 공급물들을 산출할 수 있는 것이다. 공기와 햇빛과 물 등은 모두 인간의 생존을 위해 필요한 것이다. 그러나 하나님이 땅과 하늘을 심판하시고 나면 땅은 더 이상 사람이 살아가기에 알맞은 곳이 아닐 것이다.

마태복음 24장 6절과 7절에서 주님은 두 가지 전쟁—사람들이 사람들을 대적하는 전쟁과 나라가 나라를 대적하는 전쟁—즉 내전들과 국제전들이 일어날 것이라고 예언하셨다. 그리스도의 승천 후 이런 전쟁들이 발생하기 시작했다. 또한 주님은 마태복음 24장에서 「곳곳에 지진들이」 있을 것이라고 예언하셨다(7절). 최근의 어떤 논문은 매년 리히터 지진계(Richter scale)로 2도(度)에서 8도(度)에 이르는 지진이 대략 오천 내지 육천 번 발생한다고 말했다. 이것은 주님의 예언에 대한 성취이다. 주님은 그분의 예언에서 이렇게 말씀하시는 듯하다. 『이 땅에서 하나님의 목적은 관심하지 않으면서 너무 자기만족에 빠져 살지 말라. 너희는 반드시 하나님이 이 땅에서 목적을 갖고 계시다는 것과 그분의 목적을 완수하기 위해 반드시 그분께 돌아서야 한다는 것을 깨달아야 한다.』 하나님은 순교한 영혼들이 더 이상 그 상황을 참을 수 없는 때인 다섯째 인 때까지 거듭해서 전쟁과 지진들로 사람들에게 경고하실 것이다. 그때에 순교한 성도들은 울부짖을 것이다. 『거룩하고 참되신 대주재여 언제까지 땅에 거하는 자들을 심판하여 우리 피를 원수 갚아 주지 않으시겠습니까』(6:10) 하나님의 응답은 여섯 번째 인에서 올 것이며, 그때 다가오는 환난에 대한 서곡과 경고로서 땅이 흔들리고 천체군이 세게 내리침을 당할 것이다. 여섯째 인과 처음 다섯 번의 나팔은 시간상 서로 밀접하게 관련된다.

이 지점에서 우리는 요엘 2장을 살펴볼 필요가 있다. 요엘 2장은 어떤 일들이 주의 날 이전에 일어날 것이라고 말한다. 만일 당신이 구약의 예언과 함께 신약의 예언을 읽어본다면, 주의 날이라고 불리우는 때가 있음을 보게 될 것이다. 이것이 바로 대환난이다. 주의 날이란 주의 진노의 날, 즉 그분이 초자연적인 재앙들을 수단으로 세상에 개입하려고 오시는 날을 뜻한다. 주의 날은 무시무시할 것이다. 구약의 몇몇 예언자들은 주의 날을 언급하고 있는데, 그들은 모두 주의 날이 매우 무서운 날일 것이라고 지적해 준다(욜 1:15, 2:1, 11, 31, 3:14, 슥 14:1, 말 4:5). 여섯째 인은 주의 날 이전이 될 것인데, 그것은 대환난 이전임을 뜻한다. 대환난은 다섯째 나팔이 울려 퍼질 때 시작될 것이다. 처음 네 번의 나팔은 대환난의 서막이다. 그것은 자동차의 시동과 유사하다. 먼저 점화가 켜지고 엔진에 시동이 걸린 다음 자동차가 달린다. 이와 마찬가지로 여섯째 인의 경고 후 처음 네 번의 나팔이 대환난에 대한 서막이 될 것이다. 그러나 준비 운동(warming up)은 했지만 아직 움직이지 않는 자동차처럼 네 번의 나팔은 대환난을 위한 준비이다. 그러나 이 나팔들조차도 심한 고통을 야기할 것이다. 땅과 물들과 천체군의 손상은 여섯째 인의 지진에 의한 것보다 훨씬 막대할 것이다. 여섯째 인의 때부터는 아무 것도 땅 위에 있는 사람에게 좋은 것이 없게 될 것이다.

사내 아이(man-child)와 첫 열매와 같은 초기의 이기는 자들은 여섯째 인 바로 직전에 땅으로부터 이끌려질 것임을 신약은 지적하고있다. 그러나 우리는 정확한 시간을 계산해 낼 수 없다. 그러나 계시록과 마태복음과 다른 부분의 말씀에 의해서 우리는 첫 번째의 휴거 곧 사내 아이와 첫 열매의 휴거는 여섯째 인 이전에 이뤄질 것이라고 말할 수 있다. 주님께서 빌라델비아 교회에게, 사람이 거하는 온 땅에 임할 시련의 때를 면하게 해 주겠다고 약속하셨음을 기억하라(3:10). 주님을 사랑하고 추구하는 이들은 여섯째 인 이전에 들림받을 것이다. 여섯째 인이 펼쳐진 다음 바로 7장 곧 하나님이 대환난 전에 그분의 백성들을 보존하기 위해 두 가지 일을 하시리라는 것을 계시하는 삽입부가 나온다. 즉 그분은 선택받은 이스라엘의 남은 자들에게 인을 치실 것이며, 교회의 구속받은 자들의 휴거를 시작하실 것이다.

Ⅰ. 선택받은 이스라엘의 남은 자들에게 인을 침

계시록 7장 1절은, 『이 일 후에 내가 네 천사가 땅 네 모퉁이에 선 것을 보니 땅의 사방의 바람을 붙잡아 바람으로 하여금 땅에나 바다에나 각종 나무에 불지 못하게 하더라』고 말한다. 이것은 여섯째 인과 일곱째 인 사이에 있는 삽입부로서 하나님이 땅을 심판하시는 동안 어떻게 그분의 백성들을 돌보시는가를 보여 준다. 여기에서 바람들은 하나님의 심판을 위한 것이다(욘 1:4, 사 11:15, 렘 22:22, 49:36, 51:1). 그 다음 구절은 『또 내가 보니 다른 한 천사가 살아 계신 하나님의 인을 가지고 해 돋는 데로부터 올라와서 땅과 바다를 해롭게 할 권세를 가진 네 천사를 향하여 큰 소리로 외쳐』라고 말한다. 여기에서 「다른 한 천사(another Angel)」는 또한 8장 3절, 10장 1절, 18장 1절과 같이 그리스도를 가리킨다. 구약에서 그리스도는 하나님 자신을 말하는 「주의 천사」라고 불렸다(창 22:11-12, 출 3:2-6, 삿 6:11-24, 슥 1:11-12, 2:8-11, 3:1-7). 여기 신약에서 그분은 또다시 그 천사(the Angel)라고 불리고 있다.

비록 나는 이스라엘을 사랑하지만 그들로 인해 매우 슬픔을 느낀다. 왜냐하면 예언과 그들의 현 상황에 따라 그들은 불신앙의 상태로 그들 조상의 땅으로 되돌아왔기 때문이다. 그들은 여전히 그들의 옛 종교에 집착하고 있으며 하나님의 신약 경륜에 따라 하나님을 믿지 않고 있다. 그들은 실상 그분께 대항하여 거역하고 있다. 주 예수님이 오셨을 때 하나님은 율법을 지키는 경륜으로부터 주 예수님을 믿는 경륜으로 전환하셨다. 그러나 유대인들은 이런 전환을 받아들이려 하지 않고 율법을 지키는 데서 주 예수님을 믿는 데로 돌아서기를 거절했다. 이것이 그들의 거역함과 완고함과 불순종이었다. 하나님은 그들을 수세기 동안 품으셨으며, 그분의 절대 주권에 따라 그들은 귀환하여 다시 국가를 복구했다. 그러나 그들은 여전히 불신앙의 상태로 있다. 그들은 주 예수님을 믿지 않는다. 내가 들은 믿을 만한 정보에 의하면, 이스라엘 정부는 어떤 유형의 그리스도인 활동도 배제하려고 할 수 있는 모든 조치를 취하고 있다. 그들은 어떤 그리스도인 선교사도 선교 사업을 수행하는 것을 원치 않고 있다. 이스라엘에 관한 예언들은 그들이 끝날까지 불신앙의 상태로 남아 있으리라는 것을 지적하여 보여 준다. 그러나 하나님은 절대 주권적이시므로 그들을 위해서가 아니라 그분의 경륜을 위해서 늘 이스라엘 나라를 돌보신다. 그분은 믿지 않고 있는 유대인들 중에 약간의 신실한 이들이 있음을 아시므로 그분이 초자연적인 재앙으로 실지로 땅을 심판하시기 전에 그들에게 인을 치실 것이다.

A. 처음 네 번의 나팔 이전임

첫째 나팔은 땅과 나무들을 해치려는 것이요(8:7), 둘째 나팔은 바다를 해치려는 것이요(8:8-9), 셋째 나팔은 강들을 해치려는 것이요(8:10-11), 넷째 나팔은 천체군을 해치려는 것이다(8:12). 처음 네 번의 나팔을 불기 전에 하나님은 선택받은 이스라엘 사람들을 그 나팔들에 의해 수행될 초자연적인 재앙들로부터 보호하시기 위해 그들에게 인을 치실 것이다.

B. 특히 다섯째 나팔의 고통으로부터 땅 위에서 보존됨

처음 네 번의 나팔은 오직 땅과 바다와 강들과 천체군만을 해칠 것이다. 직접 사람들에게 고통을 가하는 것은 바로 다섯째 나팔이다. 하나님이 선택받은 이스라엘 사람들에게 인을 치시는 것은 특히 그들을 다섯째 나팔의 고통으로부터 보존하시려는 것이다(9:4).

C. 열두 지파의 각 지파마다 일만 이천 명씩 인침을 받음

7장 4절부터 8절까지에서 우리는 하나님이 「이스라엘 자손의 각 지파 중에서」 십 사만 사천 명에게 인을 치실 것임을 보는데, 이는 열

두 지파의 각 지파마다 일만 이천 명씩 인을 치는 것이다. 이들 유대인들은 대환난 동안 하나님의 계명들을 지킬 사람들이다(12:17, 14:12). 도합 십 사만 사천 명의 신실한 유대인들이 이마에 인을 맞게될 것이다. 나는 이것이 어떤 류의 인이 될지는 모르지만, 여하튼 그것은 땅을 심판하기 위해 보내심을 받은 천사들이 식별할 수 있는 표시일 것이다. 이것이 그분께서 땅을 심판하시는 동안 택한 이스라엘 사람들을 보존하시는 하나님의 방법이다.

D. 요셉은 두 배의 몫을 얻음

우리는 6절과 8절에서 요셉이 두 배의 몫(분깃)을 얻음을 본다(대상 5:1-2, 겔 48:4-5, 참조). 요셉의 두 아들 중 하나인 므낫세(창 48:5)와 요셉(8절)은 두 지파를 대표하기 때문에, 요셉은 천년 왕국 동안(겔 48:4-5) 여전히 장자 상속권의 두 배의 몫을 갖게 될 것이다.

르우벤은 이스라엘의 맏아들이었지만 그의 죄 때문에 장자(상속)권을 상실했으므로 유다가 그의 형제들을 압도했다(대상 5:1-2). 그래서 유다 지파가 여기에서 맨 먼저 언급된다.

E. 단(Dan)은 빠짐

계시록 7장에서 단은 빠져 있다. 역대상 2장부터 9장에서처럼 여기의 계산에서도 단 지파는 그들의 우상 숭배 때문에 빠졌다(삿 18:30-31, 왕상 12:29-30, 왕하 10:29, 창 49:17, 참조). 그러나 야곱이 그에게 축복을 베풀었기 때문에 단은 천년 왕국 동안 여전히 계수(計數)될 것인데, 이는 단도 주님의 구원에 의해 여전히 지파들 중에 하나가 되게 하려는 것이다(창 49:16-18).

Ⅱ. 교회의 구속받은 이들의 휴거

이스라엘의 선택받은 남은 자들에 추가해서 하나님은 다른 한 백성들—교회의 구속받은 성도들(7:9-17)—을 소유하고 계신다. 이 삽입부에서 우리는 하나님이 어떻게 모든 환난 동안 내내 그분의 구속된 성도들을 보존하시는가를 계시하는 이상을 볼 수 있다. 하나님이 이스라엘 자손들의 선택받은 남은 자들을 보존하시는 방법은 그들에게 인을 쳐서 땅 위에 남겨두는 것이다. 이스라엘 사람들은 땅에 속한 하나님의 백성들인 반면에 그리스도인들은 하늘에 속한 하나님의 백성들이다. 하나님은 하늘의 별들처럼 그리고 해변의 모래처럼 많은 사람들을 아브라함에게 주시겠다고 약속하셨다(창 22:17). 하늘에 속한 백성인 그리스도인들은 별들이요, 땅에 속한 백성인 이스라엘 사람들은 해변의 모래이다. 하나님께서는 땅에 속한 그분의 백성들을 보존하시기 위해 그들에게 인을 쳐서 땅 위에 남겨 놓으신다. 그분은 그들을 땅에서 하늘로 데려오지 않으실 것이다. 그러나 구속받은 그분의 백성들을 보존하시는 하나님의 방법은 그들을 땅 위에 두시는 것이 아니라 휴거를 수단으로 그들을 데려가시는 것이다. 그 휴거는 단지 한 번에 그치거나 혹은 다만 한 종류만이 아닐 것이다. 적어도 두세 종류의 휴거가 있을 것이다. 결국에 가서는 교회 안의 모든 구속받은 성도들이 땅에서 하늘로 휴거될 것이다. 교회에 관한 이 이상 안에 있는 삽입부는 휴거 시로부터 영원까지의 전반적인 조망을 우리에게 제공해 준다. 달리 말해서 계시록 7장은 영원으로 끝맺는다. 영원토록 온 교회가 하나님의 돌보심 아래, 그리고 어린 양의 목양(牧養)하심 아래 있게 될 것이다.

A. 여섯째 인 이전에 시작됨

구속받은 그분의 성도들에 대한 하나님의 휴거는 12장 5절에 있는 사내 아이와 14장 1절부터 6절까지에 있는 첫 열매들을 포함하는 첫 번째 이기는 자들로부터 시작될 것이다. 이것은 여섯째 인 이전임에 틀림없다. 왜냐하면 여섯째 인은 「장차 온 세상에 임하여 땅에 거하는 자들을 시험할 시험」(3:10)으로서 하나님에 의해 집행되는 초자연적인 재앙들의 시작이기 때문이다. 구속받은 그분의 성도들에 대한 하나님의 휴거는 11장 12절에 있는 두 증인과 15장 2절에 있는 나중의 이기는 자들과 14장 14절부터 16절까지에 있는 수확(대환난의 거의 전부를 통과하게 될 대다수의 믿는이들) 등으로 이어질 것이며 모든 성도들이 하나님의 돌보심과 어린 양의 목양하심에 영원토록 참예하기 위해 들림 받을 때까지 계속될 것이다.

B. 능히 셀 수 없는 큰 무리

9절은 『이 일 후에 내가 보니 아무라도 능히 셀 수 없는 큰 무리가』라고 말한다. 큰 무리는 모든 세대에 걸쳐 열국들에서 나온 구속받은 자들로 이루어져 있는데 그 수는 셀 수 없을 정도이며 그들은 교회를 구성한다(5:9, 롬 11:25, 행 15:14, 19).

C. 각 나라와 모든 지파와 백성과 방언들에서 나옴

이 큰 무리는 각 나라와 모든 지파와 백성과 방언들에서 나와(7:9, 5:9) 어린 양의 피로 사온 바 된 사람들로 이루어져 있으며 교회의 구성원들이다.

D. 손에 종려나무 가지들을 들고 대환난에서 나옴

장로 중 한 명이 9절에서 언급된 큰 무리에 대해 말하기를, 『이들은 큰 환난에서 나오는 자들인데 어린 양의 피에 그 옷을 씻어 희게 하였느니라』고 했다(14절). 여기에서 말하는 큰 환난은 마태복음 24장 21절에서 언급된 큰 환난과는 다르다. 여기에서의 큰 환난은 일반적인 의미의 것이다. 구속받은 모든 하나님의 백성들은 어떤 환난과 고난과 핍박과 질고 등을 통과했다. 어느 그리스도인도 이런 것들을 피할 수 없다. 우리 그리스도인들은 영 안에서 누리는 사람들이다. 그러나 물질적인 측면에서 우리는 고난받는 사람들이다. 그러나 어느 날 우리는 승리의 개가를 부르며 큰 환난에서 나와 보좌 앞과 어린 양 앞에 서게 될 것이다. 이 장에 있는 큰 무리는 모두 그들의 손에 종려나무 가지들을 쥐고 있는데, 그것은 그들이 주님을 위해 겪은(14절) 환난에 대한 그들의 승리를 상징한다(요 12:13 참조). 종려나무는 물

줌으로써 얻는 만족의 상징이다(출 15:27). 종려나무는 장막절에 사용되었는데 그 때에 하나님의 백성들은 그들의 누림의 만족을 기뻐하였다(레 23:40, 느 8:15). 장막절은 영원한 장막절을 누리는 이 큰 무리의 구속받은 하나님의 백성들에 의해 성취될 것의 예표였다. 이 무리는 하나님의 성전 안에서 「종려나무같이 번성할 것이다」(시 92:12-13).

E. 보좌 앞과 어린 양 앞에 서 있음

「보좌 앞에 서 있음」은 큰 무리의 구속받은 자들이 하나님의 존전으로 들림 받았음에 틀림없다는 것을 가리킨다. 「어린 양 앞에 서 있음」은 「인자 앞에 서 있는 것」(눅 21:36)과 동일한데 그것은 분명히 휴거를 가리킨다. 이것이 여섯째 인이 열린 직후에 언급되었으므로 그것 또한 믿는이들의 휴거가 여섯째 인 이전에 일어나기 시작됨이 분명함을 암시해 준다. 9절부터 17절까지의 기록은 믿는이들의 휴거 때부터 영원히 그들이 누릴 때까지의 광경을 일반적인 방법으로 구성하고 있다.

F. 피로 씻은 흰 옷을 입고 있음

9절에서 우리는 이 큰 무리가 「흰 옷을 입고 있음」을 보게 되는데, 이는 그들이 「어린 양의 피로 그들의 옷을 씻어 희게 만들었기」때문이다(14절). 「옷(들)」은 복수형으로서 그들의 행위의 의로움을 상징한다. 「흰(white)」은 그들의 행위가 순수하고 어린 양의 피로 씻음으로써 하나님에 의해 인정된다는 것을 가리킨다.

G. 하나님과 어린 양을 찬양함

10절은 『그들이 큰 소리로 외쳐 말하기를 구원하심이 보좌에 앉으신 우리 하나님과 어린 양에게 있도다』라고 말한다. 오직 구원만을 언급하고 있는 큰 소리의 찬양은 찬양하는 자들이 구원받은 자들임을 지적한다. 구원받은 자들인 큰 무리는 하나님의 구원에 대한 감사가 넘친다.

H. 그들이 성전 안에서 밤낮으로 하나님을 섬김

15절은 『그러므로 그들이 하나님의 보좌 앞에 있고 또 그의 성전에서 밤낮 하나님을 섬기므로』라고 말한다. 이 큰 무리는 큰 환난에서 나와 하늘의 상태 안으로, 곧 그들이 하나님을 밤낮으로 섬기는 곳인 하나님의 성전 안으로 들어갔다.

I. 하나님이 그분의 장막을 그들 위에 펴심

또한 15절은 『보좌에 앉으신 이가 그들 위에 장막을 펴시리니』라고 말한다. 그 큰 무리는 하나님과 그분의 돌보심을 누릴 것이다. 그분은 그들 위에 자신의 장막을 펴실 것인데, 이는 그분이 자신의 거처를 그들의 거처로 만드신다는 뜻이다. 하나님은 구속받은 그분의 모든 백성으로 하여금 그분 자신과 함께 거하게 하실 것이다. 매우 적극적인 의미에서 하나님은 우리의 거처 곧 우리의 장막이 되시기까지 하실 것이다. 그분이 그분 자신을 우리 위에 장막으로 펴실 때 우리는 그분을 극도로 누리게 될 것이다. 그리스도는 하나님의 장막이시며(요 1:14), 그리스도가 극점에 이르도록 확대된 것인 새 예루살렘은 하나님의 모든 구속받은 자들이 영원토록 그분과 함께 거하게 될 장소인 하나님의 영원한 장막(21:2-3)이 될 것이다. 하나님은 그들을 그리스도 안에 체현된 그분 자신으로 덮으실 것이다. 하나님의 체현이신 그리스도가 그들의 장막이 될 것이다. 15절에서 17절까지에 묘사된 그림은 21장 3절부터 4절까지와 22장 3절부터 5절까지에 묘사된 그림과 유사한 것으로 영원에 속한 것이다.

J. 어린 양이 그들을 목양하시며 생명수 샘으로 인도하심

16절과 17절은 『그들이 다시 주리지도 아니하며 목마르지도 아니하고 해나 아무 뜨거운 기운에 상하지 아니할지니 이는 보좌 가운데 계신 어린 양이 그들을 목양하시고 생명수 샘으로 인도하시며』라고 말한다. 여기서 우리는 어린 양이 그들을 목양하시고 생명수 샘으로 인도하실 것임을 본다. 목양하는 것은 먹이는 것을 내포한다. 그리스도의 목양하심 아래에서 『내가 부족함이 없으리로다』(시 23:1). 어린 양은 또한 우리를 생명수 샘으로 인도하실 것이다. 영원토록 우리는 많은 샘물들에서 마실 것이며 많은 여러 가지 물들을 누릴 것이다. 이 얼마나 좋은가!

K. 하나님이 그들의 눈에서 모든 눈물을 닦아주심

17절은 『하나님께서 그들 눈에서 모든 눈물을 닦아주실 것임이러라』고 말한다. 눈물은 불만족의 표시이다. 생명수는 만족을 위한 것이다. 어린 양께서 그들의 만족을 위해 생명수를 공급해 주시기 때문에 그들에게는 불만족의 눈물이 더 이상 없게 될 것이다. 생명수가 공급될 것이므로 눈물이 닦여지게 될 것이다. 더 이상 눈물도 굶주림도 목마름도 없게 되고 오직 누림만 있게 될 것이다.

L. 천사들과 장로들과 네 생물이 하나님을 경배함

11절과 12절은, 『또 모든 천사가 보좌와 장로들과 네 생물의 주위에 섰다가 보좌 앞에 엎드려 얼굴을 대고 하나님께 경배하여 말하기를 아멘 찬송과 영광과 지혜와 감사와 존귀와 능력과 힘이 우리 하나님께 세세토록 있을찌로다 아멘 하더라』고 말한다. 이것은 회개하는 한 죄인으로 인해 하늘에 기쁨이 있다는 누가복음 15장 17절 말씀과 비슷하다. 여기에서 천사들이 구속받은 자들의 구원의 찬양에 「아멘」이라고 말한다.

이 장에서 우리는 어떻게 하나님이 그분의 백성들을 돌보시는지를 볼 수 있다. 그분이 땅을 심판하시려고 할 때에 그분은 땅의 백성들에게는 인을 치실 것이고 하늘의 백성들은 휴거시킬 것이다. 이스라엘의 선택된 남은 자들은 인침을 받는 반면에, 하나님이 그분 자신을 우리 안에 생명으로 넣어 주시므로 믿는이들은 거듭나게 된다. 그분은 다만 우리 이마에 표시만 하시는 것이 아니라 그분 자신을 생명으로 우리 안에 넣으신다. 그러므로 우리는 그분의 땅에 속한 백성이 아니라 하늘에 속한 백성인 것이다. 당신은 거듭난 그리스도인이 되겠는가 아니면 인침을 받은 이스라엘인이 되겠는가? 우리 그리스도인들은 이러한 인을 가진 것이 아니라 하나님을 우리 안에 모시고 있다. 그것이 훨씬더 좋다. 이스라엘의 선택된 남은 자들과는 달리 우리는 땅 위에 남아 있지 않을 것이다. 오히려 우리는 하나님의 존전 앞으로 데려가 짐으로써 보존될 것이다. 우리는 하나님의 신성하고 영원한 돌보심을 누리면서, 또한 어린 양의 영원한 목양하심을 누리면서 그 같은 영원한 상태 안에 있게 될 것이다. 그것은 얼마나 즐겁겠는가! 이스라엘의 인침을 받은 남은 자들은 보다 좋은 백성들이 될 것이나 우리는 가장 좋은 백성들이 될 것이다.

그러나 만일 우리가 하나님의 임재 앞으로 이끌리고자 한다면 반드시 우리는 성숙해야 한다. 만일 우리가 여전히 유약하고 설익었다면 하나님은 우리를 데려가지 않으실 것이다. 그 대신 그분은 우리가 익을 때까지 들판에 남겨 두어 고통을 겪게 할 것이다. 모든 교회 사람들이 데려감을 당할 것이지만, 그럼에도 불구하고 하나의 조건 곧 성숙과 여무는 것의 조건이 있다. 우리 모두는 반드시 익어야 하고 성숙해야 한다. 이것이 바로 우리가 하나님에 의해 이 땅에서 데려가지는 조건이다. 이것은 계시록에 충분하고도 적절하게 계시되어 있다. 예를 들면, 우리는 14장에서 첫 열매들과 수확을 분명하게 볼 수 있다. 그 부분의 말씀에서 우리는 밭이 익은 후에 수확이 온다는 것을 명백하게 듣게 된다. 그러므로 우리 모두는 성장해야 한다. 사람들이 종교 안에서 자라기란 불가능하다. 왜냐하면 거기에는 양식이나 양육이 없기 때문이다. 어떤 의미에서 거기에는 밭도 없다. 오늘날 그리스도인들이 자랄 수 있는 유일한 곳은 교회이다. 왜냐하면 교회 안에는 양떼들이 먹이를 먹을 수 있고 성장을 위해 영양 공급을 받을 수 있는 목초지(牧草地)—그리스도—가 있기 때문이다. 주님의 주권적인 은혜에 있어서 우리는 이 목초지를 누리고 있다. 우리 모두가 간증할 수 있는 것은 교회 생활 안으로 들어온 후로 우리는 연한 풀들이 있는 푸른 목초지 안에 있어 왔다는 것이다. 날마다 우리는 그리스도 자신이신 연한 풀을 먹고 있다. 여기 교회 생활에서 우리는 그리스도를 먹으면서 성장한다. 여기에서 우리는 모든 부드러운 영양 공급을 우리 존재 안으로 섭취해 들인다. 우리가 매일 자라고 있음을 인해 주님께 감사한다. 주님을 찬양함은 우리가 자라고 있으며 그분은 우리의 휴거를 위해 우리를 단장시키고 계시다는 것이다. 우리는 환난을 맞이하기를 기대하지 않는다. 우리는 성숙에 이르도록 자라고 있고, 휴거에 이르도록 자라고 있으며, 그분의 임재 앞에 이르도록 자라고 있다. 어느 날 우리는 그 곳(주님의 존전)에 있게 될 것이다.

계시록 22

하나님의 건축을 위한 어린 양의 일곱 눈

많은 그리스도인들이 계시록 5장에 근거하여 그리스도 곧 도살당하신 어린 양이 자격이 있으심을 알고 있으며, 많은 그리스도인 찬송들이 그분의 자격 있으심을 인하여 주님을 찬양한다. 그러나 어린 양의 자격 있으심(합당하심)에 관한 대부분의 찬송들은 그리스도께서 그분의 구속으로 인해 자격 있게 되셨음을 찬양한다. 구속을 능가하는 주님의 자격 있으심에 관한 찬송을 찾아보기란 무척 어렵다. 주님이 우리를 구속하시고 우리를 사오셨기 때문에 어린 양이 자격 있으시다고 말하는 것은 절대로 성경적이다. 그러나 계시록 5장에 따르면 어린 양의 자격 있으심은 주로 그분의 구속 때문이 아니라 그분이 하나님의 경륜의 비밀을 여실 수 있기 때문이다. 그리스도는 대적을 무찌르셨고 우리를 구속하셨기 때문에 하나님의 경륜의 인들을 여시기에 합당하시다. 하나님의 권세를 땅으로 가져오신 분으로서 그분은 유다 지파의 승리하며 이기는 사자이며, 하나님이 선택한 백성들을 위해 완전한 구속을 성취하신 어린 양이시다. 그러므로 그분은 하나님의 경륜의 비밀을 여시기에 충분한 자격을 갖추셨고 지위를 얻으셨다. 이것이 계시록 5장에 있는 중점들 가운데 하나이다.

일곱 눈과 일곱 등과 일곱 영

계시록 5장에 있는 또 하나의 중점은 사자—어린 양이신 그리스도가 「하나님의 일곱 영인 일곱 눈」을 가지셨다는 것이다(6절). 이 일곱 눈은 또한 하나님의 보좌 앞에서 불타고 있는 일곱 등이기도 하다(4:5). 따라서 이 장들에는 일곱 눈과 일곱 등과 일곱 영이 있다. 계시록은 성경 가운데서 일곱 영을 언급하고 있는 유일한 책이다. 우리는 여기서 일곱 영은 그리스도의 일곱 눈이며, 그리스도의 일곱 눈은 하나님의 보좌 앞에 있는 일곱 등이라는 것을 본다.

일곱 등을 처음 언급한 곳은 출애굽기 25장으로서, 거기에서 우리는 하나의 등대 위에 있는 일곱 개의 등을 볼 수 있다. 만일 출애굽기 25장만 있다면 우리는 등대와 그 일곱 등의 의미를 알 수 없을 것이다. 우리의 인간적인 이해에 따르자면, 일곱 등이란 빛의 강도를 더 밝게 하기 위한 것이라고 단순하게 말할 수도 있을 것이다. 비록 이것이 올바르고 논리적이라 할지라도 일곱 등의 의미는 이보다 훨씬 더 깊다. 왜 그 등대는 여섯 개나 여덟 개의 등을 갖고 있지 않은가? 스가랴서에서 우리는 일곱 등에 관한 더 심층적인 것을 볼 수 있는데, 이는 스가랴 3장과 4장에서 일곱 등이 일곱 눈이라는 것을 보기 때문이다(슥 3:9, 4:2, 10). 비록 스가랴 4장 10절이 주님의 일곱 눈에 대해 말하지만, 눈과 등과 영의 연결이 분명하게 밝혀지지는 않는다. 그러므로 우리는 앞으로 더 전진하여 일곱 등과 일곱 눈과 일곱 영을 볼 수 있는 곳인 계시록까지 가야 한다. 우리는 출애굽기로부터 스가랴서를 거쳐 계시록에 이르는 진행 과정을 보아야 할 필요가 있다. 출애굽기에는 일곱 등이 있고 스가랴서에는 일곱 눈이 있으며 계시록에는 일곱 영이 있다. 출애굽기에 일곱 등이 언급되었지만 눈이나 영에 대해서는 아무런 언급도 없다. 스가랴서에는 일곱 등과 일곱 눈이 영에 대한 어렴풋한 언급과 더불어 있다. 그러나 계시록에는 일곱 등과 일곱 눈과 일곱 영이 있다.

메시지 8에서 지적했듯이 등대는 삼일 하나님을 표시하는 상징이다. 금은 아버지의 신성한 본체를 상징하고, 금의 체현인 받침대는 아버지의 체현이신 그리스도를 상징하며, 일곱 등은 아버지의 체현이신 분인 그리스도의 표현인 그 영을 상징한다. 그러므로 우리는 본체이신 아버지(금)와 그 체현이신 아들(받침대)과 그 표현인 그 영들을 갖는다. 우리에게는 본체와 체현과 표현이 있다. 출애굽기에서는 일곱 등이 하나님의 일곱 영이라는 것을 볼 수 없다. 우리는 반드시 스가랴서로 더 나아가야 하고 결국에는 계시록에 이르러야 하며, 그때 비로소 이것을 볼 수 있다. 신성한 계시의 회복으로서 이것은 절대로 새로운 것이다.

하나님의 건축

출애굽기 25장에 있는 등들은 성막의 건축을 위한 것이며 특히 장막 안에서의 움직임을 위한 것이다. 빛이 없으면 움직이는 것이 불가능하다. 빛은 움직임을 위한 것이요, 움직임은 하나님의 건축을 위한 것이다. 그러므로 일곱 등은 성막, 즉 땅 위에 있는 하나님의 거처를 위한 것이다.

스가랴 3장과 4장에 있는 일곱 등은 하나님의 건축의 회복을 위한 것이다. 성전의 재건축에 있어서의 원칙은 성막을 건축했을 때와 동일하다. 계시록의 경우에도 마찬가지이다. 만일 이 책을 근시안적인 눈으로 접근한다면 어린 양의 일곱 눈인 동시에 하나님의 보좌 앞에 있는 일곱 등인 일곱 영이 하나님의 건축을 위한 것임을 볼 수가 없을 것이다. 그러나 우리에게 폭넓은 안목이 있다면 우리는 일곱 영이 절대적으로 하나님의 건축을 위한 것임을 보게 될 것이다. 계시록은 일곱 지방 교회들로 출발하여 새 예루살렘으로 끝마쳐진다. 비록 이 책이 하나님의 심판을 담고 있긴 해도, 이 심판이 목표 지점이 아니다. 심판은 심판 자체를 위한 것이 아니라 하나님의 건축을 위한 것이다. 하나님의 영원한 거처인 새 예루살렘은 이 심판으로부터 나온다. 이와 같이 일곱 등과 일곱 눈과 일곱 영은 모두 하나님의 건축을 위한 것이다. 우리는 그분의 신성한 건축이라는 하나님의 목표가 실현되는 것을 위해 여기에 있다.

하나님의 건축을 위한 일곱 눈

스가랴 3장 9절은 『만군의 여호와가 말하노라 내가 너 여호수아 앞에 세운 돌을 보라 한 돌에 일곱 눈이 있느니라 내가 새길 것을 새기며 이 땅의 죄악을 하루에 제하리라』고 말한다. 이 구절은 일곱 눈이 주님의 일곱 눈일 뿐 아니라 돌의 일곱 눈이기도 함을 계시한다. 이 돌은 하나님의 백성들의 죄악을 위해 하루만에 조각하여 새겨졌다. 돌을 조각하여 새김은 우리 구속을 위해 십자가 위에서 그 돌이 하나님의 의(義)에 따라 처리받은 것이었다. 구속하는 어린 양이신 그리스도는 그 위에 일곱 눈이 있는 돌이시기도 하다. 이 일곱 눈은 하나님의 건축을 위한 일곱 등이다. 우리가 계시록에 올 때 일곱 등이 구속주의 일곱 눈이라는 것과 구속주의 일곱 눈이 하나님의 건축을 위한 하나님의 일곱 영이라는 것을 매우 선명하게 볼 수 있다.

계시록에 의하면 주 예수님은 불꽃같은 일곱 눈을 가지셨다. 비록 이 눈들이 살피고 심판하고 정제(精製)하고 비추기 위한 것이지만 궁극적으로는 그분의 본질 곧 그분의 신성한 요소를 우리에게 주입하기 위한 것이다. 어떻게 해서 주님의 신성한 요소가 우리 존재 안으로 역사되어질 수 있는가? 그것은 바로 그분의 일곱 눈의 주입을 통해 이뤄진다. 언제든지 우리가 그리스도의 불꽃 같은 눈에 의해서 살펴지고 정화되고 순화되고 정련(精鍊)되고 심판되어질 때마다 우리는 그분께 속한 것을 얻는다. 비단 우리 존재의 어떤 요소들이 순화될 뿐만 아니라, 그분의 어떤 요소들이 우리 속으로 옮겨 부어진다. 천연적인 것들은 제해지고 신성한 것들이 옮겨 부어진다. 이 과정을 통해 주님은 우리를 함께 건축하시어 하나님의 건축을 이뤄 나가신다. 계시록은 주로 살피거나 심판을 하기 위한 것이 아니요, 이 책의 궁극적인 결말인 새 예루살렘을 산출하고 건축하기 위한 것이다. 그리스도의 일곱 눈을 통해 옮겨 부어진 결과로서 새 예루살렘이 건축될 것이다. 그리스도의 일곱 눈은 선택된 하나님의 백성들을 바라보심으로써 그들을 비추고 살피고 심판하고 순화시키고 정련(精鍊)시키며 궁극적으로는 그분 자신의 모든 어떠하심으로 그들에게 주입하신다. 우리에게 그분의 본질을 주입함으로써 그분은 우리를 그분의 어떠하심과 같게 만드시며 그렇게 함으로써 그분은 우리를 천연적인 데서 그분과 같은 모습으로 변화시키신다. 그렇게 된 다음 우리는 새 예루살렘을 건축하기 위한 변화된 재료들이 된다. 우리 모두는 반드시 하나님과 어린 양의 일곱 영인 일곱 눈이 절대적으로 하나님의 건축을 위한 것임을 보아야 한다.

그 영은 그리스도의 눈임

이 일곱 영은 성령이시다. 그 영들은 성령이시므로 그리스도에게서 분리되지 않는다. 교리에 따르면, 그 영과 그리스도는 별개의 두 개체

(個體)이지만, 체험에 따르면 그분들은 하나이다. 마치 어떤 사람과 그의 눈이 하나인 것처럼 그리스도와 그 영도 하나이시다. 누가 당신을 쳐다볼 때 그는 그의 눈으로 당신을 보는 것이며, 그의 눈이 당신을 쳐다볼 때 그가 당신을 쳐다보는 것이다. 눈이 그 사람 자신과 따로 분리된 것이라고 말하는 것은 어리석은 것이다. 우리의 체험에 있어서 그 영은 그리스도의 눈이시다. 이것에 관해 따지려고 하는 사람들은 지적인 교리를 붙잡고 있는지는 몰라도 체험은 결여되어 있다. 만일 그들이 그들의 모든 교리를 체험으로 옮긴다면 그들은 그리스도와 그 영을 따로 떼어놓는 것이 틀렸음을 알게 될 것이다. 삼일 하나님은 교리적인 방법으로 체험되지 않는다. 어떤 이들은 그분을 정의하거나 설명하려고 시도해 보겠지만, 삼일 하나님을 체험할 때 우리는 아들이 아버지의 체현이라는 것과 그 영이 아들의 표현이라는 것을 깨닫게 된다. 아버지는 아들 안에서 체현되시며, 아들은 그 영으로 실제화되고 표현되며 체험되어진다.

하나님의 건축을 위해 삼일 하나님을 체험함

삼일 하나님은 하나님의 건축을 위해 있다. 하나님이 건축을 갖기 위해서는 삼일 하나님이 반드시 우리 안으로 분배되셔야 한다. 이것은 계시록에 충분히 계시되어 있다. 성경 안에서 통제하는 관점은 하나님의 건축이다. 만일 당신이 아직 하나님의 건축을 보지 못했다면 당신이 성경을 바르게 이해하기란 어려울 것이다. 전 성경은 하나님의 건축과 관련되어 있고, 하나님의 건축은 우리 안으로 분배되시는 삼일 하나님에 의해 성취된다. 계시록을 대할 때 우리는 반드시 이런 관점을 붙들어야 한다. 만일 이렇게 한다면 우리는 이 책을 이해할 수 있을 것이며 또 이 책이 주로 심판의 책이 아니라 하나님의 건축을 위한 책임을 보게 될 것이다.

하나님의 건축을 위한 그분의 심판

하나님의 건축을 성취하는 데는 그분의 심판이 요구된다. 하나님의 심판은 우리를 불태우고 비추고 살피고 순수하게 만들고 정련(精鍊)하기 위한 불타오르는 일곱 눈을 가지신 그리스도에 의해 수행된다. 결국에는 이런 불타오르는 눈들이 그분 자신의 모든 것으로 우리에게 주입하심으로써 신진대사적으로 우리를 그분의 어떠하심으로 변화시킨다. 새 예루살렘의 온 성이 하나님과 같은 본질과 모습을 갖게 될 것이다. 이미 여러 차례 지적했듯이 4장에서 보좌에 앉아 계신 하나님의 모습은 벽옥으로 되어 있으며(4:3), 21장에 있는 새 예루살렘의 모습, 특히 그 벽의 모습 역시 벽옥으로 되어 있다(21:11, 18-19). 이처럼 하나님과 그 성은 본질과 모습이 동일하다. 어떻게 해서 이렇게 될 수 있는가? 그것은 오직 하나님 자신을 우리 안으로 역사되게 함으로써만 가능하다. 하나님의 본질은 옮겨 부음이란 수단을 통해서 우리 속으로 역사된다.

일곱 눈 곧 일곱 영을 소홀히 하지 말라. 계시록은 한 영의 책이 아니라 일곱 영 곧 그리스도의 일곱 눈의 책인데, 그로써 구속하시고 이기시며 건축하시는 그리스도께서 그분 자신을 그분의 모든 지체들 속으로 옮겨 부으신다. 그분이 그분 자신을 우리 안으로 옮겨 부으시는 동안, 그분은 우리를 살피고 비추고 심판하고 순수하게 만들며 정련(精鍊)하신다. 이렇게 함으로써 그분은 우리를 변화시킨다. 이런 이상을 보는 것이 얼마나 필요한지! 이것이 오늘날 하나님의 회복이다.

성경 안의 통제하는 이상

성경은 개선될 수 없지만 성경 안의 진리는 점진적(漸進的)이며, 성경 안에 있는 신성한 진리의 회복은 더 한층 점진적이다. 사백 년 전에는 하나님의 말씀 안에 있는 진리가 약간 회복되었었지만 오늘날에는 그렇지 않다. 진리의 회복은 겨우 20여 년 전보다 지금이 훨씬더 풍성하다. 이것은 성경이 바뀐다거나 우리가 성경을 변역(變易)시킨다는 뜻이 아니다. 왜냐하면 아무도 그렇게 할 권리가 없기 때문이다. 그것은 주님이 그분의 진리의 회복 안에서 움직여 나아가고 계시다는 뜻이다.

하나님이 성경 안에 있는 진리들을 회복하시는 것은 절대적으로 그분의 건축을 위한 것이다. 내가 처음 반대를 당했던 때는 1958년인데, 바로 그 해에 나는 처음으로 하나님의 건축에 관한 말씀을 전할 부담을 받았었다. 그것이 모든 반대와 비난들의 원인이었다. 그럼에도 불구하고 나는 오직 하나님의 건축만을 주의했다. 주님께 감사함은 그분이 회복을 옹호해 주셨다는 것이다. 사람의 말은 무가치하고 오직 하나님께서 말씀하시는 것만이 중요한 것이다. 하나님은 그분이 자신의 건축을 위하고 계시다고 말씀하셨다. 온 성경이 이를 위해 있다. 맨 처음, 즉 창세기에서 우리는 금과 베델리엄(진주)과 보석들을 산출하며 흘러가는 강과 생명나무를 볼 수 있다(창 2:9-12). 성경의 끝인 계시록에서 우리는 이런 귀한 재료들, 즉 금과 진주와 보석들로 건축된 성(城)을 볼 수 있다(계 21). 그러므로 온 성경은 하나님이 그분 자신을 선택된 사람들 안에 생명으로 분배함으로써 그분의 영원한 거처를 확보하는 하나님의 영원한 목적을 위한 것이다. 이것이 바로 통제하는 이상이다.

하나님의 갈망

만일 우리가 어떤 다른 관점을 갖고 있다면 그것은 우리가 근시안적이라는 것을 의미한다. 하나님은 성결이나 영성을 찾고 계시지 않는다. 그분은 건축을 찾고 계신다. 1958년에 나는, 우리의 영성은 반드시 하나님의 건축, 즉 교회 생활에 의해 시험되어져야 한다고 말했다. 내가 하나님께서는 우리의 영성을 주의하지 않는다고 말했을 때 대적자들은 문맥 중에서 이 문장을 끄집어내어 나를 정죄하면서 이렇게 말했다. 『들어 보라. 이 형제는 하나님께서 영성을 주의하지 않는다고 말한다. 이것은 이단적인 것이 아닌가?』 만일 이 문장을 그 문맥 안에 두고 본다면 전혀 이단적이지 않은 것이다. 하나님은 우리의 영성을 주의하지 않으신다. 그분은 우리가 얼마나 많이 그분의 교회로 건축되었는가를 주의하실 뿐이다. 개인주의적인 영성은 암과 같은 것이다. 교회의 개인주의적인 지체는 누구라도 그리스도의 몸 안에 있는 암세포이다. 당신은 자신이 영적이거나 거룩하다고 말할지 모르나 당신의 영성과 거룩함은 반드시 교회 생활에 의해 시험되어져야 한다. 아마 당신의 거룩함은 개인주의적인 것일지도 모른다. 만일 그러하다면 그것은 건강하지 못한 것이다. 왜냐하면 참된 거룩함은 하나님의 건축을 위한 것이기 때문이다.

하나님은 한 무리의 개인주의적인 영적 인물들을 원하시는 것이 아니다. 그분은 건축을 원하신다. 그분은 한 무더기의 전시용 보석들을 원하시지 않는다. 물론 하나님은 개인들을 필요로 하시지만, 그분은 건축을 위한 재료들로서 그들을 원하신다. 모든 개별적인 돌들은 반드시 건축되어져야 한다. 이것은 단지 교리에 그치는 것이 아니라 엄중한 사실이다. 당신은 하나님의 건축 안으로 건축되어졌는가? 아니면 당신은 구원받고 하나님을 경외하고 주님을 사랑하며 기도하지만 『나는 교회를 주의하지 않습니다.』라고 말하는 자인가? 당신은 『교회에 관해 너무 많이 말하는 것은 좋지 않다. 홀로 주님과 더불어 있거나 성경을 읽는 편이 더 낫다.』고 말하는가? 당신은 그것을 누릴지 몰라도 하나님은 당신만큼 그것을 좋아하시지 않는다. 그분은 당신이 당신 자신을 잃어버리기를 원하신다. 당신은 반드시 비춤을 받고 살펴지고 순수하게 되고 정련되어야 하며, 그런 뒤에는 당신이 하나님의 건축을 위해 보석으로 변화될 수 있도록 그분 자신의 모든 것으로 주입되어져야 한다. 이것이 오늘날 하나님의 갈망이다.

왜 하나님은 이스라엘 민족을 애굽에서 부르셨는가? 그것은 바로 땅 위에 그분의 거처를 건축하기 위해서였다. 결국 땅 위에 있는 하나님의 거처인 성막은 이스라엘 백성들의 중심이 되었다. 그들이 성막에 대해서 잘못되었을 때마다 그들은 전쟁에서 패하곤 했다. 그러나 그들이 성막에 대해 올바를 때에는 언제나 승리했다. 이스라엘 민족이 좋은 땅으로 들어간 후에 그들은 하나님의 백성으로서 그들의 삶의 중심인 성전을 건축했다. 그들이 성전에 대해 올바를 때는 하나님께 올바랐고 성전에 대해 잘못되었을 때는 하나님께 잘못되었었다. 이것이 구약의 간략한 개요이다. 그러면 우리는 신약에서 무엇을 갖는가? 오늘날에는 교회가 있고 장래에는 새 예루살렘이 있다. 그러므로 온 성경에 대한 간략한 개요는 하나님의 건축이다.

강화된 주입의 필요성

이 시대의 어둠과 타락 때문에 하나님은 우리를 비추시기 위해 칠 배의 강화된 영으로 자신을 행사(行使)하지 않으실 수 없게 되었다. 우리에게는 일곱 영의 살피심과 비추심이 필요하다. 아마 당신은 여러 해 동안 교리들에 집착해 왔는지 모른다. 그것들이 당신을 위해 도대체 무엇을 했는가? 타락된 회복의 교회는 수많은 교리를 갖고 있었지만 주님은 그들에게 뭐라고 말씀하셨는가? 그분은 그들이 뜨겁지도 않고 차갑지도 않고 미지근했으므로 그분의 입에서 토해 내치기에 알맞다고 말씀하셨다(3:16). 이것이 라오디게아 교회의 상태이다.

우리가 주님께 감사함은 오늘날 그분의 건축에 관한 빛이 그 어느 때보다 훨씬 더 밝다는 것이다. 빛이 우리 위를 비추고 있다. 그것은 몇 가지 부차적인 일들에 있어서 개별적인 이기는 자가 되는 문제가 아니라 하나님의 건축을 위한 주요한 일들에 있어서 이기는 자가 되는 문제이다. 많은 그리스도인들이 계시록에서 이긴다는 의미를 이해하지 못하고 있다. 이 책에서 이긴다는 것은 타락한 기독교를 이긴다는 뜻이다. 우리는 하나님의 건축을 위해서 소위 말하는 교회의 타락된 상황을 반드시 극복해야만 한다. 계시록을 거듭거듭 읽어보라. 그러면 그 책의 통제하는 관점이 하나님의 건축임을 보게 될 것이다. 우리는 이것을 꼭 우리 앞에 두어야 한다. 모든 것이 하나님의 건축을 위해 있다. 1장의 그리스도에 대한 계시는 건축을 위한 것이요, 2장과 3장에 있는 일곱 교회들에게 보낸 일곱 서신도 하나님의 건축을 위한 것이요, 5장에 있는 그리스도의 승천 후의 하늘의 광경과 사자-어린 양이신 그리스도에 대한 이상도 역시 하나님의 건축을 위한 것이다. 그리스도께서 일곱 등인 일곱 눈을 가지심과 하나님의 일곱 영은 우리를 개인주의적으로 거룩하게 하려는 것이 아니요, 절대적으로 하나님의 건축을 위한 것이다. 주님께서 우리에게 긍휼을 베푸시길 바란다. 이 시대에 우리는 어둔 밤에 있으므로 우리를 비추고 살피고 정화시키고 정련하기 위해 빛을 발하는 일곱 등이신 칠 배의 강한 영이 필요하다. 결론적으로 말해서 우리에게 필요한 것은 주님의 강화된 주입이다. 우리는 하나님의 건축을 위한 변화된 돌들이 되도록 그분 자신의 모든 것으로 주입되는 것이 필요하다.

요한계시록 강해 I

초판 1쇄/ 1996년 8월 30일
초판 7쇄 / 2025년 2월 25일
저자/ 위트니스 리
역자/ 한국복음서원 편집부
발행인/ 이희득
발행처/ 한국복음서원
주소/ 경기도 성남시 중원구 사기막골로 124,
SKn테크노파크 비즈센터 B210호 (13207)
전화/ 1600-3191
팩스/ 031) 709-3389
등록/ ®1978.3.6. 제16-12호

ISBN/ 978-89-8478-347-8 04230
978-89-8478-353-9 (세트)

http:// www.kgbr.co.kr
E-mail:kgbr@kgbr.co.kr

· 파본은 교환해 드립니다.
· 본서의 일부 및 전부의 무단복제를 금합니다.

정가 15,000원